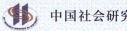 中国社会研究　　丛书主编/邱泽奇

Culturing
a Social Psychology of
the Societal
—— in China ——

铸就社会心理学的『社会之魂』

主编／方　文

社会科学文献出版社
SOCIAL SCIENCES ACADEMIC PRESS (CHINA)

目　录

导论：开启社会心理学的"文化自觉"

方　文

北京大学社会学系

摘　要：以杜瓦斯的解释水平为线索，当代逻辑连贯的社会心理学，从最为微观也最为心理学化的个体内过程到最为宏观也最为社会学化的群际过程，都有典范的主宰理论模型。本文精心梳理和总结了每种解释水平上的典范理论模型及其演化趋势。本文期许在融会贯通中西社会心理学智慧资源的基础上，中国社会心理学人能超越"怪异心理学"，铸就"社会之魂"，开启中国社会心理学的"文化自觉"。

关键词：解释水平　"怪异心理学"　"社会之魂"　"文化自觉"

只有一门社会心理学，它关注人之认知、情感和行为潜能的展现，如何受他人在场的影响，其使命就是激励每个活生生的个体去超越约拿情结（Jonah Complex）的羁绊，以缔造其动态、特异而完整的丰腴生命。但他人在场已脱离奥尔波特（G. W. Allport）原初的实际在场、想象在场和隐含在场的微观含义，叠合虚拟在场这种新形态，从共时－历时和宏观－微观两个维度进行重构，以涵括长青的研究实践和不断拓展的学科符号边界（方文，2008a：137）。社会心理学绝不是哪个学科的附属亚学科，它只是以从容开放的胸怀，持续融会心理学、社会学、人类学、进化生物学和认知神经科学的智慧，逐渐建构和重构自主独立的学科认同和概念框架，岸然成为人文社会科学的一门基础学问。

在不断建构和重构的学科历史话语体系中，社会心理学有不同版本的诞生神话，如1897年特里普里特（Triplett）有关社会促进/社会助长的实验研究、1908年两本偶然以社会心理学为题的教科书或1924年大奥尔波特（F. H. Allport）的权威教材。这些诞生神话，蕴含可被解构的意识形态偏好和书写策略。援引学科制度视角（方文，2001），这门新生的社会/行为科学的学科合法性和学科认同，在 20 世纪 30 年代中期于北美得以完成。而北美社会心理学在第二次世界大战期间及战后年代声望日盛，成就其独断的符号霸权。当代社会心理学的学科图景和演进画卷，舒展在此脉络中。

一 1967 年：透视当代社会心理学的时间线索

黑格尔曾说，一切哲学也就是哲学史（黑格尔，1959）。哲人道破学科史研究的秘密：滋养学术品位。但在社会科学/行为科学的谱系中，学科史研究的地位一直很尴尬，远不及人文学科。研究学科史的学者，有的被污名化（自身没有原创力，只能去总结、梳理他人的英雄故事）；而学问大家则将研究学科史视为研究之余的闲暇游戏，如自身成长过程的记录。而在大学的课程设计中，学科史也只是附属课程，大多数被简化为具体课程中的枝节，在导论里一笔带过。

学科史研究对学术品位的滋养，从以下几方面展开。第一，它在无情的时间之流中确立学科演化路标：学科的英雄谱系和经典谱系。面对纷繁杂乱的研究时尚或招摇撞骗的学界名流，它是最简洁而高效的解毒剂。第二，它作为学科集体记忆档案，是学科认同建构的基本资源。当学子们领悟到自身正置身于那些非凡而勤奋的天才所献身的理智事业时，自豪和承诺油然而生，学科脉络中后继的天才也就"破茧而出"。第三，它是高效的学习捷径。尽管可向失败和愚昧学习，但成本过高；而向天才及经典学习，是最佳的学习策略。第四，它还可能为抽象的天才形象注入温暖的感性内容。这感性也正是后继者求知的信心和努力的动力。

已有四种常用策略被用来观照当代社会心理学的演化。学科编年史或者学科通史是第一种也是最为常用的策略；学派的更替是第二种策略；不同年代研究主题的变换是第三种策略；而不同年代权威教科书的内容变迁则是第四种策略。

还有一些新颖的策略和视角正在被尝试。支撑学科理智大厦的核心概念或范畴在不同时期杰出学者视域中的意义演化，即概念史或范畴史，是一种新颖、独特但极富难度的视角；而学科制度视角，则以学科发展的制度建设为核心，也被构造出来（方文，2001）。这些视角或策略为洞悉学科的理智进展提供了洞识。

而历史学者黄仁宇先生则以核心事件和核心人物的活动为主线，贡献了其大历史的观念。黄先生聚焦"无关紧要的一年"（*A Year of No Significance*）——1587 年，或万历十五年（黄仁宇，2007）。黄先生条分缕析，洞悉当时最强大的帝国——大明王朝——若干年后崩溃的所有线索，这些可以在三位英雄人物的活动事件中找寻到踪迹。

剥离其悲哀意味，类似地，当代社会心理学的命运也可找寻到"无关紧要的一年"——1967 年。它关联两个基本事件和三个英雄人物。

首先是两个基本事件。第一个事件是 1967 年前后"社会心理学危机话语"的兴起，第二个事件是 1967 年前后所开始的欧洲社会心理学的理智复兴。危机话语的兴起及其应对，终结了方法学的实验霸权，方法多元和方法宽容逐渐成为共识。而欧洲社会心理学的理智复兴，则终结了北美主流"非社会的"社会心理学（Asocial Social Psychology），"社会关怀"成为标尺。而这两个事件之间亦相互纠缠，共同形塑了其当代理论的形貌和概念框架（Moscovici and Marková, 2006）。

其次是三个英雄人物。主流社会心理学的象征符码，"社会心理学的教皇"费斯汀格（Leon Festinger, 1919 – 1989），在 1967 年开始对社会心理学萌生厌倦之心，正准备离开斯坦福大学和社会心理学。一年后，费斯汀格终于成行，从斯坦福大学来到纽约的新社会研究学院（New School for Social Research），主持有关运动视觉的项目。费斯汀格对社会心理学的离弃，是北美独断的符号霸权终结的先兆。

而在同一年，主流社会心理学界还不熟悉的泰弗尔（Henri Tajfel, 1919 – 1982）——这位和费斯汀格同年出生的天才，从牛津大学来到布里斯托大学。他从牛津大学的讲师被聘为布里斯托大学社会心理学的讲席教授。

而在巴黎，和泰弗尔同样默默无闻的另一位天才莫斯科维奇（Serge Moscovici, 1925 – 2014）正在孕育少数人影响和社会表征的思想与研究。

从 1967 年开始，泰弗尔团队和莫斯科维奇团队作为欧洲社会心理学理智复兴的创新引擎，在"社会关怀"的旗帜下，开始一系列独创性的研究。社会心理学的当代历史编纂家会铭记这一历史时刻。当代社会心理学的世界图景从那时开始慢慢重构，北美社会心理学独断的符号霸权开始慢慢解体，而我们置身于其中的学科成就，在新的水准上也得以孕育和完善。

二 统一的学科概念框架的建构：解释水平

教科书的结构，是学科概念框架的原型表征。在研究基础上获得广泛共识的学科结构、方法体系和经典研究案例，作为学科内核，构成教科书的主体内容。教科书，作为学科发展成熟程度的重要指标，是学科知识传承、学术社会化和学科认同建构的基本资源和主要媒介。特定学科的学子和潜在研究者，首先是通过教科书获得有关学科的直观感受和基础知识。而不同年代权威教科书的内容变迁，实质上负载着特定学科理智演化的基本线索。

在众多的教科书当中，有几条标准可帮助辨析和鉴别其优劣。第一，教科书的作者是不是一流的研究者。随着学科的成熟，中国学界以往盛行的"教材学者"已经淡出；而使他们获得声望的所编教材，也逐渐丧失价值。第二，教科书的作者是否禀赋理论关怀。没有深厚的理论关怀，即使是第一流的研究者，也只会专注于自己感兴趣的狭隘领域，没有能力公正而完备地展现和评论学科发展的整体面貌。第三，教科书的作者是否有"文化自觉"的心态。如果负荷文化中心主义的傲慢，作者就无法均衡、公正地选择研究资料，而呈现对自身文化共同体的"单纯暴露效应"（Mere Exposure Effect），缺失文化多样性的感悟。

直至今日，打开绝大多数中英文社会心理学教科书的目录，只见不同研究主题杂乱无章地并置，无法明了其逻辑连贯的理智脉络。学生和教师大都无法领悟不同主题之间的逻辑关联，也无法把所学、所教内容图式化，使之成为自身特异的知识体系中可随时启动的知识组块和创造资源。这种混乱是对社会心理学学科身份的误识，也是对学科概念框架的漠视。

如何统合纷繁杂乱但生机活泼的研究实践、理论模式和多元的方法偏好，使之归于逻辑统一而连贯的学科概念框架？有深刻理论关怀的社会心理学大家都曾致力于解决这些难题。荣誉最终归于在比利时出生的瑞士学者杜瓦斯。

在杜瓦斯之前，美国社会心理学家、2007 年库利－米德奖（Cooley-Mead Prize）得主豪斯也曾试图描绘社会心理学的整体形貌（House，1977）。豪斯所勾画的社会心理学是三头怪物：社会学的社会心理学（Sociological Social Psychology，SSP）、实验社会心理学（Experimental Social Psychology，ESP）和语境社会心理学（Contextual Social Psychology，CSP）或社会结构和人格研究。曾经被误解为两头怪物的社会心理学，因为豪斯而更加让人厌烦和畏惧。

但如果承认行动者的能动性，即使是在既定的社会历史语境中的能动性，在行动中对社会过程和社会实在进行情境界定和社会建构的社会心理过程的首要性就凸显出来。换言之，社会心理过程在主观建构的意义上对应于社会过程。

杜瓦斯在《社会心理学的解释水平》这部名著中，以解释水平为核心，成功重构了社会心理学统一的学科概念框架。杜瓦斯细致而合理地概括了社会心理学解释的 4 种理想型或 4 种解释水平，而每种解释水平分别对应不同的社会心理过程，生发相应的研究主题（Doise，1986：10－17）。

（1）水平 1——个体内水平。它是最为微观也是最为心理学化的解释水平。它主要关注个体在社会情境中组织其社会认知、社会情感和社会经验的机制，并不直接处理个体和社会环境之间的互动。

以个体内水平为核心的个体内过程，可涵括基本研究主题：具身性、自我、社会知觉和归因、社会认知和文化认知、社会情感、社会态度等。

在这一解释水平上，社会心理学家已经构造出一些典范的理论模型，如：费斯汀格的认知失调论；态度形成和改变的双过程模型，如精致化可能性模型（Elaboration Likelihood Model，ELM）与启发式加工－系统加工模型（Heuristic-Systematic Model，HSM）；希金斯的知识启动和激活模型（Higgins，1996）。

（2）水平 2——人际和情境水平。它主要关注在给定的情境中所发生的人际过程，而并不考虑在此特定的情境之外个体所占据的不同的社会位置。

以人际和情境水平为核心的人际过程，可涵括基本研究主题：亲社会行为、攻击行为、亲和与亲密关系、竞争与合作等。其典范理论模型是费斯汀格的社会比较论。

（3）水平 3——社会位置水平或群体内水平。它关注社会行动者在社会位置中的跨情境差异，如社会互动中的参与者特定的群体资格或范畴资格。

以群体内水平为核心的群体过程，可涵括基本研究主题：大众心理、群体形成、多数人的影响和少数人的影响、权威服从、群体绩效、领导－部属关系等。其典范理论模型是莫斯科维奇有关少数人影响的众从理论（Conversion Theory）、多数人和少数人影响的双过程模型和社会表征论（Social Representation）（Moscovici，2000）。

（4）水平4——意识形态水平或群际水平。它是最为宏观也是最为社会学化的解释水平。它在实验或其他研究情境中关注或考虑研究参与者所携带的信念、表征、评价和规范系统。

以群际水平为核心的群际过程，可涵括基本研究主题：群际认知，如刻板印象；群际情感，如偏见；群际行为，如歧视及其应对；污名。

在过去的40年中，群际水平的研究已有突破性的进展。主宰性的理论范式由泰弗尔的社会认同论（Social Identity Theory，SIT）所启动，并深化到文化认同的文化动态建构论（Dynamic Constructivism）（Chiu and Hong，2006；Hong et al.，2000；Wyer et al.，2009）和偏差地图模型（Bias Map Model）（Cuddy，2007；Fiske et al.，2002）中。

社会理论大家布迪厄曾经讥讽某些社会学者的社会巫术或社会炼金术，他们把自身的理论图式等同于社会实在本身。英雄所见！杜瓦斯尤其强调的是，社会实在在任何时空场景下都是整体呈现的，而不依从于解释水平。社会心理学的4种解释水平只是逻辑工具，绝不是社会实在的4种不同水平；而每种解释水平都有其存在的合理性，它们都只是对于整体社会实在的某种面向的研究；对于社会实在的整体把握和解释，依赖于4种不同的解释水平在同一水平或不同水平上的联合（Doise，1986：11-16）。

这4种不同面向和不同层次的社会心理过程，从最为微观、最为心理学化的个体内过程，到最为宏观、最为社会学化的群际过程，是对整体的社会过程的不同面向和不同层次的相应表征。

以基本社会心理过程为内核，就可以勾画社会心理学逻辑连贯的概念框架，它由以下5部分组成：

（1）社会心理学的历史演化、世界图景和符号霸权分层；

（2）社会心理学的方法体系；

（3）不断凸显的新路径，它为生机勃勃的学科符号边界的拓展预留空间；

（4）基本社会心理过程；

（5）社会心理学在行动中：应用实践的拓展。

社会心理学的基础研究，从第二次世界大战开始，就从两个方面向应用领域拓展。第一，在学科内部，应用社会心理学作为现实问题定向的研究分支，正逐渐地把基础研究的成果用来直面和应对更为宏大的社会问题，如健康、法律、政治、环境、宗教和组织行为。

第二，社会心理学有关人性、心理和行为的研究，正对其他学科产生深刻影响。社会心理学家洛伦茨（K. Lorenz）、廷伯根（N. Tinbergen）和冯·弗里契（K. Von Frisch），因有关动物社会行为的开创性研究于1973年分享诺贝尔医学或生理学奖。西蒙（H. Simon，自取中文名为司马贺，以向司马迁致敬），因有关有限理性和次优决策或满意决策的研究而获得1978年诺贝尔经济学奖。卡尼曼（D. Kahneman）因有关行动者在不确定情境中的判断启发式及其偏差的研究而与另一位学者分享2002年诺贝尔经济学奖。

在诺贝尔奖项中，并没有社会心理学奖。值得强调的是，这些荣膺大奖的社会心理学家，也许只是十年一遇的杰出学者，还不是百年一遇的天才。天才社会心理学家，如费斯汀格、泰弗尔、莫斯科维奇和特里弗斯（R. Trivers）等，他们的理论在不断地触摸人类物种智慧、情感和欲望的限度。在这个意义上，也许任何大奖包括诺贝尔奖，都无法度量他们持久的贡献。但无论如何，不断获奖的事实从一个侧面证明了社会心理学家群体取得的卓越成就，以及社会心理学的卓越研究对于其他人文社会科学研究的典范意义。

杜瓦斯的阐释是对社会心理学统一概念框架的典范说明。纷繁杂乱的研究实践和理论模式，从此可以被纳入逻辑统一而连贯的体系之中。社会心理学直面社会现实的理论雄心由此得以释放，它不再是心理学、社会学或其他什么学科的亚学科，而是融会相关理智资源的自主学科。

三　当代社会心理学的主宰范式

已有社会心理学大家系统梳理了当代社会心理学的理智进展（如乐国安，2009；周晓虹，1993；Burke，2006；Kruglanski and Higgins，2007；Van Lange et al.，2012）。以杜瓦斯所勾画的社会心理学的概念框架为心智地图，也可尝试粗略概括支配当代社会心理学的主宰范式，这些主宰范式主要体现在方法创新和理论构造上，而不关涉具体的学科史研究、实证研究和应用研究。

（一）方法学领域：社会建构论和话语社会心理学的兴起

作为学科内外因素剧烈互动的结果，"社会心理学危机话语"在20世纪60年代末期开始登场，到20世纪80年代初尘埃落定（方文，1997）。在这段时间，社会心理学教科书、杂志和论坛中充斥着各种危机论的悲观论调，有的甚至更为激进——"解构社会心理学"（Parker and Shotter，1990）。"危机话语"实质上是社会心理学家群体自我批判意识的兴起。这种自我批判意识的核心主题就是彻底审查社会心理学赖以发展的方法学基础，即实验程序。

危机之后，社会心理学已经迈入方法多元和方法宽容的时代。实验的独断主宰地位已经消解，方法体系中的所有资源正日益受到均衡的重视。不同理智传统和方法偏好的社会心理学学者，通过理智接触，正消解相互的刻板印象、偏见，甚至是歧视，逐渐趋于友善对话甚至是合作。同时，新的研究程序和文献评论技术被构造出来，并逐渐产生重要影响。

其主宰性的理论视角就是社会建构论（Gergen，2001），主宰性的研究路径就是话语社会心理学（波特、韦斯雷尔，2009；Potter and Wetherell，1987；Van Dijk，1993）和修辞学（Billig，1996），而新的研究技术则是元分析（Rosenthal and DiMatteo，2001）。近期，行动者中心的计算机模拟（Macy & Willer，2002）和以大数据处理为基础的计算社会科学（罗玮、罗教讲，2015；Macy & Willer，2002）也开始渗透进社会心理学的研究中。

（二）不断凸显的新路径：进化路径、文化路径和社会认知神经科学

社会心理学一直不断地自我超越，以开放自在的心态融会其他学科的资源，持续拓展学科符号边界。换言之，社会心理学家群体不断地实践新的研究路径。进化路径、文化路径和认知神经科学是其中的典范路径。

进化路径和文化路径的导入，关联持续困扰的基本理论论争：是否存在统一而普遍的规律和机制以支配人类物种的社会心理和社会行为？人类物种的社会心理和社会行为是否依存其发生的社会文化语境的差异而呈现特异性和多样性？这一基本理论论争，又可称为普遍论－特异论之论争。

依据回答这个论争的不同立场和态度的差异，作为整体的社会心理

学家群体可被纳入三个不同的类别或范畴之中。第一个类别是以实验定向为代表的主流社会心理学家群体。他们的基本立场和态度是漠视这个问题的存在价值，或将之视为假问题。他们自我期许以发现普遍规律为己任，并把这一崇高天职视为社会心理学的学科合法性和学科认同的安身立命之所。因为他们持续不懈地努力，社会心理学的学子们在其学科社会化过程中，不断地遭遇和亲近跨时空的典范研究和英雄系谱。

第二个类别是以文化比较研究为定向的社会心理学家群体。不同文化语境中社会心理和社会行为的特异性和多样性使他们刻骨铭心。他们坚定地主张特异论的一极，并决绝地质疑普遍论的诉求。因为他们同样持续不懈地努力，社会心理和社会行为的文化嵌入性的概念开始深入人心，并且不断激发文化比较研究和本土化研究的热潮。奇妙的是，文化社会心理学的特异性路径，从21世纪开始逐渐解体，而迈向文化动态建构论（Chiu and Hong, 2006; Hong et al., 2000）和文化混搭研究（杨宜音，2015，2016; Morris et al., 2015）。

文化动态建构论路径，关涉每个个体的文化命运，如文化认知和知识激活、文化认同和文化融合等重大主题。我们每个个体宿命般地诞生在某种在地的文化脉络而不是某种文化实体中。经过生命历程的试错，在文化认知的基础上，我们开心眼，滋心灵，育德行。但文化认知的能力是人类物种的禀赋，具有普世性。假借地方性的文化资源，我们成长为人，并不断地修补和提升认知力。我们首先成人，然后才是中国人或外国人，黄皮肤或黑皮肤、白皮肤，信徒或非信徒。

倚靠不断修补和提升的认知力，我们逐渐穿越地方性的文化场景，加工异文化的体系，建构生动而动态的"多元文化的心智"（Hong et al., 2000）。异质的"文化病毒"或多元的文化"神灵"，都"栖居"在我们的心智中，表现出领域特异性。几乎没有"诸神之争"，她们在我们的心灵中各安其所。

这些异质的"文化病毒"或多元的文化"神灵"，她们不是暴君，绝对主宰不了我们的行为。因为先于她们，从出生时起，我们就被植入了自由意志的天赋。我们终身刻苦进行的文化修行，只是手头待命的符号资源或"工具箱"（Swidler, 1986），并且在行动中，我们练习"文化开关"的转换技能和策略，并能累积性地创造新工具或新的"文化病毒"（Sperber, 1996）。

第三个类别是在当代进化生物学的理智土壤中生长而壮大的群体，

即进化社会心理学家群体。他们蔑视特异论者的"喧嚣",而把统一理论建构的雄心拓展至包括人类物种在内的整个动物界,以求揭示支配整个动物界的社会心理和社会行为的秩序和机制。以进化历程中的利他难题和性选择难题为核心,以有机体遗传品质的适应性为逻辑起点,从1964年汉密尔顿开始,不同的宏大理论(Grand Theories),如亲属选择论(Kin Selection/ Inclusive Fitness)、直接互惠论(Direct Reciprocal Altruism)和间接互惠论(Indirect Reciprocal Altruism),在利他难题上,亲本投资论(The Theory of Parental Investment)(Trivers,2002)在性选择难题上被构造出来。而进化定向的社会心理学家把进化生物学遗传品质的适应性转化为行为和心智的适应性,进化社会心理学作为新路径和新领域得以成就(如巴斯,2011,2015;Buss,2016)。

认知神经科学和社会认知的融合,催生了社会认知神经科学。以神经科学的新技术如功能性磁共振成像技术(fMRI)和正电子发射断层扫描技术(PET)为利器,社会认知的不同阶段、不同任务以及认知缺陷背后的大脑对应活动,正是最热点前沿(如 Eisenberger,2015;Eisenberger et al.,2003;Greene et al.,2001;Ochsner,2007)。

(三)个体内过程:社会认知范式

在个体内水平上,从20世纪80年代以来,以"暖认知"(Warm Cognition)或"具身认知"(Embodied Cognition)为核心的"社会认知革命"(李其维,2008;赵蜜,2010;Barsalou,1999;Barsalou et al.,2005)有重要进展。其典范的启动程序为洞悉人类心智的"黑箱"贡献了简洁武器,并且渗透在其他水平和其他主题的研究中,如社会动机、文化认知、群体认知(Higgins,2012;Yzerbyt et al.,2004)和偏差地图(高明华,2010;佐斌等,2006;Fiske et al.,2002;Cuddy,2007)。

卡尼曼有关行动者在不确定情境中的判断启发式及其偏差的研究(卡尼曼等,2008;Kahneman et al.,1982)和塞勒(Thaler,又译为泰勒)有关禀赋效应和心理账户的研究(泰勒,2013,2016),使社会认知的路径贯注在经济判断和决策领域中,行为经济学开始凸显。

(四)群体过程:社会表征范式

人际过程的研究,充斥着众多的中层理论模型和微小理论,并受个体内过程和群体过程研究的挤压。最有理论综合潜能的可能是以实验博弈论为工具的有关竞争与合作的研究。

当代群体过程的革新者是莫斯科维奇。在北美有关群体规范形成、从众以及权威服从的研究传统中，莫斯科维奇洞悉了群体秩序和群体创新的辩证法。莫斯科维奇的团队从 1969 年开始，在多数人的影响之外，专注少数人影响的机制。他以少数人行为风格的一致性为基础的众从理论，以及在此基础上不断完善的多数人和少数人影响的双过程模型（De Dreu et al.，2001；Nemeth，2018），重构了群体过程研究的形貌。莫斯科维奇有关少数人影响的研究经历，佐证了其理论的可信性与有效性（Moscovici，1996）。

社会表征论是莫斯科维奇对当代社会心理学的另一重大贡献（Moscovici，2000）。他试图超越北美不同版本内隐论（Implicit Theoriy）的还原主义和个体主义逻辑，解释和说明常识在社会沟通实践中的生产和再生产过程。社会表征论从 20 世纪 90 年代开始，激发了丰富的理论探索和实证研究（如管健，2009；赵蜜，2017；Doise et al.，1993；Jovchelovitch，2007；Liu，2004；Marková，2003），并熔铸在当代社会理论中（梅勒，2009）。

（五）群际过程：社会认同范式及其替代模型

泰弗尔的社会认同论革新了当代群际过程的研究。泰弗尔首先奠定了群际过程崭新的知识基础和典范程序：建构主义的群体观、对人际－群际行为差异的精妙辨析，以及"最简群体范式"（Minimal Group Paradigm）的实验程序。从 1967 年开始，经过十多年持续不懈的艰苦努力，泰弗尔和他的团队构造了以社会范畴化、社会比较、认同建构和认同解构/重构为核心的社会认同论。社会认同论，超越了前泰弗尔时代北美盛行的还原主义和个体主义的微观——利益解释路径，基于行动者的多元群体资格来研究群体过程和群际关系（Brown，2010；Tajfel，1970，1981；Tajfel and Turner，1986）。

泰弗尔于 1982 年辞世后，社会认同论在其学生特纳的领导下有不同版本的修正模型，如不确定性－认同论（Uncertainty-Identity Theory）（Hogg，2007）和最优特异性模型（Optimal Distinctiveness Model）。其中最有影响的是特纳等人的"自我归类论"（Self-Categorization Theory）（Turner et al. 1987）。在自我归类论中，特纳等人构造了一个精妙构念——元对比原则（Meta-Contrast Principle），它是行为连续体中范畴激活的基本原则（Turner et al., 1987：51 – 52）。所谓元对比原则，是指在群体中，如果群体成员之间在某特定维度上的相似性权重弱于另一维度的差异性权重，群体就沿着这个有差异的维度分化为两个群体，群际关系因此从群体过程中凸显。特纳等人的元对比原则有两方面的重要贡献：其一，它完善了其恩师的人际 – 群际行为差别的观念，使之转换为人际－群际行为连续体；其二，它卓有成效地解决了内群行为和群际行为的转化问题。

但社会认同论仍存在基本理论困扰：内群偏好（Ingroup Favoritism）和外群敌意（Outgroup Hostility）难题。不同的修正版本都没有妥帖地解决这个基本问题。倒是当代社会认知的大家费斯克团队从群体认知出发，在刻板印象内容模型（Stereotype Content Model, STM）（Fiske et al., 2002）中巧妙地解决了这个难题，并在偏差地图（Bias Map）（Cuddy, 2007）中把刻板印象（群际认知）、偏见（群际情感）和歧视（群际行为）融为一体。

典范意味着符号霸权，但同时也是超越的目标和击打的靶心。在社会认同范式的笼罩下，以自尊假设和死亡显著性为核心的恐惧管理论（Terror Management Theory, TMT）（张阳阳、佐斌，2006；Greenberg et al., 1997）、社会支配论（Social Dominance Theory）（Sidanius and Pratto, 1999）和体制合理化理论（System Justification Theory）（Jost and Banaji, 1994）被北美学者构造出来，尝试替代解释群际现象。它有两方面的意涵：其一，它意味着人格心理学对北美社会心理学的强大影响力；其二，它意味着北美还原主义和个体主义的精神气质期望在当代宏观社会心理过程中的"借尸还魂"，而这"尸体"就是腐败达半世纪的权威人格论及其变式。

四 "文化自觉"的阶梯

中国当代社会心理学自1978年恢复重建以来，"本土行动、全球情怀"可道其风骨。立足于本土行动的研究实践历经二十余载，催生了"文化自觉"的信心和勇气。中国社会心理学学者的全球情怀，也从21世纪开始凸显。

（一）"本土行动"的研究路径

所有国别中的社会心理学研究，首先都是本土性的研究实践。中国当代社会心理学的研究也不例外，其"本土行动"的研究实践，包括以下两条研究路径。

1. 中国文化特异性路径

以中国文化特异性为中心的研究实践，已经取得一定成就。援引解释水平的线索，可从个体、人际、群体和群际层面进行概要评论。

在个体层面，受杨国枢（2005）中国人自我研究的激发，张建新、周明洁（2008）以及金盛华（2015）尝试探究自我价值定向理论和中国人人格模型；张智勇、王登峰（1997）依循采用中文词汇学路径，构造了中国人人格结构的"大七模型"，以与西方的"大五模型"相区别；侯玉波等（2006）的中国人思维方式以及杨中芳（2009）的"中庸"思维研究，柏阳等（2014）的分析思维——辩证思维，以期揭示中国人独特的思维方式和认知特性；杨柳、刘力（2008）有关中国人的健康表征，吕小康、汪新建（2018）以及李强、许丹（2007）的心理健康和心理咨询研究，深化了对中国人健康和疾病观念的理解；戴文婷等（2013）的思乡研究、金钱启动研究和控制感研究，也有一定的国际影响。

在人际层面，黄光国（2014）基于儒家关系主义探究了"中国人的权力游戏"，并激发了赵菊、佐斌（2011）及翟学伟（2016）有关中国人的人情、面子和里子研究；曹惟纯、叶光辉（2014）的孝道研究，增进了对中国人家庭伦理和日常交往的理解。在群体层面，梁觉、李福荔（2010）的社会通则；张志学等（2014）、孙健敏和陆欣欣（2017）、王辉和常阳（2017）、林姿莛等（2017）、王垒等（2020）有关中国组织行为和领导风格的研究，尝试探究中国人的群体过程和组织过程。在群际层面，杨宜音、张曙光（2012）的"自己人"和"关系化"的研究，展现了中国人独特的社会分类逻辑；沙莲香（2008）有关中国民族性的系列研究，也产生了重大影响。

上述研究增强了中国社会心理学共同体的学术自信，但也存在有待完善的地方：第一，这些研究都预设一种个体主义文化－集体主义文化的二元对立，而中国文化被假定和西方的个体主义文化不同，位于对应的另一极；第二，这些研究的意趣过分执着于中国文化共同体相对静止而凝固的面向，有的甚至隐含汉族中心主义和儒家中心主义倾向；第三，这些研究大多采用的是访谈法或问卷/量表；第四，这些研究相对忽视了当代中国社会的伟大变革对当代中国人心灵的塑造作用。

2. 稳态社会路径

稳态社会路径对理论论辩没有丝毫兴趣，但它是大量经验研究的主宰偏好。其问题意识，源于对西方主流学界尤其是北美社会心理学界的追踪、模仿和复制，常常伴随比较中西文化的冲动。在积极意义上，这种问题意识不断刺激国内学者研读和领悟主流学界的进展；但其消极面是使中国社会心理学的精神品格，蜕变为北美研究时尚的追随者。北美社会已经是高度稳态的程序社会，因而其学者问题意识的生长点只能是稳态社会的枝节问题。而偏好稳态社会路径的中国学者所置身的是急剧的社会变革和转型。社会心理现象的表现形式、成因、后果和应对策略，在稳态社会与转型社会之间存在质的差异。

可将稳态社会路径的方法论偏好归结为真空中的个体主义。活生生的行动者，在研究过程中被人为剔除了其丰富的转型社会的特征，而被简化为高度同质的原子式的个体。强调社会关怀的社会心理学，蜕变为"非社会的"社会心理学。而其资料收集程序乃是真空中的实验或问卷。宏大的社会现实被歪曲或简化为人为的实验室或田野中漠不相关的个体之间虚假的社会互动。社会心理学的"社会之魂"由此被彻底放逐。

（二）超越西方"怪异心理学"的全球情怀

中国正处于"千年未有之大变局"，给中国社会心理学学者提供了千载难逢的社会实验室。一种以中国社会转型为中心的研究实践，从21世纪开始焕发生机。其理论抱负不是中西文化比较的冲动，也不是为西方模型提供中国样本资料，而是要真切地面对中国伟大的变革现实，以系统描述、理解和解释置身于社会转型中的中国人心理和行为的逻辑和机制。其直面的问题是本土－本真性的，但系统地萌生国际情怀，力图超越西方的"怪异心理学"（Weird Psychology）（Henrich et al. , 2010），后者因其研究样本局限于西方受过良好教育的工业化背景的富裕社会而饱受诟病。

乐国安等（2013）有关网络集体行动的研究，周晓虹（1998）有关农民群体社会心理变迁、"城市体验"和"中国体验"的研究，高文珺等（2013）有关社会心态的研究，方文（2013，2014，2016，2017）有关群体符号边界、转型心理学和社会分类权的研究，高明华（2013）有关教育不平等的研究，赵德雷（2015）有关社会污名的研究，赵蜜（2019）有关政策社会心理学和儿童贫困表征的研究，彭璐珞等（2017）有关文化混搭（Cultural Mixing）的研究，都尝试从不同侧面捕捉中国社会转型对中国特定群体的塑造过程。这些研究的基本品质在于研究者对社会转型的不同侧面的高度敏感性，并以之为基础来构造自己研究的问题意识。其中，赵志裕和康萤仪（2011）的文化动态建构论模型有重要的国际影响。

（三）群体地图与中国体验等紧迫的研究议题

面对空洞的宏大理论和抽象经验主义的符号霸权，米尔斯（2017）呼吁社会学学者应以持久的人类困扰和紧迫的社会议题为枢纽，重建社会学的想象力。而要滋养和培育中国当代社会心理学的想象力和洞察力，铸就社会心理学的"社会之魂"，类似地，必须检讨不同的生理决定论和还原论，直面生命持久的心智困扰和紧迫的社会心理议题。

不同的生理决定论和还原论，总是附身于招摇的研究时尚，呈现不同的惑人面目，如认知神经科学的殖民倾向。社会心理学虽历经艰难的理智探索，终于从生理/本能决定论中破茧而出，却持续受到认知神经科学的侵扰。尽管大脑是所有心智活动的物质基础，所有的社会心理和行为都有相伴的神经相关物，社会心理学学者对所有的学科进展有持续的开放胸怀，但人类复杂的社会心理过程无法还原为个体大脑的结构或功能。而今天的研究存在神经研究替代甚至凌驾完整动态的生命活动研究的倾向。又如大数据机构的营销术。大数据时代已经来临，而所有生命活动的印迹，通过计算社会科学，都能被系统挖掘、集成、归类、整合和预测。类似于乔治·奥威尔（2010）所著的《1984》中老大哥的眼神，一幅令人恐怖的数字乌托邦迷思。完整动态的生命活动，不是数字，也无法还原为数字，无论是基于每个生命从出生时起就被永久植入的自由意志，还是自动活动与控制活动的分野。

铸就中国当代社会心理学的"社会之魂"，必须直面转型的中国社会紧迫的社会心理议题。

（1）数字时代人类社会认知能力的演化。方便获取的数字文本、便捷的文献检索和存储方式，彻底改变了生命学习和思考的语境。人类的社会认知过程的适应和演化是基本难题之一。"谷歌效应"（the Google Effect）（Sparrow et al.，2011）已经初步揭示便捷的文献检索和存储方式正在败坏长时记忆系统。

（2）"平庸之恶"风险中的众从。无论是米尔格拉姆（Milgram，1974）的权威服从，还是津巴多（Zimbardo，2007）的"路西法效应"；无论是"二战"期间纳粹德国的屠犹，还是日本法西斯在中国和东南亚的暴行；无论是当代出现的种族灭绝，还是不绝如缕的恐怖活动，如何滋养和培育超越从众和"平庸之恶"的众从行为和内心良知，值得探究。它还涉及如何汇聚民智、民情和民意的"顶层设计"。

（3）中国社会的群体地图。如何系统描述、理解和解释中国人的所知、所感、所行，必须从结构层面深入人心层面，系统探究社会转型中不同群体的群体构成特征、群体认知方式、情感体验、惯例行为模式和生命期盼。

（4）中国体验与心态模式。如何系统描绘社会变革语境中中国民众人心秩序或"中国体验"与心态模式的变迁，培育慈爱之心和公民美德，对抗非人化（dehumanization）或低人化（infra-humanization）趋势，也是紧迫的研究议题之一。

中国当代社会心理学正在理智复兴的征途上，其不懈使命是助益中国民众的心灵福祉和"可持续自由"（森语，Sen，2001）。

鸣 谢

从 2000 年开始，我的研究幸运地持续获得国家社会科学基金（2000，2003，2008，2014，2020）和教育部人文社会科学重点研究基地重大项目基金（2006，2011，2016）的资助。最近获得资助的项目是 2020 年度国家社会科学基金一般项目"宗教和灵性心理学的跨学科研究"（项目批准号：20BZJ004）和 2016 年度教育部人文社会科学重点研究基地重大项目"阻断贫困再生产：儿童贫困后效、实验干预与政策反思"（项目批准号：16JJD840001）。本书受教育部人文社会科学重点研究基地北京大学中国社会与发展研究中心的资助，同时也是 2016 年度教育部人文社会科学重点研究基地重大项目"阻断贫困再生产：儿童贫困后效、实验干预与政策反思"（项目批准号：16JJD840001）和 2020 年度国家社会科学基金一般项目"宗教和灵性心理学的跨学科研究"（项目批准号：20BZJ004）的中期成果。

参考文献

巴斯，2011，《欲望的演化》（修订版），谭黎、王叶译，中国人民大学出版社。

巴斯，2015，《进化心理学：心理的新科学》，张勇、蒋柯译，商务印书馆。

柏阳、彭凯平、喻丰，2014，《中国人的内隐辩证自我：基于内隐联想测验（IAT）

的测量》，《心理科学进展》第 3 期。

波特·韦斯雷尔，2009，《话语和社会心理学：超越态度与行为》，肖文明等译，中国
　　人民大学出版社。

C. 赖特·米尔斯，2017，《社会学的想象力》，李康译，北京师范大学出版社。

曹惟纯、叶光辉，2014，《高龄化下的代间关系——台湾民众孝道信念变迁趋势分析
　　（1994～2011）》，《社会学研究》第 2 期。

戴文婷、时勘、韩晓燕、周欣悦，2013，《奖励的价值导向对绩效反馈效果的影响》，
　　《心理科学》第 6 期。

方文，1997，《社会心理学百年进程》，《社会科学战线》第 2 期。

方文，2001，《社会心理学的演化：一种学科制度视角》，《中国社会科学》第 6 期。

方文，2008a，《学科制度和社会认同》，中国人民大学出版社。

方文，2008b，《转型心理学：以群体资格为中心》，《中国社会科学》第 4 期。

方文主编，2013，《中国社会转型：转型心理学的路径》，中国人民大学出版社。

方文，2014，《转型心理学》，社会科学文献出版社。

方文主编，2016，《挣扎：转型社会的行动逻辑》，中国人民大学出版社。

方文，2017，《社会分类权》，《北京大学学报》（哲学社会科学版）第 5 期。

高明华，2010，《刻板印象内容模型（SCM）的修正与发展：源于大学生群体样本的
　　调查结果》，《社会》第 3 期。

高明华，2013，《教育不平等的身心机制及干预策略——以农民工子女为例》，《中国
　　社会科学》第 4 期。

高文珺、杨宜音、赵志裕、王俊秀、王兵，2013，《几种重要需求的满足状况：基于
　　网络调查数据的社会心态分析》，《民主与科学》第 4 期。

管健，2009，《社会表征理论的起源与发展——对莫斯科维奇〈社会表征：社会心理
　　学探索〉的解读》，《社会学研究》第 4 期。

黑格尔，1959，《哲学史讲演录》，贺麟、王太庆译，商务印书馆。

侯玉波、彭凯平、朱滢，2006，《中国人整体思维方式量表的编制与确认》，载翟学伟
　　主编《中国社会心理学评论》第 2 辑，社会科学文献出版社。

黄光国，2014，《"道"与"君子"：儒家的自我修养论》，《华中师范大学学报》（人
　　文社会科学版）第 3 期。

黄仁宇，2007，《万历十五年》，中华书局。

金盛华，2015，《幸福的社会心理实质与自我价值定向机制》，《黑龙江社会科学》第 2 期。

卡尼曼等编，2008，《不确定状况下的判断：启发式和偏差》，方文等译，中国人民大
　　学出版社。

李其维，2008，《"认知革命"与"第二代认知科学"刍议》，《心理学报》第 12 期。

李强、许丹，2007，《心理咨询师从业初始动机个案研究》，《中国临床心理学杂志》
　　第 2 期。

梁觉、李福荔，2010，《中国本土管理研究的进路》，《管理学报》第 5 期。

林姿莹、郑伯埙、周丽芳，2017，《家长式领导之回顾与前瞻：再一次思考》，《管理学季刊》第 4 期。

吕小康、汪新建，2018，《中国社会心理服务体系的建设构想》，《心理科学》第 5 期。

罗玮、罗教讲，2015，《新计算社会学：大数据时代的社会学研究》，《社会学研究》第 3 期。

梅勒，2009，《理解社会》，赵亮员等译，北京大学出版社。

彭璐珞、郑晓莹、彭泗清，2017，《文化混搭：研究现状与发展方向》，《心理科学进展》第 7 期。

乔治·奥威尔，2010，《1984》，刘绍鸣译，北京十月文艺出版社。

Rupert Brown，2007，《群体过程》，胡鑫、庆小飞译，中国轻工业出版社。

沙莲香，2008，《"中庸"的中心功能在"最佳选择"——中国民族性变迁研究笔记》，《河北学刊》第 1 期。

孙健敏、陆欣欣，2017，《伦理型领导的概念界定与测量》，《心理科学进展》第 1 期。

泰勒，2013，《赢者的诅咒：经济生活中的悖论现象与反常现象》，陈宇峰等译，中国人民大学出版社。

泰勒，2016，《"错误"的行为》，王晋译，中信出版集团。

王辉、常阳，2017，《组织创新氛围、工作动机对员工创新行为的影响》，《管理科学》第 3 期。

王垒、曲晶、赵忠超、丁黎黎，2020，《组织绩效期望差距与异质机构投资者行为选择：双重委托代理视角》，《管理世界》第 7 期。

杨国枢，2005，《中国人的社会取向：社会互动的观点》，载杨宜音主编《中国社会心理学评论》第 1 辑，社会科学文献出版社。

杨柳、刘力，2008，《污名应对研究：发展脉络、理论取向与展望》，《心理科学进展》第 5 期。

杨宜音、张曙光，2012，《在"生人社会"中建立"熟人关系"对大学"同乡会"的社会心理学分析》，《社会》第 6 期。

杨宜音主编，2015，《中国社会心理学评论》第九辑，社会科学文献出版社。

杨宜音主编，2016，《中国社会心理学评论》第十辑，社会科学文献出版社。

杨中芳，2009，《传统文化与社会科学结合之实例：中庸的社会心理学研究》，《中国人民大学学报》第 3 期。

乐国安主编，2009，《社会心理学理论新编》，天津人民出版社。

乐国安、薛婷、陈浩、姚琦，2013，《集体行动参与双路径模型再分析——来自现实与网络行动情境的检验》，《心理科学》第 2 期。

翟学伟，2016，《耻感与面子：差之毫厘、失之千里》，《社会学研究》第 1 期。

张建新、周明洁，2008，《中国人人格结构探索——人格特质六因素假说》，载杨宜音主编《中国社会心理学评论》第 1 辑，社会科学文献出版社。

张阳阳、佐斌，2006，《自尊的恐惧管理理论研究述评》，《心理科学进展》第 2 期。

张志学、鞠冬、马力，2014，《组织行为学研究的现状：意义与建议》，《心理学报》第 2 期。

张智勇、王登峰，1997，《论人格特质"大七"因素模型》，《心理科学》第 1 期。

赵德雷，2015，《农民工社会地位认同研究》，知识产权出版社。

赵菊、佐斌，2011，《"和而不同"：中西文化下人际互动和谐相容模型比较》，《心理学探新》第 6 期。

赵蜜，2010，《以身行事——从西美尔风情心理学到身体话语》，《开放时代》第 1 期。

赵蜜，2017，《社会表征论：发展脉络及其启示》，《社会学研究》第 4 期。

赵蜜，2019，《儿童贫困表征的年龄与城乡效应》，《社会学研究》第 5 期。

赵志裕、康萤仪，2011，《文化社会心理学》，刘爽译，中国人民大学出版社。

周晓虹，1993，《现代社会心理学史》，中国人民大学出版社。

周晓虹，1998，《流动与城市体验对中国农民现代性的影响——北京"浙江村"与温州一个农村社区的考察》，《社会学研究》第 5 期。

佐斌、张阳阳、赵菊、王娟，2006，《刻板印象内容模型：理论假设及研究》，《心理科学进展》第 1 期。

Barsalou, L. W. 1999. "Perceptual Symbol Systems." *Behavioral and Brain Sciences*, 22: 577 – 660.

Barsalou, L. W., et al. 2005. "Embodiment in Religious Knowledge." *Journal of Cognition and Culture*, 5: 14 – 57.

Billig, M. 1996. *Arguing and Thinking: A Rhetorical Approach to Social Psychology* (2nd edition). Cambridge: Cambridge University Press.

Brown, R. 2010. *Prejudice* (2nd edition). Oxford, UK: Blackwell.

Burke, P. J. (eds.) 2006. *Contemporary Social Psychological Theories.* Stanford: Stanford University Press.

Buss, D. M. 2016. *The Evolution of Desire* (Revised and Updated Edition). New York: Basic Books.

Chiu, C. -y. and Hong, Y. -y. 2006. *Social Psychology of Culture.* New York: Psychology Press.

Cuddy, A. J. C. 2007. "The Bias Map: Behaviors From Intergroup Affect and Stereotypes." *Journal of Personality and Social Psychology*, 92 (4): 631 – 648.

Doise, W. 1986. *Levels of Explanation in Social Psychology.* Cambridge: Cambridge University Press.

Doise, W. , et al. 1993. *The Quantitative Analysis of Social Representations.* London: Harvester Wheatsheaf.

De. Dreu, C. K. W. , et al. (eds.) 2001. *Group Consensus and Minority Influence.* Oxford: Blackwell.

Eisenberger, N. I. 2015. "Social Pain and the Brain: Controversies, Questions, and Where to Go from Here. " *Annual Review of Psychology*, 66: 601 – 629.

Eisenberger, N. I. , et al. 2003. "Does Rejection Hurt? An fMRI Study of Social Exclusion. " *Science*, 302: 290 – 292.

Fang, Wen. 2009. "Transition Psychology: The Membership Approach. " *Social Sciences in China*, 2: 35 – 48.

Fiske, S. T. , et al. 2002. "A Model of (Often Mixed) Stereotype Content: Competence and Warmth Respectively Follow from Perceived Status and Competition. " *Journal of Personality and Social Psychology*, 82 (6): 878 – 902.

Gergen, K. 2001. *Social Construction in Context* . London: Sage Publications.

Greenberg, J. , et al. 1997. "Terror Management Theory of Self-Esteem and Cultural Worldviews: Empirical Assessments and Conceptual Refinements. " In P. M. Zanna (ed.), *Advances in Experimental Social Psychology* (Vol. 29, pp. 61 – 139) . San Diego, CA: Academic Press.

Greene, J. D. , et al. 2001. "An fMRI Investigation of Emotional Engagement in Moral Judgment. " *Science*, 293 (14): 2105 – 2108.

Henrich, J. , Heine, S. J. , and Norenzayan, A. 2010. "The Weirdest People in the World?" *Behavioral and Brain Sciences*, 33: 61 – 83.

Higgins, E. T. 1996. "Knowledge Activation: Accessibility, Applicability and Salience. " In E. T. Higgins and A. E. Kruglanski (eds.), *Social Psychology: Handbook of Basic Principles* (pp. 133 – 168) . New York: Guilford Press.

Higgins, E. T. 2012. *Beyond Pleasure and Pain: How Motivation Works.* New York: Oxford University Press.

Hogg, M. A. 2007. "Uncertainty-Identity Theory. " *Advances in Experimental Social Psychology*, 39: 69 – 126.

Hogg. M. A. and Abrams, D. 1988. *Social Identifications.* London: Routledge.

Hong, Ying-yi, et al. 2000. "Multicultural Minds. " *American Psychologist*, 55 (7): 709 – 720.

House, J. S. 1977. "The Three Faces of Social Psychology. " *Sociometry*, 40 (2): 161 – 177.

Jost, J. T. and Banaji, M. R. 1994. "The Role of Stereotyping in System-Justification and the Production of False Consciousness. " *British Journal of Social Psychology*, 33 (1): 1 – 27.

Jovchelovitch, S. 2007. *Knowledge in Context: Representations, Community, and Culture.* New York: Routledge.

Kahneman, D., et al. (eds.) 1982. *Judgment Under Uncertainty: Heuristics and Biases*. Cambridge: Cambridge University Press.

Kruglanski, A. E. and Higgins, E. T. (eds.) 2007. *Social Psychology: Handbook of Basic Principles* (2nd edition). New York: Guilford Press.

Liu, L. 2004. "Sensitising Concept, Themata and Shareness: A Dialogical Perspective of Social Representations." *Journal for the Theory of Social Behaviour*, 34: 249 – 264.

Macy, M. W. & Willer, R. 2002. "From Factors to Actors: Computational Sociology and A-gent-Based Modeling." *Annual Review of Sociology*, 28:143 – 166.

Marková, I. 2003. *Dialogicality and Social Representations*. Cambridge: Cambridge University Press.

Milgram, S. 1974. *Obedience to Authority: An Experimental View*. New York: Harper & Row.

Morris, M. W., et al. 2015. "Polycultural Psychology." *Annual Review of Psychology*, 66: 631 – 659.

Moscovici, S. 1996. "Just Remembering." *British Journal of Social Psychology*, 35: 5 – 14.

Moscovici, S. 2000. *Social Representations: Explorations in Social Psychology*. Cambridge: Polity.

Moscovici, S. and Marková, I. 2006. *The Making of Modern Social Psychology: The Hidden Story of How an International Social Science was Created*. Cambridge: Polity.

Nemeth, C. 2018. *In Defense of Troublemakers*. Basic Books.

Ochsner, K. 2007. "Social Cognitive Neuroscience: Historical Development, Core Princi-ples, and Future Promise." In A. E. Kruglanski and E. T. Higgins (eds.), *Social Psychology: Handbook of Basic Principles* (pp. 39 – 66). New York: Guilford Press.

Parker, I. and Shotter, J. (eds) 1990. *Deconstructing Social Psychology*. London: Routledge.

Potter, J. and Wetherell, M. 1987. *Discourse and Social Psychology*. Sage Publications.

Rosenthal, R. and DiMatteo, M. R. 2001. "Meta-Analysis: Recent Developments in Quanti-tative Methods for Literature Reviews." *Annual Review of Psychology*, 52: 59 – 82.

Sen, A. 2001. *Development as Freedom*. Oxford Paperbacks.

Sidanius, J. and Pratto, F. 1999. *Social Dominance: An Intergroup Theory of Social Hierarchy and Oppression*. Cambridge: Cambridge University Press.

Sparrow, B., Liu, J., and Wegner, D. M. 2011. "Google Effects on Memory: Cognitive Consequences of Having Information at Our Fingertips." *Science*, 333: 776 – 778.

Sperber, D. 1996. *Explaining Culture: A Naturalistic Approach*. Oxford: Blackwell.

Swidler, A. 1986. "Culture in Action: Symbols and Strategies." *American Sociological Review*, 51: 273 – 286.

Tajfel, H. 1970. "Experiments in Intergroup Discrimination." *Scientific American*, 223: 96 – 102.

Tajfel, H. 1981. *Human Groups and Social Categories: Studies in Social Psychology.* Cambridge: Cambridge University Press.

Tajfel, H. and Turner, J. C. 1986. "The Social Identity Theory of Intergroup Behavior." In S. Worchel, et al. (eds.), *Psychology of Intergroup Relations* (2nd ed.) (pp. 7 – 24). Chicago: Nelson-Hall.

Trivers, R. 2002. *Natural Selection and Social Theory: Selected Papers of Robert Trivers.* Oxford: Oxford University Press.

Turner, J. C., et al. 1987. *Rediscovering the Social Group: A Self-Categorization Theory.* Oxford: Blackwell.

Van Dijk, T. A. 1993. *Elite Discourse and Racism.* Sage.

Van Lange, P. A. M., et al. (eds.) 2012. *Handbook of Theories of Social Psychology* (2Vol. s). Sage Publications.

Wyer, R. S., Chiu, C. -y., and Hong, Y. -y. 2009. *Understanding Culture: Theory, Research, and Application.* New York: Psychology Press.

Yzerbyt, V., et al. 2004. *The Psychology of Group Perception.* New York and Hove: Psychology Press.

Zimbardo, Philip. 2007. *The Lucifer Effect: Understanding How Good People Turn Evil.* Random.

第一编

社会心理学理论范式前沿

集体记忆传递的社会心理逻辑[*]

管　健　郭倩琳

南开大学社会心理学系

摘　要：集体记忆不仅是被共享的、存在于某个共同体中的个人记忆，而且是允许被社会成员所获取的符号系统。社会运行受集体记忆维护，而集体记忆传递又受社会框架维持。若将集体记忆看作一种社会心理现象，则需同时包含心理过程以及社会过程：首先，个体记忆需在社会发展过程中通过各种媒介记述和传递成为历史的一部分；其次，集体记忆同样涉及大脑对信息的编码、存储与提取过程。从社会心理学视角出发，集体记忆可根据其受群体关注的程度和衰减速度两个特征进行划分，并认为其传递过程是基于接受或拒绝信息的筛选过程。因此，将集体记忆研究全然"去心理化"或"去社会化"并不利于对集体记忆研究的拓展，探究集体记忆如何在社会中传递需要补充社会心理学在这一领域的可能性尝试。

关键词：集体记忆　信息共享　符号互动　认同建构

一　引言

回忆的实践活动不仅发生在个体身上，也同样发生在集体中。在社会环境中，个体不仅会独自回忆过去发生的事件，而且乐于在他人在场

---

[*]　本研究得到教育部哲学社会科学研究重大课题攻关项目"中华民族文化与国家认同研究"（项目号：17JZD043）；中央高校基本科研业务费专项资金（批准号：63192402）资助。

的情境下共同检索、提取、分享，并形成关于某件事的记忆。社会网络中的他人不限于较小或独立的群体（如亲人、朋友、同事等），还包括范围更广的社会群体（如社交媒体的线上联系等）。个体的记忆内容有时甚至可以超越本人的实际经历；个体的记忆也常常存在一种更为广泛的记忆内容，包括对家族的记忆、对某一代人的记忆、对国家历史与文化的记忆等。个体记忆的获得方式不一定是通过实际的生活经历，例如，人们会通过与他人的互动、交流、学习来识别或拥有某些记忆。因此，要确定某种记忆是如何开始形成的又是何时消失的非常困难，众多研究者便从集体记忆的形成过程与影响机制的角度，尝试解答这些孤立的个体记忆在社会环境之中是如何传递扩散，甚至演变成为社会成员所共同拥有的集体记忆内容的。

　　在社会科学文献中，集体记忆是指对过去事物形成的一种群体共同表征，哈布瓦赫在其著作中对集体记忆解释的定位为：正像人们可以同时是许多不同群体的成员一样，对同一事实的记忆也可以被置于多个框架之中，而这些框架是不同的集体记忆的产物（哈布瓦赫，2002：93）。而在心理学研究的实验范式中，集体记忆的操作定义一般为：小组成员在合作后的个人记忆中所记得或忘记的重叠项目的数量（Congleton & Rajaram，2014；Stone et al.，2010）。

　　社会科学家对集体记忆概念的解读指出了"记忆"这一心理现象可能包含的某种社会属性。在哈布瓦赫对记忆的解释体系中，集体记忆是一种由社会维持并存储的符号，这一符号可以被其社会成员所获取，它不仅是对过去的描述和回忆，更是基于"当下"而对过去的重塑。这一记忆过程基于当下，同时也指向未来，且并非一成不变，而是具有灵活性。长期以来，心理学视角下的记忆研究主体多为个体记忆，涉及记忆的编码、存储、提取、遗忘、保持等。而社会学视角下的集体记忆研究更多地将记忆这一现象"去心理化"了。已有研究者对这种过度的"去心理化"提出了疑问，如学者刘亚秋就认为"将记忆去心理化，或许只是作为社会学家的哈布瓦赫的一种权宜之计，为了将社会记忆与心理学的记忆研究区分开"（刘亚秋，2010）。基于此，我们认为从社会心理学视角出发，对集体记忆的定义应该包括以下内容：（1）集体记忆不仅是一种心理现象，同时也是一种实践活动；（2）集体记忆不仅涉及个体大脑对信息的编码、存储、提取等过程，也受到各种复杂的社会环境因素的影响；（3）集体记忆不仅包含一种心理过程（如人们在日常生活中不断地回忆以前发生的事），同时也包含一种社会过程（如人们通过不断地修饰、概括来赋予记忆新的意义）。将社会维度纳入对集体记忆的研究，或许可以为集体记忆的心理学研究提供一种更为灵活的研究框架，帮助解释集体记忆是如何在社会中传递的，又是如何被社会所影响的；同时将心理机制引入集体记忆的社会学讨论，可以补充人们的心理过程对社会框架的适应特征，以及反馈路径与规律。

二　基于社会信息传播的集体记忆共享

社会传播是形成集体记忆的一个关键过程（Wertsch & Roediger, 2008）。在社会网络中，群体中的个体是一个节点，个体之间的社会联系或关系则是点与点之间的联结（Castellano et al. , 2007）。集体记忆的传播域在社会网络层面可以具象化为基于结点、矢量关系、集群、界限等构成的信息传递与共享范围。大量的理论和实验结果表明，在生物传染中，连续的接触导致具有独立概率的传染，而在"社会传染"中，"传染"的概率取决于前一个接触者给予的社会肯定或强化作用（Wang et al. , 2015）。人们为保证信息的可信性总是寻求多重确认，在现实的社会传播情境中，记忆在个体行为的采纳和强化中起着重要的作用，包括个体从接触者那里获得的累积信息的部分或完整的记忆（Centola, 2011）。通过记忆来巩固信息不仅涉及个人对信息的识记，也包含其他接触者对信息的加工与反馈。个体记忆内容在现实情境中很难不与环境以及他人产生联结，因为人们需要一种过去、现在与未来的连续感来维持日常生活的秩序。心理学已经对"什么特征的集体记忆信息更容易在群体中传播"做了一系列实验研究，并形成了成熟的研究范式。

（一）信息的社会属性与协作记忆范式

在个体与其他接触者共同获得记忆信息的社会情境中，记忆是如何传播的？在典型的协作记忆认知实验研究中，被试首先独立学习一些材料（如一串不相关的单词），紧跟着是一段长短不等的干扰期（如 5 分钟至 1 周），然后，被试进行记忆测试（如自由回忆），且回忆没有顺序要求，测试阶段为小组（通常是三个被试一组）一起进行回忆（Rajaram & Pereira-Pasarin, 2010）。对协作记忆的研究发现了协同抑制作用，即协作回忆的结果与人们的直觉相反：在协作小组中进行回忆时，个体的回忆量更少，研究者将这种违反直觉的现象称为协作抑制（Weldon & Bellinger，1997）。

集体记忆虽然涉及更广泛的社会范畴，但心理学实验研究的协作抑制记忆范式指出了记忆在社会中传播的某种基础：记忆在群体中的传播伴随着一种拒绝或接受信息的过程。随着记忆在社会中传播的频率和广度增加，群体中共享的记忆也会增加，伴随的是记忆的准确性下降、概括性提高，而个体拒绝或接受信息的过程无疑与信息的社会属性相关，根据信息的社会属性，一些记忆被长时间储存下来，另一些记忆则逐渐消失，这不仅是一种个性化的过程，也存在一种普遍化的集体现象。有研究表明，小组成员回忆的非正确信息往往会进入被试的最终个人回忆，如果被试认为这些信息来自社会（如感知到信息源自伴侣），而不是计算机生成的反应等非社会来源，记忆错误现象就会增加（Reysen & Adair，2008）。这些研究表明，与社会属性相关的信息使得记忆内容在群体中更趋同，即使这一过程牺牲了记忆的准确性。

社会心理学领域研究同样表明：个人确实更有可能在社交上分享情感上突出的信息，唤起高度兴奋的正面（敬畏）或负面（愤怒或焦虑）情绪的内容更容易在社会中传播（Berger & Milkman，2012）。但情感和集体记忆相关信息之间的关系比简单的情绪效价对其产生影响要更为复杂。例如，关于母子之间对话回忆的形式和内容的跨文化研究表明，家庭中的情感回忆具有多重功能，欧美母子对情绪经历的社会回忆帮助孩子发展自主的自我意识，并通过情感理解来调节他们的情绪；中国母子回忆对话则帮助孩子与重要的人建立联系，并通过适应社会规范和行为预期来调节他们的情绪；等等（Wang & Fivush，2005）。这表明，信息的社会属性、社会功能会影响集体记忆传播的筛选过程。虽然记忆研究的实验心理学范式更强调个体记忆如何受到他人复述的影响，却揭示了集体记忆在社会传播中不可忽视的心理过程——与他人共同进行记忆提取步骤。正如新异刺激和选择性注意影响短时记忆编码与存储过程，与他人共同进行记忆提取这一步骤也会影响集体记忆的加工过程。

（二）社会共享的提取诱发遗忘范式

现有的通信技术虽然创造了更有效的存储信息的方式和信息传播的方式，却无法保证信息在人们所处的社会中具有持久性。社会中的记忆信息有其自身运转的某种法则，因为人们既是记忆的"生产者"，又是记忆的"消费者",记忆活动虽被认为是众多心理活动之一,却又无疑嵌入在整个社会语境当中。社会记忆研究者阿莱达·阿斯曼(2007:108)认为,存在两种用于存储回忆的记忆存储器:身体和语言。身体回忆是由冲动力、痛苦压力、震惊强度塑造的,不论你是否把他们召回意识当中,它们都牢固地滞留在记忆里;与此相反,语言记忆的框架却不是身体,而是社会沟通。社会行为人在记忆的实践活动中不可避免地受到更广泛的互动背景影响,而不仅仅是个人特征。

　　记忆的对话行为促进了记忆的收敛(Hirst & Echterhoff, 2012)。人们不仅用语言向别人传递新接受的信息,还会经常互相谈论过去发生的事。对话的参与者一开始带着不同的回忆内容进行对话,但经过对话行为之后,对话者的记忆概括性更高,记忆的重叠程度较之对话之前更大。当人们在谈话中选择性地记忆时,他们不仅强化了已有的记忆,同时导致对其他相关记忆内容的抑制,从而使得相关记忆材料的回忆量降低,即提取诱发遗忘(Retrieval-Induced Forgetting, RIF)现象。众多研究者发现提取诱发遗忘现象确实存在,并在促进集体记忆的形成中起着重要作用。后来研究者为了将社会维度纳入对记忆的研究,在提取诱发遗忘实验范式的提取练习阶段将被试分为说话者和听众,结果发现,对话中的所有参与者(包括听众)都会发生类似的选择性遗忘现象,即社会共享的提取诱发遗忘(Socially Shared Retrieval-Induced Forgetting, SSRIF)现象(Koppel et al., 2014)。

　　社会共享的提取诱发遗忘现象在群体中促进了群体成员记忆趋同,可见记忆信息在连续的社会互动中具有可传递性,这一特征对集体记忆的形成有重要贡献。研究发现,当说话者与听众属于相同的社会群体时,社会共享的提取诱发遗忘现象更显著。例如,让被试阅读一个海外学习计划,并播放一段有选择地讲述原始阅读内容的播报,结果发现,当听众与播报者属于同一所大学时,产生了社会共享的提取诱发遗忘现象;若播报者是其他学校的学生时,则未出现社会共享的提取诱发遗忘现象(Coman & Hirst, 2015)。研究者认为,仅仅让听众假设自己与播报者来自同一所学校,听众也会产生社会共享的提取诱发遗忘现象,而产生这一内群偏好的原因,可能是出于听众想要与播报者建立或加强社会关系,因此自然地选择与播报者有一致的记忆提取过程。社会网络中的群体成员,通过彼此的群体关系建立起集体记忆信息共享的结构与机制,并依此影响着群体成员自身的观念、信仰和行为。

在记忆研究领域，协作记忆和社会共享的提取诱发遗忘范式已经阐明了一些允许信息在相互作用的个体之间传播的认知机制，但这些实验都集中在小规模的实验室模拟社会情境中。因此，有研究调查了大规模的、现实的社交网络，也发现个体受到与其交互的个体影响，个体间相互作用增加了个体记忆的相似性（Luhmann & Rajaram，2015）。众多研究说明言语对话和对话者之间的结构性关系在集体记忆形成过程中的重要角色。在社会网络中，社会信息与集体记忆是一种双向互动的过程：一方面，社会信息传播的相关研究可以部分解释集体记忆的共享特征；另一方面，集体记忆自身的特性也可以为信息传播研究提供社会心理机制的解释途径。关于集体记忆的言语对话，出发点是个人对于记忆信息的综合偏好，但这一偏好如何最终形成人们对某一事件的普遍记忆表征，以及逐渐演变成在同一社会框架下的系统性变化，仍需从其他视角进行补充。

三 基于符号互动的集体记忆重塑

基于以上讨论，人类社会的信息传播无疑是基于人与人之间的社会信息传递过程，其中，言语互动行为显得尤为重要。信息人际互动将记忆从一个人传递到另一个人，这种现象也被称为记忆的社会传递（Brown et al.，2012）。而记忆以至少两种重要的方式在人与人之间传递：一种是经历过的或真实的记忆被分享；另一种是人们将他们从未经历过的信息整合到记忆中，但这些信息是由相互作用的同伴传递的（Choi et al.，2017）。研究者进一步将人们关于集体记忆的言语共享行为具体化为人类言语行为的一类特殊表现，即"记忆言语行为"。"记忆言语行为"可以被定义为叙述、描述或解释过去发生的事情，或通常人们认为已经发生的事情（de Saint-Laurent，2017）。谈论过去既是一种对过去发生事件的陈述，也是在表演一种关于记忆的言语行为。在许多关于集体记忆的讨论中，都假定各种语言形式是记忆的基本工具，而集体记忆之所以成为集体的记忆，并可以被其社会成员所提取，在某种程度上是因为一个群体的成员拥有共同的符号体系以及相同的叙事资源。集体记忆最初是孤立的记忆，通过符号互动或叙述，孤立的记忆才会获得自己的结构，具有关联性和连续性，能够与其他记忆信息相互印证，并最终嵌入在整个社会运行体系当中。没有被表述出来并以各种形式参与在符号互动当中

的集体记忆，在结构中是不稳定的，容易随时间和环境的变化而衰减乃
至消失。

符号互动不仅是集体记忆的一种传递、共享方式，更被视为一种对
集体记忆的重塑方式。在心理学记忆研究中，关于社会互动对记忆影响
的研究表明，社会互动是塑造记忆特别有效的方法。实验中的语言互动
（如主试对被试说的话）可以成为植入错误记忆的有效手段。例如，研究
者让被试观看一系列描述交通事故的图片，在第一次观看之后，向被试
提供描述事故的额外信息，这些信息有的与原始图片的内容相矛盾，有
的与原始图片的内容相一致，结果显示实验者有能力通过语言的互动给
被试的回忆内容植入各种错误记忆（Loftus，2004）。同样有研究者也曾要
求被试观看复杂的图像，然后派一名主试与被试讨论图像，并向其提供
与原始图像相关的错误信息，之后被试被要求回忆他们最初看到的东西。
虽然被试更有可能将相关的、新的信息纳入他们的记忆中，但不相关的
植入内容也被纳入并被接受为有效的记忆内容（Meade & Roediger，
2002）。由此可以合理推断，人与人之间的符号互动参与了集体记忆的形
成与重塑过程中十分重要的环节。

社会网络中的关系内容也许涵盖了实物、权力、情感、角色等方面，
但涉及信息内容的沟通关系覆盖的网络范围更为广泛。在更广泛的互动
层面上，记忆存在两个重要的维度：一是我们与其他个体的相互作用，
二是我们与外在的符号和象征之间的相互作用。而记忆一旦以意象的形
式被描述或表现出来，就成为主体间符号体系的一部分，也就不再具有
专有的、不可让与的属性（阿斯曼，2017）。对话的心理机制类似于"强
化"，对于记忆表达者与记忆倾听者来说，有选择地对记忆内容进行交
流，则被选择的内容都得到了强化，使之在后来更容易被提取。加之个
体之间的互动会逐渐扩展到个体与外在社会环境的"话语性"互动，人
们对一些事物的表征建立在某种互动后的集体记忆内容基础之上，形成
了更广泛的可以获取的常识性知识，从而进一步巩固了某种集体记忆。
集体记忆所承载的是对个体与群体的联结作用，有研究者认为：集体记
忆研究对符号表征的阐述，与社会表征理论有关符号表征的论述不谋而
合，符号表征一方面联结着历史和集体记忆，代表着社会中宏观的和稳
定的社会共识；另一方面则联结着个体经验，代表着社会中差异性的和
弹性的个体心理（柴民权、管健，2018）。此外，集体记忆既是群体所共
享的，又是群体成员可以获取并挪用的，它是一种具有选择性的社会表

征，承载着对一个社会群体重要的认同（Jovchelovitch，2012）。

在集体记忆形成过程中，言语符号占据着重要位置。例如，关于俄罗斯人对"驱逐外敌"的图式叙事模板的研究发现，当人们在叙述过去"真正发生了什么"时，过程中所使用的"图式叙事模板"发挥着非常强大的作用，这一抽象化的符号系统是俄罗斯集体记忆的基础（Wertsch，2008）。这说明某个社会的群体叙事描述了群体对他们属于某一特定社会类别成员的心理表征。其中，关于群体叙事的符号互动水平代表集体记忆在群体中的深度，进而，不同的社会背景也会建构出截然不同的集体记忆叙事模板。在同一个社会群体中，人们会倾向于修正自己的集体记忆，以符合某种公认的事实。例如，Hirst 等发现，人们关于"9·11"事件的错误记忆往往会随着时间的推移而得到修正，这在很大程度上是因为媒体提供了必要的材料（Hirst et al.，2015）。这也是在不同文化背景下，对于过去发生的事件存在不甚相同的集体记忆的原因。同理，两种集体记忆的相似也可能是因为它们都趋向于被同样的叙事模板建构。

把社会群体中的个体联系在一起的不仅是关系、规则等，还包括集体记忆，其中，个体之间对集体记忆的交流行为尤为重要。研究进一步发现，记忆交流的时间动态会影响集体记忆的重塑过程，若在静态拓扑的社交网络中加入时间序列因素，会发现群体间被试在早期对话中谈论关于共同经历事件的记忆会促进集体记忆在社交网络中收敛；反之，群体内被试若在对话早期谈论关于共同经历事件的记忆，则会降低集体记忆在社交网络中的收敛程度（Momennejad et al.，2019）。这说明，社交网络中的记忆言语行为不仅受到静态网络结构的影响，而且受到动态时间进程的影响，不难推断，存在更多的因素可以与社交网络的时间和拓扑特征相互作用，从而塑造集体记忆。

然而，在当前社会中，将集体记忆转化为各种实物象征符号的现象十分普遍，如以文字、博物馆、历史纪念馆等作为集体记忆的实体象征。与此同时，个体之间、个体与群体之间的线上交流更为普遍，集体记忆的符号互动已经不再限于面对面的沟通方式，碎片化的交流和信息传递也对集体记忆的塑造产生了深远影响；并且随着时间的推移，"活着的"记忆（如南京大屠杀幸存者、慰安妇、抗战老兵等）正在逐渐消失，个人的叙述和亲身经历在集体记忆中开始式微，加之在时代的变迁过程中，如果群体成员之间不再与特定集体记忆相关的重要他人保有联系，那么关于他们的集体记忆也会逐渐丧失。尽管集体记忆往往超越个人的亲身经历，但终究无法忽略人与人之间对亲身经历的符号互动在集体记忆的社会传递中起到的进一步概括化、整合性的作用。

四　基于认同建构的集体记忆传递

应将集体记忆与历史事实加以区别，人们记忆中的过去并不是客观实在，而是一种社会性的建构（Hirst & Manier，2008）。也就是说，集体记忆所涉及的"过去"并不是"当下"的对立面，也不是基于对过去历史的一种恢复与还原，而是在集体记忆形成过程中，一种基于为"当下"服务而进行建构的动态过程。然而，尽管集体记忆这个概念被广泛使用，其在实际使用中却存在着分歧。最近的综述研究已经提出集体记忆定义的核心是群体认同的概念：如果集体成员共有的某个记忆与集体成员自身的身份认同无关，那么只能算作共享记忆，而不是集体记忆（Wertsch & Roediger，2008）。需要说明的是，单独分析个体特征或社会结构特征都不能更好地综合探讨集体记忆传递的系统性过程。而集体记忆与个体的认同相关这一发现将记忆这一心理现象的个体属性与集体记忆及其社会属性之间进行了尝试性联结，初步指出集体记忆是个体赖以建构自我认同的材料。

社会记忆研究者阿莱达·阿斯曼延续了哈布瓦赫关于集体记忆的观点，她主张人类不仅以第一人称单数"我"生活，而且以各种形式的第一人称复数"我们"生活，每一个"我们"都是由特定的话语构成的，这些话语标明了某些界限，定义了各自的包容和排斥原则，并提出承认集体记忆的概念就是承认某种集体认同的概念（Assmann，2006）。而现代心理学的记忆研究之父巴特利特则对哈布瓦赫关于集体记忆的论述进行了批判，他认为集体本身并不存在某种记忆。实际上，后来的研究者认为巴特利特主张"社会结构为个体记忆提供了一个持久的框架，所有详细的回忆都必须纳入其中，它对回忆的方式和内容都产生了非常强大的影响"，巴特利特所支持的是一种"群体中的记忆，但不是群体的记忆"（参见 Wertsch，2002）。尽管巴特利特对群体是否存在记忆这一心理功能提出了异议，但也不能忽视他对记忆这一心理现象的社会维度十分关注。

大量关于集体记忆该如何研究的争论指明：若个体记忆是受其所处社会环境影响的，这一记忆的社会维度实际上有助于弥合集体记忆与个体记忆研究之间的鸿沟。然而，对大多数心理学家来说，集体记忆的社会性质以及社会在形成和维持集体记忆中所起的关键作用并不在常见的记忆研究范围之内。因此，社会心理学研究者们找到了"认同"这座桥梁，使个体记忆研究与集体记忆研究之间联结成为可能，集体记忆的社会心理学研究也逐渐得以扩展。人们在集体记忆的生成和传递过程中，不仅会根据时空关系把集体记忆信息置于特定的情境和结构中，还会整合共同的信念以及分享认同过程。如果说上文提到的信息和符号互动过程是集体记忆社会传递的结构机制，那么认同则是受到结构激发的网络黏合剂，推动集体记忆内容逐渐演化成为社会成员可获取的记忆表征系统。

（一）自我认同与集体记忆易提取性

集体记忆内容有很大一部分内容融合了个体的自传体记忆。研究发现，自传式记忆存在一种宏观的结构：生命周期检索曲线。当人们从自己的生活中自由地回忆事件，然后对每一个事件的发生根据被试年龄进行编码，就会观察到记忆的生命周期检索曲线。研究者认为理想化的记忆生命周期曲线主要强调了三个组成部分：童年记忆缺失、回忆高峰和近因效应（Conway & Pleydell-pearce，2000）。也就是说，除了记忆的近因效应使得人们对当前年龄阶段发生的事件记忆较多，人们普遍对青春期后期以及成年早期发生的事件的记忆存在一种回忆高峰，而对于童年事件的记忆很少。同样，有研究提出了记忆的代际同辈效应（Generational Cohort Effect）：如果让被试说出 1～2 个过去 50 年中最重要的历史事件，被试同样倾向于列出他们在青春期后期和成年早期发生的公共事件（Koppel & Berntsen，2015）。也就是说，在这段时期内的公共事件记忆被认为比其他时期的公共事件记忆更重要，也更容易被人们提取。

理想的生命周期检索曲线显示出的回忆高峰，与个体自我同一性发展关键阶段的趋势非常相似，从某种程度看，无论是关于自身的记忆还是关于公共事件的记忆，在这个阶段都得到了深度编码的加工，因此在个体的回忆中所占比例较大。但也有研究认为，个体自我认同形成的这个阶段，其特征更多的是保留与重要他人互动的自传体记忆，而不是保留与群体和社会有关的经验。换句话说，这一回忆高峰的后期可能表现出对私人个体记忆的优先保留，而不是对公共事件记忆的优先保留（Holmes & Conway，1999）。Conway 和 Pleydell-pearce（2000）等研究者则提出个人记忆信息的保留在很大程度上取决于这些信息在维持个人当前目标、自我理论、态度和信念方面的功能意义；但记忆的建构过程确实发生在社会文化背景当中，因此记忆的功能也需要与文化的目标、价值观和信仰体系相一致（Wang，2001；Wang & Conway，2004）。

个体在认同尚未确立的阶段投入了大量的认知努力，这种认知资源的消耗帮助其适应身心环境的变化与发展，因此，相对于生命周期后期进行编码的知识，认同形成阶段的知识很可能以一种较为特殊的方式被编码到记忆系统当中。此外，在社会认同形成过程中所保留的知识可能会形成自传体记忆内容的基础，正如前文所述，这个阶段的记忆在个体记忆系统中可能更易提取。因此研究者认为，作为认同的形成，特别是世代认同的形成，个体更关注外部世界（直接的社会群体和整个社会）某些特征的内化，在这一阶段可能占主导地位的是对公共经验而不是私人经验的知识的特权保留（Holmes & Conway，1999）。这也佐证了认同建构过程对集体记忆传递的深层次作用，认同过程不仅区别了"我"与"他"，同时也在个体内心划分出"我们"与"他们"的界限，并依据认同过程对群体内的叙事符号进行识别和编码，最终整合成社会成员集体记忆的内容。认同过程不仅参与了集体记忆的识别、编码和存储阶段，也参与了集体记忆的提取阶段。与自我认同记忆编码更接近的集体记忆内容也更容易被社会成员所获取，这可能也是因为个体借助与自我更相关的记忆来理解和阐释后来产生的记忆，也就是旧的记忆与新的记忆相融合、再编码的过程。

（二）社会认同与集体记忆稳健性

关于前文提到的社会共享的提取诱发遗忘研究也发现，当社会认同受到威胁时，社会共享的提取诱发遗忘的稳健性也会受到影响。例如，研究者要求国籍为美国的被试去阅读关于在伊拉克的士兵们犯下的四起暴行，以及这些暴行的理由，并让被试听取一份关于暴行的说明作为对社会共享的提取诱发遗忘现象的评估，实验的控制因素为士兵国籍（即暴行的实施者被认为是伊拉克人还是美国人），结果显示，当士兵被认为是伊拉克人时产生了社会共享的提取诱发遗忘现象，当士兵被认为是美国人时这一效应并未出现（Coman et al.，2014）。出现这一结果的原因被解释为美籍被试感到自身社会认同受到了美国同胞暴力行为的威胁；而当美籍被试认为是伊拉克人犯下暴行时，他们并没有感到类似的威胁。

也就是说，当人们受到认同威胁时，个体将被迫回忆起减少这种威胁的信息。由此，记忆的稳健性受到社会认同的影响。

社会认同的概念总是涉及内群与外群的识别与分类，超越了个体的动机和人格因素，因此能够撼动群体层面的集体记忆筛选、提取过程，打破原有记忆提取过程中出现的遗忘现象。在整个记忆系统中，信息的编码具有不同的层次水平，在对外界信息刺激的感知过程中，新的知识与体验融入旧的知识与体验，认同过程无疑是一个反复加深刺激输入的过程。认同所涉及的个体自我的整合、与社会环境的整合、个体自我体验的内在一致性与连续性都是对集体记忆信息的再编码、再巩固过程。但从另一个角度看，社会认同本身也缺少不了集体记忆与个人记忆在其中的整合作用。

（三）基于国家认同的集体记忆建构

集体记忆可以被定义为对过去的所有想法的总和，这些想法在一个特定的社会中，在一个特定的历史时刻占据主导地位，并发展成某种可以被称为"常识"的东西，为大多数人所接受（Rauf, 2009）。进一步讨论可知，个体对公共事件的记忆与个体对外部世界的经验有关，而其中关于国家的集体记忆在很大程度上影响了人们现在的国家认同（Hirst & Manier, 2008）。众多研究强调了集体记忆对认同的重要性（Hirst et al., 2012）。有观点也认为，共享的记忆或纪念仪式所营造的时间和空间上的归属感成为群体和国家认同的基石（钱力成、张翮翾, 2015）。国家认同的关键问题不在于它的起源，而在于它"如何在特定的情况下出现，然后随着时间的变化而转变，以及它每天的实现和传播"（Bell, 2003）。集体记忆所包含的关于国家的体验和情感是国家认同基础的一部分，同时国家认同所包含的成员身份信息和承诺因素也是与国家相关的集体记忆得以形成的要素之一。集体记忆在国家这一共同体中被共享，因此与共同体认同息息相关。集体记忆的叙述图式模板一旦被社会成员所接受，在很长一个时期内就会成为稳定的跨越代际的国家记忆。由此，集体记忆被认为是一种建构过程，而不是重建过程，也就是说，它更关注的是人们如何建构关于过去的故事和意义，而不是人们如何尝试重新回忆起过去的经历。

与自传体记忆相关的私人事件记忆不同，国家认同更多涉及的是对公共事件的记忆。当自传体记忆随时间的进程趋于衰退时，通过与拥有共同经历的其他社会成员接触与沟通，周期性地对相关记忆进行了强化与再巩固，集体记忆内容就会被再编码、再存储。当讨论一个国家的集体记忆时，这些记忆并不都是情景记忆，也可能是一种语义记忆。例如，个体有可能亲身经历过"2008 年北京奥运会开幕式"这一事件，形成了基于"2008 年"这一时间点以及"北京"这一地点的集体记忆；或者，个体并没有亲身经历一些与国家相关的集体记忆事件，如"郑和下西洋"这一事件的集体记忆，它在中国人心目中更类似于一种常识性知识。有研究者进一步将语义集体记忆区分为：现存语义集体记忆，即一个人活着时（或至少足够大到能够理解事件的意义时）发生的公共事件；过去语义集体记忆，即一个人出生之前（或具有认知意识之前）发生的公共事件（Hirst & Manier，2008）。两者均与直接经验无关，而是通过文化媒介，如电视、广播，或面对面交谈此类间接经验形成记忆。而亲身经历过公共事件的人更可能倾向于用个人的、自传式的相关事件来描述他们的回忆。

集体记忆一般通过两种主要的渠道维持：口头交流和物质信息记录（或文化记忆的形式）（Yu et al.，2014；Momennejad et al.，2019）。一些过去语义集体记忆通过"文化形式（文本、仪式、纪念碑）和日常交流（复述、实践、纪念活动）"等，由上一代人传递下来（Assmann & Cza-plicka，1995）。集体记忆的传递过程，伴随着国家认同的建构过程。个体通过在社会中不断地确认自己的群体成员身份，自觉地将身份归属于群体，集体记忆则类似于群体成员对自身所归属群体过去发生过什么的经验性知识，由高度联结的或稀疏联结的集群网络成员通过不同的形式传递开来。当个体认识到自己是某一特定社会群体的一部分时，就会产生"世代认同"，这一群体与个体有着共同的目标、知识以及存在的问题，最终还会对相同的经历产生记忆（Conway，1997）。尽管许多关于国家公共事件的记忆并非所有社会成员都会亲身经历，但是在集体记忆的加工以及传递过程中逐渐演变成了社会群体中的某种常识性共识，其中，社会成员对认同的分享过程无疑参与了集体记忆最初在群体成员中的编码过程。

基于集体记忆的知识既可以解释一个时代的心态，也可以解释几代人之间的差异，关于集体的记忆需要被重新塑造并在当代语境中变得有意义时才会被记住（Le，2006）。例如，不同时代的个体可能会认同某个特定的社会群体、社会事件、文化价值观或社会信念等。认同可以促进人们对集体记忆共识性内容的再巩固，也可以使集体记忆在不同的时代背景下显现出完全不同的记忆内容。这一特点再一次体现出认同在集体记忆提取过程中起到的建构作用。而进一步的，这些关于时代的集体记忆又会联系到个体的自我同一性混乱、自我同一性确立以及巩固的关键时期。

总之，关于集体记忆与国家认同的研究意义深远：一方面，集体记忆是建构国家认同的"填充剂"，集体记忆同人类的许多心理特征一样根植于社会情境与结构中，常常被作为支撑国家认同的一种方式；另一方面，集体记忆在编码、存储以及提取过程中也被国家认同过程所建构、解释与强化。例如，有研究考察了新闻工作者对"提及历史"的使用情况，认为其影响着读者的个人记忆，进而影响社会的集体记忆，包括对国家认同的表征（Le，2006）。基于认同建构的集体记忆传递，不仅具有维持自我过去、现在以及未来连续性和同一性的意义，还具有保持国家文化、认同等连续性的功能，即集体记忆体现出的建构功能，而不是简单地对历史原貌进行恢复。

此外，集体记忆研究繁荣了有关创伤记忆领域的讨论。例如，研究者在对慰安妇的创伤记忆研究中提出，博物馆等纪念设施是重构公共记忆的重要"场域"，可以从民间交流、媒介传播、雕塑和纪念场馆等公共领域促成创伤记忆的固化，重构公共记忆（刘喜涛、曹大臣，2018）。

综上可知，在集体记忆的社会心理学研究中，其突出优势难以转化为专门针对国家认同的集体记忆研究，但研究者通过一系列对历史连续性的探索性发现，集体记忆在其中的角色或许不是根据最新的潮流不断重新洗牌的，而是存在一种根植于过去、着眼于现在、期望于未来的连续性线索，塑造着人们对自我乃至社会的认同。

五 集体记忆社会传递过程模型

综合上述讨论，不禁要提出一个疑问：集体记忆和个体记忆的界限真的那么明晰吗？若将集体记忆作为社会心理现象，就其在社会传递过程中所展现出的特征可以发现：集体记忆如若作为一种个体现象，就是在认知层面上讨论两个或两个以上的个体就过去所发生事件的记忆达成一致的过程；集体记忆如若作为一种群体现象，就是在社会层面上讨论社会网络结构如何影响大型群体的集体记忆形成过程。其本质都是在讨论集体记忆是如何逐渐趋同、巩固下来，并成为所有社会成员都可以公开获取的符号体系的。既然无论是个体记忆还是集体记忆都难以做到对原本发生事件的完全还原，准确地描述过去的经历就不能成为记忆研究的核心追求，单独对个体记忆和集体记忆分类别进行研究，也不足以描述人类记忆活动的复杂性。

集体记忆不仅仅是被记录下来的内容，行为模式、言语符号实际上也在其中发挥着重要作用。与个体记忆研究者基于现代信息加工理论提出的人类记忆信息加工模型不同，集体记忆根植于社会环境，回忆的稳定性和灵活性也受到社会框架的影响。因此，集体记忆的痕迹是如何损失一些材料，又最终保留了一种面貌的呢？个体记忆是如何借由叙述沟通被共享、重塑与认同并通向外部世界、成为集体记忆的？这些疑问需要以它的加工过程为起点，从不断变化着的"现在"对"过去"进行更新和重塑来展开追溯。

实际上，集体记忆作为一种社会心理现象可以根据两种特征进行划分：一是集体记忆在群体中的衰减速度；二是人们对其的关注程度。根据这两个特征，集体记忆可以划分为四种类型（见图1）：（1）关注度高，但衰减速度快（如对流行歌曲的集体记忆）；（2）关注度高，但衰减速度慢（如对战争、灾难的集体记忆）；（3）关注度低，但衰减速度慢（如对名人传记的集体记忆）；（4）关注度低，但衰减速度快（如提取困难的集体记忆）。已有研究团队利用自身开发的数据集对公元前4000年至2010年的历史人物根据名气进行了排序，想探索出谁是在当今英国出生的举世闻名的人？结果也证明，集体记忆传递并不是简单的基于时间的进程，它在人类社会中存在历久弥新的现象，即使会出现暂时占据人

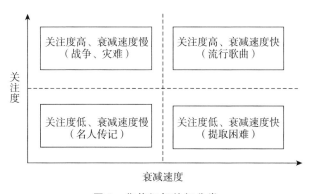

图1　集体记忆特征分类

们视野的新内容，但有些集体记忆是难以被遗忘的（Yu et al.，2014）。前文已经归纳了社会信息、符号互动以及认同对人们集体记忆中共同的过去如何共享、重塑与建构的社会心理逻辑，但集体记忆在人类的时代变迁进程当中，究竟是基于累积性的建构过程还是穿插式的建构过程仍有待实验进一步证明。

另外，表现出长期稳定性的集体记忆是基于什么样的社会心理机制？又是什么推动某些集体记忆在一段时间内受到广泛关注，之后却迅速消逝？即使集体记忆衰减（概括化）是整个集体不可避免的现象，但集体记忆容量或许与个体记忆一样具有某种恒定性，因此其传递过程同样要经过某种筛选的过程，以保证社会成员最大限度地适应当下的生活。只是这一过程不仅包含心理过程，还包括社会过程。首先，个体记忆需在社会发展过程中通过各种媒介记述和传递，成为历史的一部分；其次，集体记忆同样涉及大脑对信息的编码、存储与提取过程。

基于前文关于集体记忆所呈现的衰减速度和关注度特征，集体记忆传递与个体记忆传递虽存在差异，但也可探寻其相似性：基于社会成员对记忆信息接受和拒绝的过程。集体记忆信息一旦被社会成员普遍接受，就会进入上行通道，被进一步共享、重塑，最终达成社会成员的普遍认同，从而进入下一个集体记忆强化、再巩固的循环；但接受一部分集体记忆信息，就意味着拒绝和遗忘一部分信息，记忆内容会滑入下行通道，被抑制、提取困难，最终逐渐消失。这一过程也就是集体记忆逐渐概括化的过程。

但对集体记忆信息接受与拒绝的过程存在主动与被动的划分。主动过程常伴随着个体对自身相关信息的优先处理加工，被动则意味着集体记忆受到他人、环境、社会框架的影响而进行筛选、编码、存储、提取。接受则集体记忆传递，拒绝则集体记忆逐渐衰退。集体记忆是基于"现在"对"过去"的追溯，其时间进程跨度较大，个人的经历无法完全处于私人领域，而是嵌入在公共领域当中，与社会网络结构相联结。

根据文献梳理，从社会心理学角度提出集体记忆传递的信息、符号互动、认同三维度结构模型（见图2），认为集体记忆筛选及传递主要涉及三条通道：（1）群体成员对集体记忆相关信息的共享过程；（2）个体与个体之间、个体与群体之间、个体与符号之间的互动对集体记忆的重塑过程；（3）置于社会框架中的社会认同与自我认同对集体记忆的建构过程。另外，这三个结构维度既伴随着个性化的过程（如人们偏好分享、交流、认同与自我更相关的信息），同时也伴随着群体的普遍化过程（如国家、社会、意识形态对何种集体记忆被传递的选择）。

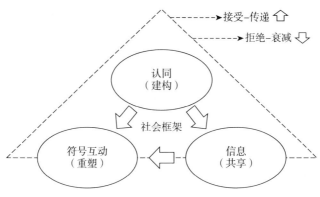

图 2　集体记忆传递模型

上述讨论就人类群体是如何作为社会成员与他人共同回忆往事的，提出了一个集体记忆传递的简要过程模型。实则集体记忆现象是灵活繁复的，它深深地扎根于某种社会文化本身，为这一文化覆盖下的社会群体成员所接受，并构成世代传递的集体记忆保存途径。再者，这一过程模型只是涵盖了那些被诉说、分享出来的集体记忆内容，至于下行途径中的集体记忆内容是否真的完全消逝也未可知。被抑制的集体记忆在特殊情况下是否会被重新提取出来，回到人们的视野当中也有待探究。例如，那些被压抑了的创伤性集体记忆内容，在特定的社会环境下可能会被重新纳入社会系统，进入集体记忆传递的再循环当中。即使集体记忆的原貌已经难以窥探，但在社会心理学领域，研究集体记忆本身的意义或许本就不在于恢复历史原貌，而是在于探究群体中的个体如何参与到集体记忆的传递机制当中，社会网络结构又如何影响人们对集体记忆的分享、重塑与建构等。

六　讨论与展望

第一，与集体记忆的研究相比，记忆的心理学研究建立在两个假设基础之上：（1）记忆可以独立于精神生活的其他方面而被研究；（2）记忆评估的一个基本标准是准确性（Boyer & Wertsch，2009）。第一个假设将记忆视为一种心理能力，甚至将记忆看作与大脑或神经网络的特定区域有关。心理学实验方法下的记忆的研究控制了许多额外因素，也因此获得了概念量化上的突破。而集体记忆研究则假设记忆总是与更广泛的社会生活相联系，无法孤立地对其进行考察，因此集体记忆研究面临着突破研究范式的难题。针对记忆的心理学研究的第二个假设，集体记忆研究的立足点也存在差异。集体记忆的概念本身涉及对过去的某种表征，是社会成员对过去发生事件的某种"心照不宣"，而表征则意味着人们通常假定这种过去是一种常识性的知识，人们会默认关于集体的记忆不存在正确和错误之分。因此，记忆准确性的评估标准在集体记忆研究中是否适用仍存在争议。

第二，研究者可以从理论上研究集体记忆的过程、结果以及记忆是如何被集体化的，但如果不知道集体记忆是如何在社会中具体表现出来的，就无法切入集体记忆研究。最常见的集体记忆表现是纪念碑或博物馆，以及文学作品描述。有关文化记忆的论述认为，在交流形式上，文化记忆所依靠的是有组织的、公共性的集体交流，其传承方式可分为"与仪式相关的"和"与文字相关的"两大类别，文化记忆形成的关键性环节在于文本和仪式的经典化（王霄冰，2007）。集体记忆研究同样涉及仪式性文字、行为等，如庆典和集体记忆紧密相关：通过凸显文化符号、与历史的勾连能力以及对当前现实的诠释，庆典既可以复活旧的集体记忆，也可以制造新的集体记忆（薛亚利，2010）。当前也有新型的集体记忆表现，如数字记忆银行、网上灾难性事件纪念、数字档案馆等。自发的纪念活动代表着精英和流行文化之间以及生产和消费之间的界限的打破（Recuber，2012）。个体记忆与集体记忆之间的界限也因为线上网络的发展变得更加模糊。数字、网络这种新的纪念方式对集体记忆是否赋予了新的意义和影响，很值得各个领域对其进行探究。

第三，集体记忆研究不仅关注人们对记忆的"陈述"，也同样关注记忆这一"行为"。现有研究的重点更多涉及集体记忆是如何描述过去的；而作为记忆研究不可或缺的社会范畴，将记忆看作一种行为，就必须重视社会和文化维度在构建这一概念时的理论核心。哈布瓦赫在其理论中首先提出记忆是一种交流行为，认为对记忆的内容进行交流为形成集体记忆提供了一种基础。他进一步提出，个体即便是独自回忆某一事件，他/她也是在与想象中的客体进行对话（参见 Hirst & Echterhoff，2012）。集体记忆的这种社会属性要求研究者必须将其置于一种宏观的社会背景之下，而不是同以往关于个体记忆研究中那样更关注记忆的准确性、描述性，社会心理学视角下的集体记忆研究应更倾向于将其置于一种群体中或群体间冲突与协商的方式来表达与理解，如对集体记忆如何导致大规模群体行为的预测研究。

第四，集体记忆是否涉及群体层面的适应单元。通常研究更多讨论关于群体外物层面的适应，如资源获得与利用、捕食与防御等，而群体是否也存有认知活动层面的某些适应性，如学习、合作、决策乃至记忆。集体记忆是否是群体的某种心理或认知性适应策略，在人类社会中承担着重要的作用？这一适应性策略影响下的集体记忆，是否是对集体过去共享、重塑与认同背后重要的驱动力之一，这仍旧是集体记忆产生机制值得探索的角度。集体记忆是由社会文化、价值观、习俗等组成的复杂网络，集体记忆研究不仅要关注对过去的理解，更要关注它对集体未来的指向性。无论是基于适应性的机制，还是基于推动未来重塑过去的机制，都无疑是包含一种连续性、持久性、可塑性的关于过去、现在和未来的复杂关系。

第五，集体记忆研究缺少对于情景记忆的讨论。情景记忆应该被理解为对事件模拟采取的一种独特的认知态度，情景记忆不应该等同于对过去的信念，相反，人类情景记忆的内容往往是为这些信念辩护而构建的（Mahr & Csibra，2017）。情景记忆将纯粹的个体事件作为个人体验保存起来，它虽然可以被交流或交换，但无法在个体间传递。除非通过外在的表现而改变经验的性质（阿斯曼，2017）。人们在生活中总是在回忆或与他人分享过去，而情景集体记忆是否因其特性而相比语义集体记忆更易编码或者提取，仍有待深入探索。集体记忆研究与社会群体密不可分，上述文献已经阐述了弥合个体记忆的心理学研究与集体记忆的社会学研究之间鸿沟的"认同桥梁"途径，以及研究人员已经做出的尝试。此外，也应注意到群体结构在这一研究领域的重要性，甚至虚拟网络社群结构在现代集体记忆传递中所扮演的角色。例如，研究发现，"微博"或"Twitter"等社交网站的结构特征，即无关信息干扰和反馈会导致对信息理解的负面影响，这种负面影响会进一步扩展到离线阅读任务中，其原因在于认知超载（Jiang et al.，2016）。信息通信方式、获取方式在更新变化，集体记忆面临信息冗余、认知超载、社会网络结构更加复杂、多元，那么这些认知负荷又是否会导致集体记忆损失的信息更多、更趋于简化与一致，进而使集体记忆的原貌更加抽象化、概括化？还是会导致人们逐渐对集体记忆形成更高水平的适应单元，也非常值得未来结合微观层面与宏观层面进一步研究探索。

参考文献

阿莱达·阿斯曼，2007，《回忆有多真实？》，载哈拉尔德·韦尔策主编《社会记忆：历史、回忆、传承》，季斌、王立君、白锡堃译，北京大学出版社。

阿莱达·阿斯曼，2017，《历史与记忆之间的转换》，教佳怡译，《学术交流》第1期。

柴民权、管健，2018，《从个体认同到国家认同：一个社会心理路径》，《南京社会科学》第11期。

刘喜涛、曹大臣，2018，《创伤与记忆："慰安妇"的私密创伤与公共记忆重构》，《南京社会科学》第11期。

刘亚秋，2010，《从集体记忆到个体记忆：对社会记忆研究的一个反思》，《社会》第5期。

莫里斯·哈布瓦赫，2002，《论集体记忆》，毕然、郭金华译，上海人民出版社。

钱力成、张翮翾，2015，《社会记忆研究：西方脉络、中国图景与方法实践》，《社会学研究》第6期。

王霄冰，2007，《文字、仪式与文化记忆》，《江西社会科学》第2期。

薛亚利，2010，《庆典：集体记忆和社会认同》，《中国农业大学学报》（社会科学版）第2期。

Assmann, A. 2006. "Memory, Individual and Collective." In Goodin, R. & Tilly, C. (eds.), *The Oxford Handbook of Contextual Political Analysis*. Oxford University Press.

Assmann, J. & Czaplicka, J. 1995. "Collective Memory and Cultural Identity." *New German Critique*, (65): 125 – 133.

Bell, D. 2003. "Mythscapes: Memory, Mythology, and National Identity." *British Journal of Sociology*, 54 (1): 63 – 81.

Berger, J. & Milkman, K. L. 2012. "What Makes Online Content Viral?" *Journal of Marketing Research*, 49 (8): 192 – 205.

Boyer, P. & Wertsch, J. V. 2009. *Memory in Mind and Culture*. New York: Cambridge University Press.

Brown, A. D., Kouri, N., & Hirst, W. 2012. "Memory's Malleability: Its Role in Shaping Collective Memory and Social Identity." *Frontiers in Psychology*, 3: 257.

Castellano, C., Fortunato, S., & Loreto, V. 2007. "Statistical Physics of Social Dynamics."

Review of Modern Physics, 81 (2): 591 – 646.

Centola, D. 2011. "An Experimental Study of Homophily in the Adoption of Health Behavior." *Science*, 334 (6060): 1269 – 1272.

Choi, H. Y., Kensinger, E. A., & Rajaram, S. 2017. "Mnemonic Transmission, Social Contagion, and Emergence of Collective Memory: Influence of Emotional Valence, Group Structure, and Information Distribution." *Journal of Experimental Psychology: General*, 146 (9): 1247 – 1265.

Coman, A., et al. 2014. "Justifying Atrocities: The Effect of Moral-Disengagement Strategies on Socially Shared Retrieval-Induced Forgetting." *Psychological Science*, 25 (6): 1281 – 1285.

Coman, A. & Hirst, W. 2015. "Social Identity and Socially Shared Retrieval-Induced Forgetting: The Effects of Group Membership." *Journal of Experimental Psychology: General*, 144 (4): 717 – 722.

Congleton, A. R. & Rajaram, S. 2014. "Collaboration Changes Both the Content and the Structure of Memory: Building the Architecture of Shared Representations." *Journal of Experimental Psychology: General*, 143 (4): 1570 – 1584.

Conway, M. A. 1997. "The Inventory of Experience: Memory and Identity." In D. Jodelet, J. Pennebaker, and D. Paez (eds.), *Political Events and Collective Memories*. London, England: Routledge.

Conway, M. A. & Pleydell-pearce, C. W. 2000. "The Construction of Autobiographical Memories in the Self-Memory System." *Psychological Review*, 107 (2): 261 – 288.

de Saint-Laurent, Constance. 2017. "Memory Acts: A Theory for the Study of Collective Memory in Everyday Life." *Journal of Constructivist Psychology*, 31 (2): 1 – 15.

Hirst, W., et al. 2015. "A Ten-Year Follow-Up of a Study of Memory for the Attack of September 11, 2001: Flashbulb Memories and Memories for Flashbulb Events." *Journal of Experimental Psychology: General*, 144 (3): 604 – 623.

Hirst, W., Cuc, A., & Wohl, D. 2012. "Of Sins and Virtues: Memory and Collective Identity." *South African Journal of Radiology*, 14 (9): 52 – 55.

Hirst, W. & Echterhoff, G. 2012. "Remembering in Conversations: The Social Sharing and Reshaping of Memories." *Annual Review of Psychology*, 63 (1): 55 – 79.

Hirst, W. & Manier, D. 2008. "Towards a Psychology of Collective Memory." *Memory*, 16 (3): 183 – 200.

Holmes, A. & Conway, M. A. 1999. "Generation Identity and the Reminiscence Bump: Memory for Public and Private Events." *Journal of Adult Development*, 6 (1): 21 – 34.

Jiang, T., Hou, Y., & Wang, Q. 2016. "Does Micro-Blogging Make Us "Shallow"? Sharing Information Online Interferes with Information Comprehension." *Computers in*

Human Behavior, 59 （C）: 210 – 214.

Jovchelovitch, S. 2012. "Narrative, Memory and Social Representations: A Conversation Between History and Social Psychology." *Integrative Psychological & Behavioral Science*, 46 （4）: 440 – 465.

Koppel, J., et al. 2014. "The Effect of Listening to Others Remember on Subsequent Memory: The Roles of Expertise and Trust in Socially Shared Retrieval-Induced Forgetting and Social Contagion." *Social Cognition*, 32 （2）: 148 – 180.

Koppel, J. & Berntsen, D. 2015. "The Peaks of Life: The Differential Temporal Locations of the Reminiscence Bump across Disparate Cueing Methods." *Journal of Applied Research in Memory and Cognition*, 4 （1）: 66 – 80.

Le, Élisabeth . 2006. "Collective Memories and Representations of National Identity in Editorials." *Journalism Studies*, 7 （5）: 708 – 728.

Loftus, E. F. 2004. "Memories of Things Unseen." *Current Directions in Psychological Science*, 13 （4）: 145 – 147.

Luhmann, C. C. & Rajaram, S. 2015. "Memory Transmission in Small Groups and Large Networks: An Agent-Based Model." *Psychological Science*, 26 （12）: 1909 – 1917.

Mahr, J. B. & Csibra, G. 2017. "Why do We Remember? The Communicative Function of Episodic Memory." *Behavioral and Brain Sciences*, 19 （7）: 1 – 93.

Meade, M. L. & Roediger, H. L. 2002. "Explorations in the Social Contagion of Memory." *Memory & Cognition*, 30 （7）: 995 – 1009.

Momennejad, I., Duker, A., & Coman, A. 2019. "Bridge Ties Bind Collective Memories." *Nature Communications*, 10 （1）: 15 – 78.

Rajaram, S. & Pereira-Pasarin, L. P. 2010. "Collaborative Memory: Cognitive Research and Theory." *Perspectives on Psychological Science*, 5 （6）: 649 – 663.

Rauf, G. 2009. "Collective Memory and National Identity in the Globalization Era （Empirical Studies of the Azeri Youth）." *The Caucasus & Globalization*, 3 （1）: 104 – 113.

Recuber, T. 2012. "The Prosumption of Commemoration." *American Behavioral Scientist*, 56 （4）: 531 – 549.

Reysen, M. B. & Adair, S. A. 2008. "Social Processing Improves Recall Performance." *Psychonomic Bulletin & Review*, 15 （1）: 197 – 201.

Stone, C. B., Barnier, A. J., Sutton, J., & Hirst, W. 2010. "Building Consensus about the Past: Schema Consistency and Convergence in Socially Shared Retrieval-Induced Forgetting." *Memory*, 18 （2）: 170 – 184.

Wang, Q. 2001. "Cultural Effects on Adults' Earliest Childhood Recollection and Self-Description: Implications for the Relation between Memory and the Self." *Journal of Personality and Social Psychology*, 81 （2）: 220 – 233.

Wang, Q. & Conway, M. A. 2004. "The Stories We Keep: Autobiographical Memory in American and Chinese Middle-Aged Adults. " *Journal of Personality*, 72 (5): 911 – 938.

Wang, Q. & Fivush, R. 2005. "Mother-Child Conversations of Emotionally Salient Events: Exploring the Functions of Emotional Reminiscing in European-American and Chinese Families. " *Social Development*, 14 (3): 473 – 495.

Wang, W. , Tang, M. , Zhang, H. F. , & Lai, Y. C. 2015. "Dynamics of Social Contagious with Memory of Non-redundant Information. " *Physical Review E. : Statistical Nonlinear & Soft Matter Physics*, 92 (1): 812 – 820.

Weldon, M. S. & Bellinger, K. D. 1997. "Collective Memory: Collaborative and Individual Processes in Remembering. " *Journal of Experimental Psychology: Learning, Memory, and Cognition*, 23 (5): 1160 – 1175.

Wertsch, J. V. 2002. *Voices of Collective Remembering.* New York: Cambridge University Press.

Wertsch, J. V. 2008. "The Narrative Organization of Collective Memory. " *Ethos*, 36 (1): 120 – 135.

Wertsch, J. V. & Roediger, H. L. 2008. "Collective Memory: Conceptual Foundations and Theoretical Approaches. " *Memory*, 16 (3): 318 – 326.

Yu, A. Z. , Hu, K. Z. , Jagdish, D. , & Hidalgo, C. A. 2014. "Pantheon: Visualizing Historical Cultural Production. " In 2014 IEEE Conference on Visual Analytics Science and Technology (VAST) . IEEE.

将社会表征带入中国语境[*]

赵　蜜

中央民族大学民族学与社会学学院

摘　要：本文以对社会表征经典研究的介绍为引，详细评述了社会表征论诞生的历史与学术背景，及其在北美个体主义心理学霸权统治下的理论与方法论突破。本文梳理了当代社会表征的三种主要研究路径，即结构路径、过程路径和功能主义路径，继而评述了社会表征研究者面对批评意见的理论发展。文章最后展示了社会表征视角对当代中国研究的特殊意义，提出两个深具潜力的应用方向，并阐述了社会表征论的崛起对于中国社会科学创新的启示。

关键词：社会表征　群体动力　认知多象性　社会治理　社区建设

一　引言：无处不在的表征

我们生活在表征（Representation）的世界。就语义学而言，"表征"意为"意象"，源于动词"再现"。所有存在于人脑中的人、事、物都是我们对外部世界的再现，即表征。在此意义上，表征即认知。我们与外界的互动本质上是表征的互动，是我们与我们所认知的世界的互动。与自然界的互动如此，与社会世界的互动更是如此。个体在社会互动中所依赖的表征是为社会规范所修正的社会表征。有别于个体表征，社会表征是共识性的表征，是剥离了个体特异性的抽象表征集。两者的关系是

---

[*]　本文原发于《社会学研究》2017年第4期；收入本书时略有修改。

子与集、种与属的关系。

社会表征是所有有意识行为的基础。以认知为先导，以社会规范为基础，社会表征引发了行为模式的出现和改变。其最显著的表现便是改变自然的大规模人类活动。实际上，当人类开始尝试干预自然时，纯粹的自然界就不复存在。无论是规模耕作还是开凿运河，都是人类对生活世界的规划，或者说是表征的外部投射。特别是进入现代社会后，在改造世界的强烈驱动下，自然界以前所未有的速度消退，快速向物理世界转变。以人为设置为基本骨架的社会世界更是社会表征的世界。所有的制度设置、文化习俗本质上都是社会共意的投射，是社会表征的具象化。社会互动则是表征之间的互动，或者说是"符号互动"，是我与我眼中的他人或者情境的互动。形形色色的社会现象则是表征外部投射和表征互动的结果。在此意义上，社会表征研究应是社会科学研究的基础，是理解社会现象和预测社会行为的基本指标。

社会表征论脱胎于涂尔干（1999）的集体表征，承袭列维－布留尔（1981）对于集体表征的社会性解释，也受惠于皮亚杰及其合作者（Piaget & Inhelder，2008）对儿童发展的研究和维果茨基（2016）对人类高级心理机制的研究，主张表征的社会起源和其独立存在性。不同于社会学中将集体表征视为独立的解释变量的传统，社会表征理论认为，表征不仅可变，并且塑造外部世界（Moscovici，2000）。

社会表征论关注：围绕新概念或者新事物，社会性观点、信念和行为的形成与改变。该理论强调内群视角，对群体共意的形成以及群体心理后效有独到见解，在社会心理学中独树一帜，在欧洲与社会认同论双峰并峙。后者在我国已有相当的学术认可和研究规模；但与社会表征论相关的介绍与研究寥寥无几。本文将对社会表征论做详细介绍与评论，并讨论其在当下中国研究中的应用方向。

二 莫斯科维奇的典范研究

莫斯科维奇的博士学位论文《精神分析：其意象与其受众》（以下简称《精神分析》）（Moscovici，2008）是社会表征论的开山之作。该文既勾勒了社会表征论的基本架构，也是社会表征研究方法的理智渊源。莫斯科维奇发现，精神分析进入公共领域之后，全面颠覆了法国社会的人观。人们开始用诸如"情结"或者"压抑"这样的概念去解读自己和他人的行为,并做出相应的反应。由此,法国社会的人际互动也完全改变。有感于此,莫斯科维奇尝试以精神分析为例,探寻科学家在斗室中建构的知识如何进入公共领域,并改变整个社会生活。该研究采用访谈、问卷和文献分析的方法,对精神分析的公众意向及其传播方式进行剖析。

第一阶段的大规模访谈式调查关注的是精神分析的社会性认识。对六类不同群体共2265人的开放式问卷调查发现,社会知识的传播首先要经历由主流社会规范把关的筛选机制。以力比多为例,虽然它是精神分析理论的核心概念,但因其有悖于公开谈论性的社会禁忌,在进入公共领域后便被摒弃。研究同样发现,精神分析与一系列的词以及特定的对象和仪式相联系;不同的社会群体对于精神分析有不同的理解和观感。比如,词频分析发现,公众普遍认为精神分析讨论情结、压抑及意识/潜意识,是女人和富人的专利。其典型仪式则是躺椅上的自我吐露。不同群体对精神分析的态度也存在赞同、不赞同和无感的分化,并且这些态度与个体的政治取向相关。

研究第二阶段的媒体分析集中讨论社会表征的群际分化。莫斯科维奇搜集了法国当时三个主流政治群体于1952年1月至1953年3月在230种不同出版物上刊登的与精神分析相关的报道共1640篇。语义分析和词频统计发现,政治立场决定报道内容。自由主义专业人士忠实"扩散"与精神分析相关的所有内容。天主教会将精神分析纳入其教义框架之下进行"传播",如将精神分析描绘为救赎灵魂的治疗。而共产主义刊物则对精神分析进行意识形态"宣传",将其描绘成腐化斗志的"糖衣炮弹"。

通过对精神分析的社会表征的分析和群际信息传播方式的区分,莫斯科维奇揭示了群体动力学中的两个重要面向:一是群体共意的形成受群体规范规制。群体规范通过对传播内容的审查决定了群体对客体的表征。二是社会表征对群体成员的行为起规范性影响。社会表征的规范性面向使社会表征在理解群体思想之外,成为预测群体行为的重要指标。

三 挑战社会心理学的个体主义传统

《精神分析》是开宗立派之作,不仅开创了社会表征的研究传统,也为欧洲社会心理学奠定了"社会"基调。由此,欧洲社会心理学界进入理智复兴时代,开始了以北美个体取向的社会心理学为标靶的学术创新。

（一）社会发生

社会表征论是第一个面向社会的、系统的社会心理学理论，倡导心理的社会发生，即个体心理取决于社会性因素，与个体发生相对。尽管此前也有研究发现群体对于个体心理的影响，如勒温关于饮食习惯改变的研究（Lewin，1943），特别是谢里夫关于"现实利益冲突"的系列群际关系研究（Sherif，1954），但类似研究并非社会心理学主流（杜瓦斯，2011），也未能成为有持续影响的研究流派。这时，行为主义的影响仍在。尽管社会影响已占据社会心理学研究的中心（Ross et al.，2010），但研究主要在个体内和人际层面展开，如多数人影响（Asch，1951）和社会比较论（Festinger，1954）。以费斯汀格为卓著代表的主流社会心理学多用人际关系与个体心理去理解与定义社会影响，预设心理与行为的人际根源与个体根源，在本质上是个体取向的。"二战"后，美国政府对欧洲社会心理学研究的大规模资助和学术帮扶，使得此种取向也主宰了当时荒芜的欧洲社会心理学界。

1. "集体表征"的启示

直至 20 世纪 60 年代，个体发生的学科假设主宰了世界社会心理学界。经历过纳粹劳动营奴隶般劳役的莫斯科维奇对此却不以为然。在群体情境中个体性的丧失是那一代犹太学者的最大体悟之一，既催生了鲍曼对现代性与大屠杀的思考（鲍曼，2002），也在更早前引发了莫斯科维奇对社会心理学的学科定位的深刻反思。后者受到了其法国先辈涂尔干的巨大理智启发。涂尔干为社会学规划了实证之路，将社会学研究规范为对社会事实的研究，并将研究"集体表征"的任务交给了社会心理学家。莫斯科维奇则接受了这一使命，将社会表征认定为社会心理学的首要研究对象，并为欧洲社会心理学开创了"社会"传统。

在莫斯科维奇看来，大概没有其他概念如同"集体表征"一样能够捕捉心灵的社会本质。涂尔干赋予集体表征以神圣性，提出根源于集体的仪式"必定要激发、维持或重塑群体中的某些心理状态"（涂尔干，1999：11）。社会表征论不仅秉承了此种假设，而且旗帜鲜明地以集体性表征为研究对象。在对群体性的强调上，"社会表征"与"集体表征"并无区别。从莫斯科维奇的早期作品中可见"社会表征"与"集体表征"的替换性使用。随着社会表征论影响力的扩大和相关实证研究的蓬勃发展，对理论的体系性和一致性的呼声也在提高，对关键术语的辨析与确定因之成为必然,"社会表征"一词才被固定使用于相关研究之中。

但"社会表征"与"集体表征"在理论构念上的区别也是明显的。社会表征推进了集体表征关于心理的社会起源的假设。该理论强调社会规范在共识形成中的基础性作用。表征具有规范面向这一理论发现进一步宣示了行为的社会起源。《精神分析》一文细致展现了观点、信念和行为的社会性生成过程。心理根源于社会的观点得益于皮亚杰、米德,特别是维果茨基的研究。维果茨基明确提出,互动和社会情境对高级心理发展具有决定性的作用(维果茨基,2016)。此观点启发莫斯科维奇提出了知识/社会表征的自我–他者–客体的生成机制模型。虽然互动并未直接出现,但其作为基础条件隐含在此模型之中。心理发生以社会互动为起点的观点,与个体主义取向的主流社会心理学针锋相对。

2. 对话性发生模型

此后,伊万娜·玛库娃进一步发展了此假设。借鉴巴赫金(M. Bakhtin)的对话学研究,玛库娃构建了社会表征的对话性(Dialogicality)发生模型(Marková, 2003)(见图 1),将社会表征生成过程细致模型化、图示化,呈现了心理的社会发生过程。

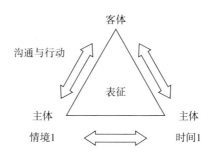

图 1　社会表征的对话性发生模型

对话性发生模型沿袭但改造了自我–他者–客体的三角模型,以主体–客体–主体为基本元素,突出个体在社会互动中的主观体验性。模型另外增加了情境性因素,并且明确了沟通(即互动)与行动在表征生成过程中的中介作用。对话性发生模型提出,社会表征的发生是在特定时间和情境下,主体和客体之间以及主体和主体之间沟通和互相作用的产物。即便互动的三个主体保持不变,时间或者情境无论何者发生变化,都会产生不同的表征。

在揭示社会表征的生成机制的同时,对话性发生模型也表明了社会表征本体论意义上的过程性,因为沟通和行动既是社会互动的基本形式,也是社会互动的主要目标，而持续互动是人类的基本需求和人类社会存在的基本前提。但无论是作为实体的社会表征，还是作为过程的社会表征，不同主体和同一客体，以及它们之间的互动，都是表征分析的基本单位。

通过社会表征的对话性发生模型，我们可以清楚地看到"社会表征"与"集体表征"之间的理论差别。对"社会表征"而非"集体表征"的偏好性使用既是理论独立性的宣言，也是出于对"集体表征"的静态性及其与"个体表征"的对立性观点的不认同（Moscovici，2000）。一方面，如《精神分析》所示，社会表征研究聚焦于表征的结构与过程，对动态过程的强调是"社会表征"作为理论概念与"集体表征"的最大区别；另一方面，如对话性发生模型所示，社会表征源于个体表征，是个体表征在社会互动过程中不断调整所达成的社会性共识（Doise，2002）。集体表征既不与个体表征对立，也非固化的神圣存在。个体表征向社会表征转换的过程归根结底是社会心理形成的过程，是个体自主抛却特异性向社会共意靠拢的过程。其中，社会互动是关键，情境则是其中的重要调节变量。

（二）社会变迁

不管是对精神分析的实证研究，还是对对话性发生模型的理论阐释，都关注社会表征的过程性。后者对于时间与情境在表征生成过程中的调节作用的强调，则进一步暗示了社会表征的历时变化性。但两者均不直接针对表征的历时变化。事实上，社会表征的可变性是社会表征论的一个核心理论观点。不仅使其在理论上区别于集体表征；更为重要的是，该观点使对社会心理变迁的研究成为可能。在经验层面上，社会表征的变化实质上反映的是社会心理的变化，对应的是宏观社会的变迁。但是，社会变迁并非单向作用于社会表征。一旦社会表征发生变化，变化的社会共意会经由社会行为投射于社会现实，继而引发社会变迁。表征的社会心理后效正在吸引越来越多研究者的关注。

1. 霸权表征、解放性表征和争议性表征

将社会表征与社会变迁关联是莫斯科维奇一直关切的议题。在他的构念中，存在三类不同性质的表征：霸权表征（Hegemonic Representations）、解放性表征（Emancipated Representations）和争议性表征（Polemical Representations）（Moscovici，1988）。这些表征在社会生活中占据不同的位置，也具有不同的社会功能。

霸权表征源于历史，在社会中广为流传，根深蒂固。此类表征因其深远的社会影响和历史渊源，通常都具有强烈的规范性和自存性，抵制变化但也并非全然不可变化。霸权表征是社会稳定和团结的基础，也是社会变迁的阻碍。

解放性表征与霸权表征存在竞争性，它是改变霸权表征和促使霸权表征解体的表征。此类表征属于社会群体，源于群体对事物的特异性解释。在与他群体的交流中，此类表征体现独特的群体意愿和规范，因此具有赋权的意涵。

争议性表征与解放性表征一样源于社会群体。但此类表征体现的是群体间的冲突与对抗，即不同的社会群体对同一客体的观点相互冲突。因此，争议性表征并不独存，而总是以复数形式出现。与霸权表征和解放性表征之间的关系不同，争议性表征之间虽然也竞争对抗，但互相之间关系平等；而霸权表征相对于解放性表征则有绝对的优势，其背后是多数人对少数人的关系。争议性表征是社会异质性的重要指标。

每个时代、每个社会都同时存在这三种不同类型的社会表征。某一类型的表征也可能随时事变化而转变为另一类型的表征。表征成形之初带来的革新性社会观点、行为和规范，在表征稳定之后会逐渐演变为阻碍创新的障碍。社会变革在群体动力上是少数人对多数人的抗争，在社会心理层面上则是霸权表征的改变或消解。

2. 三角巧克力模型与不规则风向模型

与莫斯科维奇的宏观社会视野相对，鲍尔和卡斯克尔的理论旨趣在于社会表征本身。三角巧克力模型具象化地模拟了表征的历时性变化过程（Bauer & Gaskell, 1999）（见图 2）。

三角形代表社会表征的内容，即社会共识。其形成是特定时段主体和客体以及主体与主体之间互动的结果。如图 2 所示，在 t 时间点上，主体 1、主体 2 与客体之间的互动产生了表征 t。这样的三方互动并不随时间的推移而停止。随着主体自身生命历程的变化，即使客体静止不动，主体与客体之间以及主体与主体之间的互动经验也会发生变化。在此过程中产生的社会表征也因之而变。表征的历时性演变由此得以发生。三角巧克力模型以社会互动为基础，勾勒了单个表征的动态变化过程。该模型的问题在于过于强调社会表征与主客体之间的共生关系，无法有效解释社会表征的消亡，也无力解释社会思想的变迁。事实上，社会表征一旦生成就获得了独立性，其变化或者消亡受宏观社会力量影响。

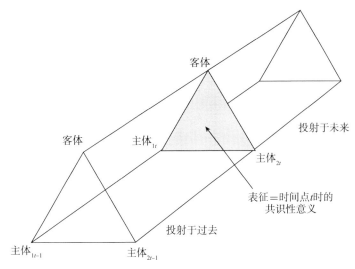

图 2　社会表征的三角巧克力模型

　　不规则风向模型（见图 3）是结合群体过程理论对三角巧克力模型的修正。该模型的基本假设是表征的多元性和群际的竞争关系。不同的社会群体由于群体规范和所处环境的差异，对同一客体可能有不同的表征，而这些不同的表征通过同样的现实的约束相互联结。它们或者相互对立，或者有所重叠，但都同时存在于同一时空之中。并且在某一时间，一种表征很可能比另一或几种表征具有更大的社会影响力。拥有更大影响的社会表征决定被表征客体的历史演化（Bauer & Gaskell，2008）。例如，对香烟有积极、消极和中性的社会表征。这些不同的表征在不同年代不同程度地为人所接受。最初让人联想到男性魅力的香烟，在现代社会被视为健康的第一杀手。烟草也随之经历了从被推崇和推广到被排斥和在公共场所被全面禁止的变迁。可以想见，如果有一天科学能证明吸烟与健康无关，或者发现能消除烟草危害的方法的话，不同的烟草表征之间的相对影响力可能会发生改变，烟草行业也可能再度经历变革。其中，烟草对健康的客观影响就是不同表征共同的现实限制。

　　不规则风向模型为社会表征的群际竞争提供了理论解释。该模型也同样适用于解释个体内不同表征相对影响的变化。在假定表征内容恒定的情况下，模型模拟了表征之间竞争所引发的社会变迁，在一定程度上将表征类型与社会变迁做了理论化联系。虽然群际关系在该模型中并无实际作用，但模型突出了社会表征的群际差异，是社会表征研究者对社

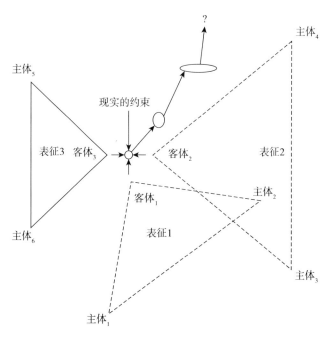

图3　社会表征的不规则风向模型

资料来源：Bauer & Gaskell，2008。

会现实复杂性的理论观照。

总体而言，在社会表征论体系中，不管是关于表征的生成还是变化的理论，都强调互动的基础地位和情境的调节作用，宣示的是心理的社会缘起。这种观点与个体主义取向的主流社会心理学形成强烈对比。后者预设心理与行为的内在驱动性，假定心理与行为由性格、认知、情感等个体因素决定。在此视角下，即便是社会影响下的行为也源于个体对于他人或者情势的判断与感受；个体能动性地拥有绝对主导权。社会表征论虽然同样认可个体特征和个体内过程在心理和行为中的基础作用，但个体性让位于社会性，受社会性因素规制。如果说北美社会心理学代表的是"人定胜天"的理性乐观论的话，以社会表征为代表的欧洲社会心理学则抒发的是"人在江湖"的现世体悟。

四　突破还原主义的研究路径

理论定位的差异体现了认识论上的差别，也必然导致研究方法上的分化。就认识论而言，主流社会心理学倡导的是个体发生，而社会表征论则主张社会发生。因此，前者致力于层层解剖社会现象直至无法再化简的个体特征和个体内过程，后者则力求在社会层面上建立因果关系。相应地，在研究方法上，两者对情境因素有不同的处理。前者尽力剔除，后者则努力挖掘。

（一）方法论重构

1. 解构价值中立观

社会表征论虽然隶属社会心理学，但其也被普遍认为是"知识理论"（Duveen，2000）。该理论提出，社会表征即常识或普通人的知识，发生于自我、他者和客体三者之间的互动（Moscovici，2000）。

根源于涂尔干的学术智慧，社会表征论与知识社会学有天然的亲缘性。社会表征论对于知识的社会起源的判定与知识社会学的主旨相契；对环境在知识变化中的作用的探索以及知识的社会后效的关注，则深合知识社会学的研究旨趣。曼海姆认为，思维/认识具有心理学根源，发生于特定的情境。社会表征论在理论上模型化了此主张，相关研究则为"思维方式的社会起源"（曼海姆，2000：2）提供了证据，推进了对人类思维/认识的理解。

在社会表征视角下，所有的认识都是社会的，都有偏误。莫斯科维奇指出，社会刺激并非无障碍地抵达感官系统，而是首先经过社会表征的过滤（Moscovici，2000）。该观点实际上暗示了认知活动在信息进入感官系统之前就已开始。此点显著区别于主流认知模型。后者则假定认知加工始于刺激进入感官系统之后（Barsalou，1999；Higgins，1996）。两种观点的重要认识论分化在于认识是否可能准确，以及个体在其中的作用为何。在实证研究中与此两点相对的便是价值中立问题和研究方法问题。

主流的认知逻辑可概要图示化为刺激→个体→反应。但从社会表征视角出发，认知并非这样一个简单的过程。从刺激到个体的过程首先受社会表征的符号调节。其结果是刺激的某些特性能进入感官系统，而另一些则不能。在科学研究中，相同的社会现象在不同的理论视角下呈现不同的样貌便是社会表征对信息的过滤作用的表现。与之相应的是"阶级之眼"、"权力之眼"和"欲望之眼"之类的表达。从对认知过程的理论建构中可看到，在主流认知视角下，个体决定认识；在理智完备的前提下，价值中立理论可行。而在社会表征视角下，因为社会（表征）先于个体介入认识，个体主导的认知加工仅限于对经由表征过滤后的刺激的加工，因此并不能决定认识；无论理智完备与否，价值中立均无可能。

2. 拓展方法工具箱

认识论上的差异造成了社会表征研究与主流社会心理学在研究方法上的差别。因为预设个体的决定性作用，主流社会心理学研究惯常性地将社会心理现象还原至个体层面。能否剔除情境性因素的干扰成为效度检验的最重要指标。实验室实验的高可控性使其顺其自然地被推崇为唯一有效的研究方法。泰弗尔"真空中的实验"（Tajfel, 1972）的感叹便是针对此而发。与此相对，社会表征研究则致力于最大限度地还原社会"实在"，深度挖掘情境中的群体。常人方法学因此被认为是最契合的研究路径，"阐释"精神被贯穿于相关研究之中。其结果便是研究方法的多元化和对现实语言的倚重。对语言的突出关注使语言成为社会心理的一个显性研究对象，为其后话语心理学的出现奠定了基础。

研究方法的多元化是社会表征研究区别于绝大部分社会心理学路径的重要特点。社会表征研究几乎采用了所有社会科学研究方法，包括定量的调查和实验方法，以及定性的访谈、焦点小组、文本和观察等方法。研究者对理论的解读和个人研究旨趣决定了具体方法的选择。随着多元方法互证日渐被视为检验研究效度的指标，定性分析和定量分析相结合的方法也越来越多地被应用于社会表征的研究。特别是由于社会表征涉及从个体内到意识形态的不同层次的社会心理现象，方法互证被日益视为社会表征研究所必需的（Bauer, 2015）。分析软件和分析方法的发展日渐模糊了定量分析和定性分析方法之间的界限。定性资料量化分析和定量资料质性解读也成为研究方法的新趋势（Flick et al., 2015）。上文已介绍了莫斯科维奇的原初研究。虽然没有复杂的分析技术，但研究使用了定性分析和定量分析相结合的方法。下文将简单评论另外三条较为成熟的表征研究路径。

（二）三条主要研究路径

围绕社会表征，莫斯科维奇在不同的语境中给出过很多不同的定义，但最宜于操作化的定义莫过于社会表征是"价值观、观点和行为的体系"（Moscovici, 1973: xi）。换而言之，社会表征包括规范、认知和行为三个面向。不同的研究路径对这三个面向有不同程度的关注。

1. 结构研究路径

结构研究以中心－边缘路径为代表。表征的结构是社会表征研究者最初的关注点。中心核理论是在实证研究的基础上对表征结构的构思。该理论直接承袭自莫斯科维奇原初的社会表征研究，在其法国的实验室里由阿布雷克带头发展（Abric，2001）。该路径提出，社会表征由中心核和边缘带构成。中心核决定社会表征的性质。就其符号学内容而言，中心核与集体记忆相关联，是共意的和稳定的。同时，作为历史记忆的承载，中心核又是叙事性的，因而是连贯的和不可变通的。就其功能而言，中心核是元系统，组织社会表征不同的内容。中心核又被称为中心系统；而边缘带则被称为边缘系统。

相对于中心系统，边缘系统灵活可变。如同包裹在易碎物品外的泡沫一样，边缘系统能够缓冲外界压力，保护中心核。边缘系统的抗压能力来自其包含的互相冲突的元素。正如完全的共意在现实中并不可能一样，虽然每个社会都有较为明确的基本规范和价值观，但在此之外，人们并不是对所有的问题都看法一致。中心系统就是这些基本的规范和价值观，而边缘系统包含的则是那些无关原则的内容。与中心核一样，边缘系统同样也承袭自历史。

哪些内容能成为中心核，而哪些又被视为无关痛痒的边缘元素是历史演化的结果。在本质上是历时的群际分化的结果。在此过程中，主流群体的原则成为中心系统。随着群际相对力量的变化，中心核和边缘带也会发生变化。边缘系统因其非决定性的社会后效，所以能够因时、因地地灵活变通。边缘系统的冲突性是群体多元化的基础，保证了社会生活的异质性。边缘系统中共存的冲突因素能确保社会表征适应社会变迁，使表征能够抵受异见的冲击，使其历久弥新。比如，春节作为中华民族传统的团圆日，虽然庆祝方式从古至今发生了不少变化，也存在地域性差异，但其团圆的节日意涵并没有因时间和地域的不同而发生改变。在此，春节是团圆日这样一种承载民族记忆的叙事是中心核；庆祝方式则是边缘因素。后者因时、因地的灵活变动性保护了春节的延续和普及。

中心核路径的研究挖掘社会表征的观念层面，尤其注重中心核与边缘带的区分。该路径假设，不同领域和特定领域的不同面向对于社会生活的意义存在权重上的差别：权重更大的领域和面向对应的是更广大的社会共意。因此，寻找共意性观点、辨别各观点的不同权重就成为结构研究的重点。访谈和单词联想是结构研究中最常用的方法。研究者要求参与者对所给出的目的词做单词联想，而后对做的联想进行重要性排序。在分析中，研究者会对所有内容按照频数进行排序，将高频次的内容初步确定为中心核。而后,结合重要性排序确定中心核和边缘带。为了提高研究的信度,研究者有时也会进行方法互证,采用问卷调查,列出可能与中心核相斥的内容,让参与者判断这些内容是否与被表征的客体有本质性的冲突,以此确定中心核(Moliner & Abric,2015)。

以高学业成就的社会表征为例。对学生、父母、教师的调查发现一些共同的表述,如知识、受欢迎程度、对学校的认同、动机、认知能力、社会经济地位、学校因素、父母支持和开放的心态。其中,40%以上的参与者都提到了知识、对学校的认同和动机,显著高于其他表述,构成了高学业成就社会表征的中心核(Sinha and Mishra,2015)。

2. 过程研究路径

社会表征的过程吸引了最广泛的学术关注。存在三种可辨析的不同研究路径:信息传播路径、话语建构路径和群体分化路径。

信息传播路径以莫斯科维奇对精神分析的研究为代表(Moscovici,2008)。此类研究在关注信息传播的同时,同样注重挖掘表征的观念层面,数据允许的话也可能讨论表征的规范与行为面向。相关研究通过对历时性文本的语义分析,探寻群体立场与表征内容和信息传播路径之间的关联。

与信息传播路径一样,话语建构路径同样聚焦生成社会表征的沟通过程,但更关注实时的互动和嬗变。一些研究者受对话性发生模型的启发,强调沟通的对话性质(Marková,2003)。因此,此类研究大量采用焦点小组的方法,也常常以对话性文本为分析对象,以表征的对话性发生模型为理论指导,通过观察和分析对话的实时展开,检视互动对表征生成的作用。

与此同时,另一些研究者更关注表征的历时性变化及其社会后效。通过讨论对话中的历史表征,或者是叙事、论辩和修辞背后的(争议性)历史和文化表征,探寻历史和文化表征对社会现实的建构作用。如有研究者发现有关具体历史事件的表征在历史遗址的参观和民俗仪式的重演中得到加强。在此过程中,内群认同也得以强化。就群际关系而言,对立的历史表征是群际分化和冲突的重要根源(Liu & Hilton,2005)。对话性文本或者任何实物都可以成为这类研究的分析资料。

群体分化路径由瑞士的杜瓦斯团队构造。该路径并不描述具体的历时性表征过程,但强调表征的历史渊源,从社会表征的观点和态度这两个维度展开。该路径在强调共识的同时,同样注重亚群体的分化,因此被称为群体分化路径。群体分化视角的研究分三个阶段，对应杜瓦斯提炼的社会表征的三个基本假设，即最低限度的群体性共识、个体性差异和差别化的社会与心理根源。该路径的第一个阶段探寻共享的社会表征内容。此阶段与中心－边缘研究有所重叠，但并不区分中心核与边缘带。这一阶段的研究可采用多种方法，包括访谈、文本和单词联想。第二阶段研究社会表征的个体性差异，即群内分化，与第三阶段直接关联。第三阶段探讨群内分化的社会规范基础。第二阶段和第三阶段主要依靠调查的方法。要求参与者对被表征的客体做态度判断，并对数据进行包括归类分析和因子分析在内的统计分析，探讨亚群体之间的差异（Doise et al.，1993）。

　　与其他研究路径相比，群体分化路径的三阶段研究模型较为复杂，具有严密的系统性。研究开始之前，要对研究对象的历史演化进行大量的文献梳理，而后每一阶段的研究都建立在前一阶段的研究结果之上。杜瓦斯的《作为社会表征的人权》是群体分化研究的范本（Doise，2002）。该研究首先对《世界人权宣言》进行语义分析，解析贯穿《世界人权宣言》的制度性规范。而后，研究者在巴黎、日内瓦和瑞士意语区招募参与者，就四个在欧盟法庭裁决的案例对他们进行访谈，以探寻欧盟普通民众对人权的理解。研究发现，人权有广泛的民众基础，但人民对人权的理解与既定秩序和其背后的意识形态有所冲突。制度化的秩序虽然是人们理性行为的主要依据，但这些秩序只有当与人权的社会表征相吻合时才能行之有效。

　　在访谈研究的基础上，杜瓦斯团队构造了人权量表，进一步系统探索人们对人权的规范性理解。调查要求参与者在四点量表上对20项人权情境做出"严重违反"至"无违反"的判定。肯德尔和谐性分析发现，不同国家的参与者对人权规范有基本共识，并且共识围绕《世界人权宣言》。聚类分析发现了三类持不同立场的群体。这些立场与人们对政府干预和法律法规的合法性的观感直接相关。

　　3. 功能主义路径

　　社会表征的功能主义路径从进化的视角出发，讨论社会表征对社会现实的建构。与一些过程研究一样，功能视角下的进化路径着眼于表征的历时变化。但不同的是，社会表征的进化模型借鉴的是生物进化论，注重的是表征的功能性再生产和社会环境对其的筛选。功能主义路径非常强调表征对社会现实的建构作用，并希冀通过研究社会表征建构社会现实的功能，将社会表征与社会演化相联系（Lahlou，2001）。

功能主义路径中的代表理论是拉鲁的"设备理论"（Installation Theory）（Lahlou，2015）。该理论提出，社会表征的演化是物理、心理和制度因素共同作用的结果。在表征的再生产中，物理因素是基础，心理因素是推动力，制度则起到社会监督和控制的作用。以帽子为例，帽子最初的出现是为了满足人类遮阳或者避雨的需求。其中，太阳和雨是物理因素，遮阳或者避雨的需求是心理因素。人类对帽子的最初构思具象化为帽子实物，而后实物又在脑中形成表征，引导帽子实物的再生产。再生产的实物又再次成为表征，印证或者改变先在的表征。在此期间，在与自然界和与他人的互动中，帽子的设计可能会有所改变，但其功能性元素始终得到保存。即使是在装饰性的设计中，帽子的基本形制仍旧得以保留。此外，帽子和帽子的表征的再生产还受到社会制度的限制。比如，在封建时代的中国，帽子的样式和颜色都有规制，违反规制会招致杀身之祸。表征的生物进化最终归结于表征的社会规范功能。实验和访谈相结合的研究方法是功能研究的常用方法。

五　对社会表征路径的批评与回应

任何理论都无法避免学术异议。当然，异议也是完善和推动理论发展的绝佳动力。

（一）批评：理论与经验研究的张力

对社会表征路径的批评集中于理论与经验研究之间的张力。在社会表征论开始广泛影响欧洲社会心理学界的初期就有学者提出质疑，认为该理论存在核心概念界定晦涩的问题，不利于澄清社会心理的基本问题（Jahoda，1988）。莫斯科维奇以个人学术观对此进行回应：严格的定义容易扼杀理论想象力（Moscovici，1985，1988）。对于有强烈操作化倾向的实证主义者而言，这样的回应并不能让人信服。因此，社会表征论一直无法摆脱此类批评。

历经半个多世纪，社会表征论在理论与研究方法的发展上日趋成熟，但也曾经历了在研究中将表征实体化和研究对象选择任意化的危机，陷入理论发展停滞的状态。当下，对社会表征论的批评大致针对两个方面。第一类批评出于建构主义的考量，提出社会表征在研究中常常只被视为实体而忽略了其过程性的本质。这其中，一些学者对该理论持完全否定的态度，认为根本不存在所谓的社会表征，社会事实只存在于流动的常常是人际的社会互动之中。对即时情境有着极大依赖的社会互动无法产生任何稳定的共意（Potter & Wetherell，1987）。这类批判既否认历史，也否认结构限制；既与社会现实不符，也无助于研究大规模的社会现象。另一些学者也提出同样的批评意见，但其本意是建设性的，是希望通过点明社会表征研究"重内容、轻过程"的状况，促进该路径的发展（Billig，2008）。这些学者充分肯定社会表征论，但提醒社会表征研究者不应忽视过程的重要性和社会表征的历史性。

对当代社会表征研究的另一重要批评是，研究对象过于随意，很多研究缺乏实际的社会意义，导致理论发展陷入停滞状态（Kruglanski，2001）。批评者认为，一些研究者在研究对象上缺乏筛选性，并且只关注挖掘社会表征的现象层面，陷入对不同客体进行无止境的深描的怪圈之中。他们中肯地提出，重复性的深描工作无助于理论的发展。这一批评实际上与上述批评直接关联，同样是强调表征过程的重要性，提醒研究者对社会表征深层机制的探索应结合对表征过程的研究。

（二）回应：迈向综合研究路径

对于学者们的建设性批评，社会表征研究者以研究领域的拓展和理论的综合发展做出了积极回应。长期以来，社会表征路径专注于群体动力学（杜瓦斯，2011）。随着社会世界的日益多元化和复杂化，研究者不断尝试将社会表征与其他理论路径相结合，以探究复杂的社会事件，开拓研究与理论的新领域。

社会生活日益政治化是当代社会的一大特征。政治社会的兴起伴随的是学术界对认同和话语的极大关注和深刻分析。在理论的综合发展中，虽然也有与微观理论相结合的尝试，但社会认同（Social Identity）、话语心理（Discursive Psychology）与修辞心理（Rhetoric Psychology）被认为是与社会表征最为契合的理论路径（Elcheroth et al.，2011）。同社会表征一样，社会认同与话语心理是社会心理学面向宏观社会现实的典范性理论范式。二者也是现代社会精细的政治技术。

频繁的社会流动和社会交往在丰富现代生活的同时，也在不断挑战社会的整合能力，群际关系由此进入了社会表征研究者的视野。社会表征与社会认同的密切联系在莫斯科维奇原初的社会表征研究中就有迹可循。群体资格对于社会表征的区分作用在其后的实证研究中一再被发现。如今，研究者常常在社会表征框架下结合社会认同对政治问题进行探讨。社会表征和社会认同的动态依存关系是新时期研究的焦点。学者们既关注社会表征对社会认同的形塑（Howarth，2002），也注意到社会认同对社会表征形成的影响（Elcheroth et al.，2011）。

除社会认同外，话语与表征的亲缘性也一直为社会表征研究者所关注。社会表征框架下的话语路径关注沟通过程，强调话语对表征的建构作用（Gibson，2015）。话语研究传统特别是话语心理学常常强调社会现实的流动性和偶然性（Potter & Wetherell，1987）。与此相对，社会表征论的基本假设却是社会现实的历时建构。受对话分析的启发，社会表征的话语路径假定话语风格和结构的限制性，将即时的话语放置于历史和文化框架之下进行研究，避免了话语心理学强烈的相对主义取向。融合话语和社会认同的社会表征研究是表征研究的最新尝试（Zhao，2015）。

作为群体心理学代表的社会表征论对群体现象有着独特的解释力和预测力。其根源在于社会表征的规范性本质。社会表征因其社会公意性特征规制着社会成员的行为。需要指出的是，群体取向的社会表征论与个体主义取向的北美社会心理学路径，描绘的是心理的不同面向和心理过程的不同阶段。社会表征虽然是行为的重要决定因素，但并不是唯一的因素，包括个体心理特质和物理环境在内的多种因素都会影响个体行为。力图以一个概念涵盖态度、行为和信念等重要社会心理面向的社会表征论难逃宏大理论之嫌。然而，不可否认的是社会表征路径对于大规模群体现象具有巨大的理论穿透力，对认识论进行了发展，为世界社会心理学领域带来了范式转换。

社会表征论的诞生彻底改变了世界社会心理学的格局，打破了北美个体主义理论路径和还原主义研究方法独霸天下的局面，开辟了欧洲社会心理学别具一格的研究传统。在突破了理论和研究方法的局限之后，社会心理学开始真正面向社会。社会问题和事件开始成为社会心理学家的研究焦点。对人类心理和行为的解读也开始由个体心理转向群体心理。在那之前，社会心理学无力介入社会现象研究，通常将群体行为模式还原为个体心理。以群体心理为研究对象的社会表征论无疑是此种生态谬误等待已久的"解毒剂"。此后，欧洲社会心理学界涌现了一批以解决社会问题为己任的社会心理学家，催生了同样面向宏观社会心理过程的社会认同论和话语心理学。

六　将社会表征路径带入中国语境

社会表征论自 20 世纪 60 年代初诞生以来就一直激励着欧洲社会心理学研究。莫斯科维奇构造的知识研究路径如今已被应用于众多领域。综观社会表征研究，可辨析四个较为强劲的应用方向：文化（Moscovici，2008）、健康与疾病（Jodelet，1991）、商业与科技（Gaskell & Bauer，2000）以及政治领域（Staerklé et al.，2011）。

欧洲社会心理学家的不断努力使得该理论的影响波及全球，近年来在我国也逐渐为人所知。有学者开始尝试介绍该理论（管健，2009），也有学者尝试将该理论应用于研究。例如，杨宜音、张曙光（2008）通过对开放性问题的语义分析发现，北京城市居民认为理想社区应全面考虑社区环境、社区理念和社区参与这三个维度。该研究为当代社区建设提供了指导性洞识。

虽然介绍和使用该理论的尝试没有中断，但总体而言，社会表征论在我国仍然影响甚微。这或许与"表征"这一术语在不同学科和领域的广泛使用密切相关。表征作为一个概念并无理论排他性，被普遍使用于符号互动、文化和进化等各个研究领域。该词经常与不同的前缀共同出现，如"集体表征"（collective representation）、"文化表征"（cultural representation）以及"公共表征"（public representation）。许多研究者并不区分这些不同的表述，常常在同一研究中交替性地使用"集体表征""文化表征""社会表征""公共表征"。另有诸如"格式塔""框架""脚本"之类的概念，也表达着与"社会表征"相近或者类似的意思。但这些不同的概念在各自的理论脉络下有各自特定的含义。"表征"的多样表述和多元定义，及其跨学科的广泛运用，稀释了社会表征论作为特定理论的显著性。社会表征论不仅在概念上对"社会表征"有严格的定义，并且围绕此概念形成了独特的理论系统与研究路径，显著区别于仅仅使用"表征"概念的研究。

此外，以中国的数据验证西方的模型，或者生硬套用西方模型研究中国现实，被广为诟病。这也可能阻碍了对社会表征论的引介和使用。然而，对情境的强调恰恰是社会表征论的一个突出理论优势。受常人方法论的影响，该理论主张对研究对象和研究情境的严格尊重，排斥带有强烈理论预设的验证性研究，而专注于因时、因地、因人的探索性研究，提倡在数据中寻找规律。此种研究路径对于寻求"文化自觉"（方文，2010）的中国学界尤为适用。

另外，社会表征路径以心智结构为研究对象，强调研究对象的内群视角。这一点在当代中国研究中被惯常性地忽略。国家力量的独大使得中外学者在研究中国社会问题时均偏好使用国家视角。制度特别是政治制度分析则是传统的研究焦点。国家视角最大的问题是对社会的忽视，而制度主义的症结则在于对具体的"人"的无视。两者都屏蔽了人的能动性。国家视角与制度主义路径实质上都预设了制度对个体的高度建构性。

实际上，代表国家的政治设置或者其他的制度设置在多大程度上建构了社会成员，这是一个值得商榷的问题。社会表征研究已一再发现，正式的制度设置与相应的社会表征之间常常存在显著差异（Doise，2002）。社会表征研究力图呈现国家视角和制度描写之外的具体的、具有特异性的群体心智结构和视角。对为国家视角和制度主义路径所主宰的中国研究而言，是有益的也是必要的。

就时代性而言，社会表征论的知识面向使得该理论在知识主导的当今社会有着无可比拟的重要性。科学知识不仅指导着现代生活的所有面向，包括日常的衣食住行，而且也是现代社会的政治、经济和文化等各个领域得以运作的基础。科学知识的日新月异和快速的全球化过程，迫使现代人要日常性地面对和应对新知、新事和新人。社会表征的生成、变化和消亡因而也成为现代社会的日常景象。虽然社会表征并非决定人类行为的唯一因素，但现代行为，特别是大规模的社会行为所显现的日益明显的科学/理性取向和强烈的反思性，使得社会表征研究在理解和预测社会现象中具有不可取代的独特优越性。在此背景下，社会表征论有无限的应用前景。

七 两个可能的应用方向

社会表征路径专注于内群视角的情境性研究，强调社会力量，对转型中国有特殊的研究意义。尤其是在社会治理和社区建设上，该路径具有可见的巨大应用价值。

(一) 社会治理

孙立平对转型中国曾有这样的判断：工业化过程与工业化逻辑、转型过程与转型逻辑，以及全球化过程和全球化逻辑共存互融（孙立平，2005）。与此相对的是由不同的宏观力量所推动的方向不同的政治过程：以国家为主导、以专家知识为指导的顶层设计；经济、政治体制改革所带来的国家－社会力量格局的变迁。在此过程中，社会成员之间、国家与社会之间的互动方式发生了改变（方文，2016；李春玲，2016）。中国人的心态地图因而也成了最为热门、最为紧迫的研究议题。大量的研究项目与出版物应运而生，如中国社会科学院主持的"社会心态蓝皮书"。

当然，在描述之外，研究者们也投入了巨大的研究热情，将社会心理学的关照投射于具体的社会现象研究中。以社会为理论基础的社会认同研究便是其中的卓著代表。在此视角下，社会个体从出生起便无所遁形、无处可逃，是诸多宏观社会力量角力的战场，个体的众多日常行为是胜者的炫耀。其有限的能动性在于既定框架下的个体选择（方文，2008a）。因而，社会认同框架下的行动者常常深具悲剧色彩，是身不由己的宏观社会力量的执行者。与此相对，社会表征视角所呈现的却是一个更为能动的群体意象，因而也指向更为动态的社会未来。

社会表征论所强调的内群视角和群体力量弥补了制度主义视角下的"人"的缺失的问题，赋予社会变迁更大的可能和必然。后者主导着当代社会学、政治学、经济学乃至文化研究。即便是在国家力量强大的中国社会，社会的自我演化仍是清晰可见的。这种演化对国家治理的影响也日益显著。特别是在网络时代，民情、民意不断地挑战着执政者的执政理念和执政方式。网络普及所引发的平行化社会交往和信息获取的指数级增加，极大地促成了社会知识的发展、社会性观点的形成和社会舆论的放大效应。其直接后果便是与国家相对的社会的成长，以及国家－社会互动方式的变化。此外，个体流动性的增加和媒体的飞速发展使得地方性知识全球化和全球性知识地方化成为日常生活体验。由此引发的文化价值变迁，在当今中国已不容忽视。"文化反哺"的命题（周晓虹，2011）遂成为转型中国的应有之义。对于执政者而言，既有的知识与理念已不足以应对由社会观念的变化所引发的政治行为模式的变化。

当下的中国研究多以治理为出发点，着眼于制度层面，对于社会层面上的变迁，以及由此引发的国家－社会互动的变化缺乏足够的重视。需要指出的是，当代社会治理有赖于国家与社会之间的良好协作（Goodin et al.，2008：7 – 25）。社会政策的实际施行更是决策者、执行者与受众的三方博弈（赵蜜、方文，2013）。对任何一方的忽视都会导致对国家、社会发展方向的误判。以群体心理为研究对象的社会表征论，不仅致力于提供群体心理速写，更为重要的是，其对群体规范的探讨能够良好地预测群体行为，有助于准确判断当代中国社会的发展方向，为社会治理提供有益的理智支持和引导。

转型中国正经历着经济、政治、社会和文化各个领域的巨变。伴随此过程出现的是层出不穷的新事物和新观念。由此引发了社会心理和行为模式的巨大转变。这些新生事物和观念的出现冲击了既有的知识体系与社会规范，对社会成员提出了认知与适应上的巨大挑战。了解社会如何应对新事物和新观念，对新事物和新观念又有什么样的社会共意是国家治理的基本前提。而这些正是社会表征论的基本议题。

（二）社区建设

在社会治理之外，社会表征论对于社区建设也有独特的理论意义。伴随着中国转型而来的是社会结构的断裂，其直接社会后果是阶层的固化和社会冲突的加剧（孙立平，2003）。微观层面上，个体在阶层之外，还隶属于多个不同的社会群体，具有多元的群体资格。这些资格或者互有交叉，或者互相冲突，又或者互相增强，使得社会个体在不同的社会情境中经历不同程度的认同冲突（方文，2008b）。弱势群体常常承受由交叠性，即多重弱势群体成员资格叠加，所带来的强化的社会伤害，深陷认同困境。

与此同时，社会分化的加剧和权利意识的增强促进了多元视角的涌现。社会流动、大众传媒和互联网则将地理空间无限压缩。遭遇他文化成为现代人的日常经验，不断学习新知是现代人适应社会必须要做的。文化碰撞、冲突和协调成了社区生活的焦虑来源之一。在此背景下，包括城乡、民族、宗教、阶层在内的群际冲突不断涌现。"多元文化下的社会和谐何以可能"成为当今中国社会亟待解决的问题。

乔夫切洛维奇提出，多元文化社会在社会心理层面上是表征数量和互动的激增；认知多象性使得群际理解与和谐得以可能（Jovchelovitch，2007）。认知多象性是莫斯科维奇提出的一个重要理论假设，用以解释这样一种社会现实，即人们常常在不同的情境中使用不同的逻辑谈论同一问题，并且这些逻辑并不是连续的阶段性演化，而是并存的不同体系。认知多象性指同一群体或者个体掌握多种逻辑体系，并能根据情境变化采用不同的体系（Moscovici, 2008：180）。因为人具备多元的认知能力和逻辑能力，因此能够理解与包容差异。社会表征研究者的任务就在于揭示社会群体的不同表征，通过使不同的社会群体了解彼此的表征，促进群际交往和互相谅解，从而增进社会和谐。

当然，社会表征研究也是有效的文化传播工具。对中国社会和中国文化的深描是让世界了解中国的重要窗口。刘力对中国人关于生活质量的社会表征研究是其中的典范代表（Liu, 2006）。

八　结语：社会表征论的学科创新启示

社会表征论的最初提出是对当时几大主流/北美社会心理学理论路径的批判。首先是无视智识经验的行为主义；其次是社会心理学中的还原主义；再者是将诸如小群体和社会影响等微观社会现象独立于宏观社会现象之外的研究取向；最后是社会心理学的进化主义倾向，只重理论的堆积而完全忽略现实的社会和文化问题（Moscovici, 2000）。遗憾的是，时至今日，不管是还原主义特别是方法上的还原主义，还是微观－宏观分离主义，抑或是理论而非现实驱动的研究，仍主导着社会心理学。

社会取向的欧洲社会心理学并没有在本质上影响北美个体心理学的研究传统，其影响力在国内也远不及北美社会心理学深远。这不仅是因为理解该理论必须先理解其背后深厚的人文哲学传统，在此基础上，研究者还必须有独到的个人阐释。这样的研究既费时费力，又看不到理论上的突破，因而没能在欧洲之外得到广泛的传播。同样重要的原因是北美成熟的学科制度和学科传承使得该理论难以在北美得到响应。北美数量、种类繁多的期刊和世界范围内以影响因子为导向的学科评价制度使得北美社会心理学在强烈的质疑和批判中仍雄霸世界社会心理学的主导地位。当然，联系不断的学科传承是学科理论发展的保证。姑且不论理论的持续发展是否应是学科发展的终极目标。学科制度霸权却必然导致"异见"的难以被接受和发展，以及理论创新的空间被无限压缩。

社会表征论的提出是对非社会的社会研究的批判和对脱离现实的理论发展的追求的反思。每次巨大的社会变迁都带来了社会科学的急剧发展。"二战"的深重灾难引发了欧洲学者的深刻反思。欧洲社会心理学正是在此背景下崛起的。其间诞生的社会表征论和社会认同论，至今仍是激励当代社会研究的主要理智资源。中国的转型是社会科学研究创新的契机。正在崛起的中国社会心理学，乃至整个中国社会科学更需要的是文化自觉、自信和自省，而非赶英超美的意识形态动员和引导。

参考文献

鲍曼，2002，《现代性与大屠杀》，杨渝东、史建华译，译林出版社。

杜瓦斯，2011，《社会心理学的解释水平》，赵蜜、刘宝中译，人民大学出版社。

方文，2001，《社会心理学的演化：一种学科制度视角》，《中国社会科学》第 6 期。

方文，2008a，《转型心理学：以群体资格为中心》，《中国社会科学》第 4 期。

方文，2008b，《群体资格：社会认同事件的新路径》，《中国农业大学学报》（社会科学版）第 1 期。

方文，2010，《“文化自觉”的阶梯》，《开放时代》第 5 期。

方文主编，2016，《挣扎：转型社会的行动逻辑》，中国人民大学出版社。

管健，2009，《社会表征理论的起源和发展——对莫斯科维奇〈社会表征：社会心理学的探索〉的解读》，《社会学研究》第 4 期。

李春玲，2016，《中国中产阶级的不安全感和焦虑心态》，《文化纵横》第 4 期。

列维-布留尔，1981，《原始思维》，丁由译，商务印书馆。

曼海姆，2000，《意识形态与乌托邦》，黎鸣、李书崇译，商务印书馆。

孙立平，2003，《断裂：20 世纪 90 年代以来的中国社会》，社会科学文献出版社。

孙立平，2005，《现代化与社会转型》，北京大学出版社。

涂尔干，1999，《宗教生活的基本形式》，渠东、汲喆译，上海人民出版社。

维果茨基，2016，《维果茨基全集（第 2 卷）：高级心理机能的社会起源理论》，龚浩然、王永译，安徽教育出版社。

杨宜音、张曙光，2008，《理想社区的社会表征：北京市居民的社区观念研究》，《中国农业大学学报》（社会科学版）第 25 卷第 1 期。

周晓虹，2011，《文化反哺与器物文明的代际传承》，《中国社会科学》第 6 期。

赵蜜、方文，2013，《社会政策中的互依三角——以村民自治制度为例》，《社会学研究》第 6 期。

Abric, J. C. 2001. "A Structural Approach to Social Representations." In K. Deaux & G. Philogène（eds.）, *Representations of the Social*（pp. 242 – 248）. Oxford: Blackwell.

Asch, S. E. 1951. "Effects of Group Pressure up on the Modification and Distortion of Judgments." In H. Guetzkow（ed.）, *Groups, Leadership, and Men*（pp. 177 – 190）. Pittsburgh, PA: Carnegie Press.

Barsalou, L. W. 1999. "Perceptual Symbol Systems." *Behavioral and Brain Sciences*, 22: 577 – 660.

Bauer, M. W. 2015. "On (Social) Representations and the Iconoclastic Impetus." In G. Sammut, E. Andreouli, G. Gaskell, & J. Valsiner (eds.), *The Cambridge Handbook of Social Representations* (pp. 43 – 63). Cambridge: Cambridge University Press.

Bauer, M. W. & Gaskell, G. 1999. "Towards A Paradigm for Research on Social Representations." *Journal for the Theory of Social Behaviour*, 29: 163 – 186.

Bauer, M. W. & Gaskell, G. 2008. "Social Representations Theory: A Progressive Research Programme for Social Psychology." *Journal for the Theory of Social Behaviour*, 38: 335 – 353.

Billig, M. 2008. "Social Representations and Repression: Examining the First Formulations of Freud and Moscovici." *Journal for the Theory of Social Behaviour*, 38: 355 – 368.

Doise, W. 2002. *Human Rights as Social Representations*. London: Routledge.

Doise, W., Clémence, A., & Lorenzi-Cioldi, F. 1993. *The Quantitative Analysis of Social Representations*. New York: Harvester Wheatsheaf.

Duveen, G. 2000. "Introduction: The Power of Ideas." In S. Moscovici, *Social Representations: Explorations in Social Psychology* (pp. 1 – 17). Cambridge: Polity.

Elcheroth, G., Doise, W., & Reicher, S. 2011. "On the Knowledge of Politics and the Politics of Knowledge: How a Social Representations Approach Helps Us Rethink the Subject of Political Psychology." *Political Psychology*, 32: 729 – 758.

Festinger, L. 1954. "A Theory of Social Comparison Processes." *Human Relations*, 7: 117 – 140.

Flick, U., Foster, J., & Caillaud, S. 2015. "Researching Social Representations." In G. Sammut, E. Andreouli, G. Gaskell, & J. Valsiner (eds.), *The Cambridge Handbook of Social Representations* (pp. 64 – 82). Cambridge: Cambridge University Press.

Gaskell, G. & Bauer, M. W. 2000. *Biotechnology* 1996 – 2000: *The Year of Controversy*. London: Science Museum Publications.

Gibson, S. 2015. "From Representations to Representing: On Social Representations and Discursive-Rhetorical Psychology." In G. Sammut, E. Andreouli, G. Gaskell, & J. Valsiner (eds.), *The Cambridge Handbook of Social Representations* (pp. 210 – 223). Cambridge: Cambridge University Press.

Gillespie, A. 2008. "Social Representations, Alternative Representations and Semantic Barriers." *Journal for the Theory of Social Behaviour*, 38: 375 – 391.

Goodin, R. E., Rein, M., and Moran, M. 2008. "The Public and Its Policies." In R. E. Goodin, M. Rein, and M. Moran (eds.), *The Oxford Handbook of Public Policy* (pp. 3 – 35). Oxford ： Oxford University Press.

Higgins, E. T. 1996. "Knowledge Activation： Accessibility, Applicability, and Salience." In E. T. Higgins & A. W. Kruglanski (eds.), *Social Psychology： Handbook of Basic Principles*. New York： Guilford Press.

Howarth, C. 2002. "Identity in Whose Eye? The Role of Representation in Identity Construction." *Journal for the Theory of Social Behaviour*, 32： 145 – 162.

Jahoda, G. 1988. "Critical Notes and Reflections on 'Social Representations'." *European Journal of Social Psychology*, 18： 195 – 209.

Jodelet, D. 1991. *Madness and Social Representations*. London： Harvester Wheatsheaf.

Jovchelovitch, S. 2007. *Knowledge in Context： Representations, Community, and Culture*. New York： Routledge.

Kahneman, D. , Slovic, P. , & Tversky, A. 1982. *Judgment Under Uncertainty： Heuristics and Biases*. New York： Cambridge University Press.

Kruglanski, A. W. 2001. "Social Cognition, Social Representations, and the Dilemmas of Social Theory Construction." In K. Deaux & G. Philogène (eds.), *Representations of the Social* (pp. 242 – 248). Oxford： Blackwell.

Lahlou, S. 2001. "Functional Aspects of Social Representations." In K. Deaux & G. Philogène (eds.), *Representations of the Social* (pp. 131 – 146). Oxford： Blackwell.

Lahlou, S. 2015. "Social Representations and Social Construction： The Evolutionary Perspective of Installation Theory." In G. Sammut, E. Andreouli, G. Gaskell, & J. Valsiner (eds.), *The Cambridge Handbook of Social Representations* (pp. 193 – 209). Cambridge： Cambridge University Press.

Lewin, K. 1943. "Forces Behind Food Habits and Methods of Change." In *The Problem of Changing Food Habits： Report of the Committee on Food Habits* 1941 – 1943. Washington, DC： The National Academies Press.

Liu, J. H. & Hilton, D. J. 2005. "How the Past Weighs on the Present： Social Representations of History and Their Role in Identity Politics." *British Journal of Social Psychology*, 44： 537 – 556.

Liu, L. 2004. "Sensitising Concept, Themata and Shareness： A Dialogical Perspective of Social Representations." *Journal for the Theory of Social Behaviour*, 34： 249 – 264.

Liu, L. 2006. "Quality of Life as a Social Representation in China： A Qualitative Study." *Social Indicators Research*, 75： 217 – 240.

Marková, I. 2003. *Dialogicality and Social Representations*. Cambridge： Cambridge University Press.

Moliner, P. & Abric, J. -C. 2015. "Central Core Theory." In G. Sammut, E. Andreouli, G. Gaskell, & J. Valsiner (eds.), *The Cambridge Handbook of Social Representations* （pp. 83 – 95）. Cambridge： Cambridge University Press.

Moscovici, S. 1973. "Introduction." In C. Herzlich, *Health & Illness： A Social Psychological Analysis*. London： Academic Press.

Moscovici, S. 1985. "Comment on Potter and Litton." *British Journal of Social Psychology*, 24： 91 – 92.

Moscovici, S. 1988. "Notes Towards a Description of Social Representations." *European Journal of Social Psychology*, 18： 211 – 250.

Moscovici, S. 2000. *Social Representations： Explorations in Social Psychology*. Cambridge： Polity.

Moscovici, S. 2001. "Why a Theory of Social Representations?" In K. Deaux & G. Philogène （eds.）, *Representations of the Social* （pp. 8 – 36）. Oxford： Blackwell.

Moscovici, S. 2008. *Psychoanalysis： Its Image and Its Public*. Cambridge： Polity.

Petty, R. & Cacioppo, J. 1986. "The Elaboration Likelihood Model of Persuasion." *Advances in Experimental Social Psychology*, 19： 1 – 24.

Piaget, J. , & Inhelder, B. 2008. *The Psychology of the Child*. Basic books.

Potter, J. & Wetherell, M. 1987. *Discourse and Social Psychology： Beyond Attitudes and Behaviour*. London： Sage.

Ross, L. , Lepper, M. , & Ward, A. 2010. "History of Social Psychology： Insights, Challenges, and Contributions to Theory and Application." In S. Fiske, D. T. Gilbert, & G. Lindzey （eds.）, *Handbook of Social Psychology* （pp. 3 – 50）. New Jersey： John Wiley & Sons, Inc.

Sherif, M. 1954. "Integrating Field Work and Laboratory in Small Group Research." *American Sociological Review*, 19： 759 – 771.

Sherif, M. 1966. *In Common Predicament*. Boston： Houghton Mifflin.

Sinha, C. and Mishra, A. K. 2015. "The Social Representations of Academic Achievement and Failure." *Psychological Studies*, 60： 160 – 169.

Staerklé, C. , Clémence, A. , and Spini, D. 2011. "Social Representations： A Normative and Dynamic Intergroup Approach." *Political Psychology*, 32： 759 – 768.

Tajfel, H. 1972. "Experiments in a Vacuum." In J. Israel & H. Tajfel （eds.）, *The Context of Social Psychology： A Critical Assessment* （pp. 69 – 119）. London： Academic Press.

Zhao, M. 2015. "Citizenship as Social Representations： Forging Political Mindedness in Rural China." LSE Doctoral dissertation.

Zouhri, B. & Rateau, P. 2015. "Social Representation and Social Identity in the Black Sheep Effect." *European Journal of Social Psychology*, 45： 669 – 677.

认知失调论 60 年 *

徐健吾

北京大学社会学系

摘　要：认知失调论自 20 世纪 50 年代问世以来，激发了大量的经验研究、理论创新和观点争辩，形成一个"树大根深"的体系。其发展经历了以下几个重要阶段：经典认知失调论及四种经典实验范式的提出；经历学术论辩与修正后整合为新视角模型；"自我"的洞见催生出新的研究范式和领域；统一的自我标准模型的构建；群体层面的认知失调以及跨文化研究、认知神经机制等当代新进展。本研究以纵向的理论发展史为脉络，厘清了其起承转合的内部逻辑，并标记出其中的重要节点和由此开辟的研究领域，以期增进国内学术界对该领域的理解，推动相关研究的展开。

关键词：认知失调　社会认同　费斯汀格　群体认知失调

认知失调论是社会心理学史上最具影响力的理论之一。自 20 世纪 50 年代由费斯汀格（Leon Festinger，1919 – 1989）首次提出以来，它持续不断地吸引着众多才智卓越的学者，激发了大量的经验研究、理论创新和观点争辩，历久弥新。2019 年，趁此费斯汀格百年诞辰之际，本文以史为纲，系统梳理认知失调论 60 年来的发展脉络，厘清其环环相扣的内在逻辑，标记出其中的重要节点，以期增进国内学术界对该领域的理解，推动相关研究的开展。

---

*　本文写于 2017 年。

一 经典认知失调论的石破天惊

（一）费斯汀格的《认知失调论》

1957 年，费斯汀格所著的《认知失调论》出版，震动了当时被行为主义和学习理论所统御的社会心理学界。当时学界普遍认同的强化原理认为，对态度或行为上的改变所给予的奖赏越多，改变程度就越大、效果就越好。但费斯汀格借用霍尔的"驱力"概念将认知和动机巧妙地结合起来，提出完全相反的逻辑，即奖赏越少、改变越大，由此迅速赢得了大量关注。该理论以其精妙而独到的洞察力，为深陷行为主义泥淖而踟蹰不前的社会心理学研究开拓出一片广阔的沃土，乃至 40 多年后，本书仍被阿伦森盛赞为"迄今最激动人心的心理学著作"（Aronson，1999：105 - 126）。

何为认知失调？费斯汀格提出了三个著名的假设（Festinger，1957；费斯汀格，1999）：当一对认知表征（Cognitive Representations）相互冲突时，失调就产生了；失调是一种可以造成心理不适的"驱力"，好比饥饿、口渴，会驱使人们努力去降低这种不适以达致协调，而且失调越严重，这种压力就越大；人们会主动避免那些可能增加失调的情境或信息，而去寻求能够降低失调的情境和信息。随后，费斯汀格结合经验证据着重讨论了失调的四个面向：决策后效、被迫依从、选择性暴露和社会支持。其中，社会支持的部分涉及大众媒介的影响、流言和宗教皈依等集体现象，实际上渗透着费斯汀格关于群体动力学的洞见。

费斯汀格的认知失调论令人瞩目的特点就在于认知、情感、动机和行为等任何知识都可以构成认知元素，彼此之间并非分立的，而是相互关涉的。这使其成为一个整合性的理论，并在其产生后的 60 多年间仍保持着旺盛的生命力。

（二）早期的经典研究及范式

早期的失调研究不仅拓宽了理论的面向，而且也为后世开创了四类经典的实验范式。

1. 自由选择范式（the Free-Choice Paradigm）

布雷姆（Brehm，1956）关于决策后效的研究奠定了失调的自由选择范式。他发现，被试在做出选择后，对所选物的合意性评价会上升，而对替代物的合意性评价会降低。原因在于：个体一旦自由而非被迫做出决策，就不得不接受被选物的所有缺点、放弃替代物的所有优点，此时，失调很有可能会被唤醒。而降低失调的办法，就是改变自己的态度以趋向与行为一致，即进一步美化被选物并忽视其缺点，或丑化替代物并忽视其优点。由此带来的评价改变称作"选择扩散效应"（Spreading of Alternatives Effect，SOA）。决策越艰难、越重要，前期搜集的相关信息越多，失调效应就越严重。

2. 信念失验范式（the Belief-Disconfirmation Paradigm）

人们暴露在与自己的信念相抵触的信息之下也会产生认知失调。如果信念无法改变，那么降低失调就会采取别的途径，例如，对于新信息的歪曲和驳斥、向信念一致的人寻求社会支持、劝服更多人来接受自己的信念等。由费斯汀格、沙赫特等人所完成的一项参与观察式研究《当预言失败时》（*When Prophecy Fails*）（Festinger，Riecken，& Schachter，1956）是该范式的代表。当末日预言失败、信仰遭到质疑后，团体成员一反从前隐秘活动的常态，转而开始了成群结队、声势浩大的对外宣教，企图劝服更多人皈依。费斯汀格认为，这种寻求社会支持的行为能够增加一致性的认知，是降低失调的一种策略。

3. 心血合理化范式（the Effort Justification Paradigm）

人们在一件并不友好的事情上付出的心血越多，体验到的认知失调就越强烈，而降低失调的方式，就是赋予其更为积极的评价而合理化。阿伦森和米尔斯（Aronson & Mills，1959）有关入会仪式（initiation）的经典研究开创了这一范式。实验中，被试为了获得某一群体资格，必须经历或严酷或温和的入会仪式，即使实际上这一群体本身并没有魅力，但那些经过严酷考验的人对该群体的评价也比那些经过温和考验的人更为积极。

4. 诱导依从范式（the Induced Compliance Paradigm）

提到认知失调不得不提费斯汀格与卡尔史密斯于 1959 年发表的经典研究（Festinger & Carlsmith，1959）。它首次使用诱导依从范式支持了认知失调论，在当时备受瞩目。实验者要求被试在完成一项极其枯燥的任务后欺骗等候者说任务非常有趣，即反态度行为，并承诺付给被试 1 美元或 20 美元的报酬。最后的态度测量显示，1 美元组对任务的评价要显著高于 20 美元组，即出现负向刺激效应。行为与态度的不一致会引起认知失调，而金钱报酬充当了行为的某种理由，减轻了这种失调，使人们可以不必完全依赖于态度改变。其后，布雷姆和科恩（Brehm & Cohen，1962）要求被试撰写反态度文章也发现了类似的效应。而变奖赏为惩罚就得到该范式的变体——禁止玩具范式（the Forbidden-Toy Paradigm），即儿童在受到温和（相比于严厉）的惩罚威胁时更容易降低对玩具的喜爱（Aronson & Carlsmith，1963），且这一效应具有持久性（Freedman，1965）。阿伦森（Aronson，1969）也将上述现象称为"不充分合理化"。

二　论辩与修正：刺激效应还是动机效应？

"一石激起千层浪。"认知失调论引起诸多争议和挑战，最终都成为鞭策其前进的动力。争议主要围绕以下两个方面。

（一）奖赏－刺激论的挑战和修正因子的探求

失调假定通常与奖赏－刺激论的强化假定针锋相对。但这两种倾向也可能同时存在，并非谁对谁错之争，而是在何种情境下谁更为适用，例如，是否需要付出努力（Aronson，1961）、合理化理由给出的时间顺序（Freedman，1963）、行动承诺性的高低（Carlsmith, Collins, & Helmreich，1966；Helmreich & Collins，1968）等。这些条件最终都归结为一个问题，究竟在何种情境下会引起认知失调？因此，这一脉的争辩最终促使失调研究趋于细致化，开始寻找理论的各种修正因子。

承诺性是失调唤醒的一个重要边际条件。卡尔史密斯和汉姆雷等人在诱导依从范式的基础上操纵了反态度行为的完成方式，发现只有以高承诺性的方式（如面对面沟通、非匿名录音等）欺骗等候者时，被试才会出现失调效应，而在低承诺性条件下（如匿名写文章、录音、可以撤回等）则呈现强化效应（Carlsmith, Collins, & Helmreich，1966；Helmreich & Collins，1968）。

最为尖锐的批评来自罗森伯格（Rosenberg，1965）。他认为，被试之所以改变态度，是因为"评价领悟"（evaluation apprehension），即担心实验者会对自己前后表现的一致性和诚实度做出评价故而掩饰真实的态度。他将布雷姆和科恩（Brehm & Cohen，1962）实验程序中的失调唤醒操作与态度测量操作分离，依次由两个实验者完成以避免这种"污染"，结果得到了报酬越高、态度改变越大的强化效应，对认知失调论构成了最强有力的质疑。

但两年后，坚守失调阵营的林德等人做出了回应，认为罗森伯格在实验操作上的调整无意中降低了被试对"决策自由"的感知。通过对实验程序做进一步精细化的操控，他们发现，只有当被试在报酬信息完备的条件下感知到自己能够自由而独立地决定是否听从实验者的请求时才会出现认知失调；相反，在被迫依从时则只会出现刺激奖赏效应（Linder, Cooper, & Jones, 1967）。至此便解决了诱导服从范式下两种假定的矛盾，并识别出一直为人们所忽略的一项重要的修正因子——"自由决策"，同时也呼应了早先布雷姆（Brehm, 1956）提出的自由选择范式。

（二）自我感知论的挑战和动机性质的澄清

贝姆（Bem, 1972）的自我感知论（Self-Perception Theory）以直接而干脆的行为主义推论逻辑撼动了认知失调的理论基点。他认为，负向刺激效应并非源于某种动机，而是因为人们通常会根据外显行为和环境因素来倒推自己的态度。当环境不足以对个体产生有力的强迫作用时（如只有微不足道的奖赏时），个体就会根据自己所做出的依从行为来推断：自己的态度是积极的。

论辩的关键在于证实失调的"驱力"或动机性质。受沙赫特和辛格（Schachter & Singer, 1962）的情绪两因素模型的启发，赞纳和库博（Zanna & Cooper, 1974）在缺乏直接测量方法的条件下创造性地引入不当归因范式（Misattribution Paradigm）给出了间接证明：如果失调是一种令人不悦的唤醒状态，那么被试一旦将这种唤醒不当归因于某一外部因素，则无须通过改变态度来降低失调。他们将安慰剂伪装成药片，并分别告知被试它可以引起紧张、放松或没有任何作用，而后请被试在高、低自由决策的情况下完成诱导依从实验程序。结果显示，在高自由决策下，当药片被认为没有任何作用时，被试出现典型的态度改变；当药片被认为能够令人放松时，失调效应增强；而当药片被认为能够引起紧张时，失调效应反而减轻。该结果无法用自我感知论来解释，由此证实了失调的唤醒功能。随后，库博及其同事（Cooper, Zanna, & Taves, 1978）也用伪装成安慰剂的药片证明了唤醒状态是失调诱导的必经之路。其他不当归因的线索包括实验室的灯光、温度与通风状况（Fazio, Zanna, & Cooper, 1977）等。此外，失调还表现出能够促进简单学习任务（Waterman & Katkin，1967）、干扰复杂学习任务（Pallak & Pittman，1972）的典型"驱力"效应（Martinie，Olive，& Milland，2010）。

作为一种"驱力"，失调引起的生理唤醒和心理不适（Elkin & Leippe，1986；Losch & Cacioppo，1990）也可以直接测量。克罗尔和库博（Croyle & Cooper，1983）首次发现了反映交感神经活跃度的非特异性皮肤导电率（NS-SCRs）可以作为失调的生理指标；而艾略特和迪瓦恩（Elliot & Devine，1994）提出以自陈报告作为失调"温度计"以反映被试的情感变化，如负疚、沮丧、自我批评等。这些研究不仅阐明了费斯汀格所谓的"动机状态"，驳斥了自我感知论，更为失调的测量开辟了新途径，使后续研究摆脱了对态度改变这一间接测量方式的过度依赖（Devine，Tauer，Barron，Elliot，& Vance，1999）。

此外，法西奥等（Fazio，Zanna，& Cooper，1977）还借助态度接受域与拒绝域的概念来区分自我感知论与认知失调论，认为前者更适用于行为落在态度的接受域内或态度尚模糊不明的形成初期，而后者适用于行为落在态度的拒绝域内或态度已经稳固的形成末期。这一路径随后被纳入"新视角模型"。

三　整合的新视角模型："不一致"还是"后果"？

（一）"后果"

20 世纪 80 年代，库博及其同事希望整合这些修正条件以精炼认知失调论，他们注意到了后果的厌恶性和可预见性这两个关键因素。

1. 后果的厌恶性

内尔等人最先指出"不想要的后果"的重要性。他们发现，发表支持大麻合法化的反态度演讲的被试只有在面对犹豫不定的观众时才会表现出失调后的态度改变，而当观众坚定自己的观点不动摇时，则不会出现认知失调（Nel，Helmreich，& Aronson，1969）。受此启发，库博及其同事系统操纵了经典诱导依从范式中"等候者是否真的相信了被试的话"这一变量，发现只有"成功说服"这种"厌恶性后果"才会引起被试的失调。该研究同时也反驳了自我感知论，因为按照 Bem 的推理，行为后果并不会影响被试从外显行为来推断态度（Cooper & Worchel，1970）。

只有在高自由选择的条件下行为产生了"厌恶性后果"，才会引起认知失调。这一命题也得到了相关研究的支持（Collins & Hoyt, 1972; Hoyt, Henley, & Collins, 1972）。此外，只有当被试对等候者抱有至少中等程度的喜欢时，欺骗了等候者才算"厌恶性后果"（Cooper, Zanna, & Goethals, 1974）；不管这一后果是有意还是无意造成的，皆是如此（Goethals & Cooper, 1972）；哪怕只有引起"厌恶性后果"的潜力，也足以引起认知失调（Goethals & Cooper, 1975）。

2. 后果的可预见性

只有当"厌恶性后果"在个体做出决定的时刻具有可预见性时，才会引起认知失调。戈瑟尔思与库博等人证明了这一变量的重要性。实验者首先诱导被试写一篇有关学校政策的反态度文章，第一组被试相信文章只会呈给实验者，第二组被试相信文章会呈给校委会并可能产生"不想要的后果"，第三组被试被告知文章可能被呈现给"其他人"。当实验者最后宣布文章被呈给校委会时，由于这个后果只对第一组被试而言是出乎意料的、不可预见的，因此也只有第一组没有表现出失调引起的态度改变（Goethals, Cooper, & Naficy, 1979）。

此外，在自由选择范式下，只有可预见的（而非意料之外的）积极后果才能够降低失调带来的选择扩散效应（Brehm & Jones, 1970）；当不良后果得以撤销，且这种撤销具有可预见性时，才能消除被试的认知失调，使其免于改变态度（Cooper & Goethals, 1974）。

（二）新视角模型

库博和法西奥通过梳理现有的修正条件，构造了认知失调的新视角模型（the New Look Model）。该模型认为，失调确如费斯汀格所言是一种紧张的、不舒服的、可以驱使个体做出改变的唤醒状态，但并非由认知不一致本身导致的，而是由人们感知到自己对引发了某种"厌恶性后果"负有个人责任导致的（Cooper & Fazio, 1984）。

该模型认为，失调始于行为，随后的过程可分为两个阶段：反态度行为的失调唤醒过程和驱动人们做出改变的失调动机过程（见图1）。

失调唤醒过程取决于两个决定性要素：后果的厌恶性和对该后果负有个人责任。该模型对二者给予了同样的重视。其中，后果的厌恶性取决于态度"接受域"和"拒绝域"的大小（Fazio, Zanna, & Cooper, 1977），而对该后果负有个人责任则包括两方面因素——自由选择（Free Choice）和后果的可预见性，因为不管是无奈之下的被迫选择，还是完全

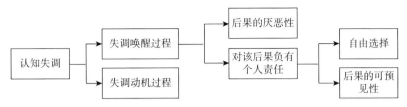

图 1　认知失调的新视角模型

意料之外的后果，都不会导致责任的内部归因。对个人责任的否认可以终止失调的唤醒：如果在态度测量之前，让被试填写责任自评量表从而为否认自己的个人责任提供一种心理便利，则被试不会表现出失调后的态度改变（Gosling, Denizeau, & Oberlé, 2006）。

失调唤醒首先是一种未分化的状态，消极感受并非紧随反态度行为而出现，中间还需要经历一个唤醒状态的标记过程和一个对责任进行内部归因的接受过程，这样才能从失调唤醒过程过渡到失调动机过程。

其中，唤醒状态的标记涉及情绪的认知。根据情绪两因素模型，当人们体验到失调唤醒时，必须为其贴上一个认知标签。这个标签可能是积极的也可能是消极的，而一旦唤醒状态被标记为一种积极的情绪，人们就可以免于改变态度。例如，让被试在完成反态度任务之前，将自己的面部表情固定为微笑或是皱眉，作为积极或消极情绪的诱发线索，结果发现，那些保持微笑的被试并没有出现典型的态度改变（Rhodewalt & Comer, 1979）；而完成反态度任务后立即观看卡通动画的被试会将唤醒状态归因于动画，认为它更滑稽，并不再表现出态度改变（Cooper, Fazio, & Rhodewalt, 1978）。这些发现也与上述"不当归因范式"一脉相承。后有实验也采用面部肌电图（EMG）的方法支持了这一观点（Martinie, Olive, Milland, Joule, & Capa, 2013）。

当没有任何外部资源可假借，个体将不得不承认自己的唤醒状态源于对厌恶性后果负有个人责任，从而驱使个体改变态度，进入失调动机阶段。新视角模型认为，态度改变之所以能够降低失调，其目的并不在于维护认知上的一致，而在于减轻后果的厌恶性，这是它们与原初理论的不同之处；而态度改变的方式则类似于孔达（Kunda, 1990）的动机推理，受限于原初态度和个人经验，因而只能使态度向行为的方向有所倾斜，并非全盘接受和替代（Cooper, 2007: 79 - 86）。

谢尔和库博在此基础上提出了更为激进的观点，认为行为 - 态度的不一致并非关键所在，而仅仅是"个人对厌恶的后果负有责任"就足以引起认知失调。他们让大学生被试写信支持或反对增加学费，同时操纵了信的效力是正向或反向的，并以较为复杂的指导语保证所有后果的可预见性。于是，厌恶性后果就可能发生在写信反对增加学费即行为－态度一致、但起反向作用，或写信支持增加学费即行为－态度不一致、但起正向作用这两种情况下。结果发现，无论行为－态度是否一致，只要产生了"厌恶性后果"，被试都会表现出失调效应（Scher & Cooper，1989）。

至此，新视角模型似乎已完全偏离了费斯汀格的原初理论，认为问题的关键在于"后果"，而非"认知不一致"本身。库博认为，"不一致"更多地是关于能否产生认知失调的一个"启发式"的判断。因为在绝大多数情况下，当行为与态度"不一致"时，就会导致出现"厌恶性后果"，二者有很大程度上的重叠，前者可以作为后者的"代理变量"。但在二者不重叠的个别情境下，"厌恶性后果"能够提供更为准确的预测（Cooper，2007：80）。

（三）争议：厌恶性后果是否必需？

新视角模型认为，人们对可预见的厌恶性后果负有个人责任是引发认知失调的充分必要条件（Cooper & Fazio，1984；Scher & Cooper，1989）。这一命题引来很多质疑（Harmon-Jones & Mills，1999），开启了一场激烈的学术论战。

很多学者并不认为厌恶性后果是必须的。毕竟，在诱导依从实验中，检测不出态度改变并不等于认知失调没有发生，也有可能是失调程度太轻、效应不显著，或存在其他降低失调的路径。哈蒙琼斯、布雷姆等人联名刊文批判新视角模型。在实验中，被试在高自由选择的条件下对一种难喝的饮料发表声明说味道很好，这并不会产生任何厌恶性后果，结果却表现出了典型的态度改变（Harmon-Jones，Brehm，Greenberg，Simon，& Nelson，1996），且非特异性皮肤电反应（NS-SCRs）的生理测量指标和情感自陈报告的方法（Harmon-Jones，2000）也排除了自我感知论的替代解释，表明人们的确发生了认知失调。

来自信念失验范式的研究结果同样给出了反驳。布利斯等人让基督徒阅读报纸上有关天灾人祸的报道，这些信息与"上帝是公正、慈爱、全能的"的信仰相冲突，发现处于认知两难的被试可以通过对信仰予以肯定的方式来减轻消极情绪，说明即便不存在"厌恶性后果"，认知失调依然可以发生，此外，填写超验问卷也可以让被试接触超验世界而降低失调（Burris，Harmon-Jones，& Tarpley，1997）。

四　失调中的"自我"之争

经过将近半个世纪的胶着，以阿伦森及其斯蒂尔（Steele）为代表的学者们重新强调了自我的角色，开辟了新的范式，拓宽了研究视野，为理论注入了新鲜血液。

（一）自我一致观

早在 20 世纪 60 年代，阿伦森及其同事就发现了自我期望在失调唤醒中的作用。实验中，那些自我预期任务会失败的被试，即使面对成功的结果反馈，也会因失调而感到不适，将答案从正确改为不正确，以维持一致而消极的自我概念（Aronson & Carlsmith，1962）。随后，为了解释失调的个体差异，他引入了自我概念作为核心机制以求厘清经典理论中的模糊之处，即正是由于反态度行为与自我概念的某一面向形成冲突或构成威胁，才导致认知失调（Aronson，1969，1999）。这一观点也称为"自我一致观"。

新视角模型提出后，阿伦森不满于失调研究陷入过分重视"后果"而轻视"不一致"的泥淖，于 1992 年连发两篇文章重审"自我"的重要性。他指出，人们抱有能力和道德两方面的自我期望，行为与自我期望的冲突是失调的根本原因，而"厌恶性结果"不一定引起以后的失调。而且，从自我概念的角度出发，能够对新视角模型的实验证据给出更为恰当且透彻的再解释，同时也能拓展至新视角模型无力解释的一些现象，如伪善范式和斯蒂尔的自我肯定论（Aronson，1992；Thibodeau & Aronson，1992）。

（二）伪善范式

阿伦森在失调的应用型研究中提出了"伪善范式"：人们被邀请公开发表声明以支持某种观点，这一声明通常是正面的、为道德所提倡，并与本人态度信念相一致，且本人相信这一声明会对其他人产生积极的影响；而后却被要求充分回忆自己曾经与该观点不符即言行不一、说到没做到的经历。这种言行不一的回忆会唤起认知失调，从而驱使人们在日后的行为中朝着自己所声明的方向努力，以拥护自己的态度。这一范式最先用于艾滋病预防（Aronson, Fried, & Stone, 1991; Stone, Aronson, Crain, Winslow, & Fried, 1994）、水资源保护（Dickerson, Thibodeau, Aronson, & Miller, 1992）、回收利用（Fried & Aronson, 1995）等主题的研究，成为诱导失调的一种新范式。

例如，在有关艾滋病预防的实验中，大学生被试需要发表演讲以支持"高中生性行为应当使用避孕套"，并录成视频，而后伪善条件组的被试需要回忆自己过去没用避孕套的次数，结果发现，他们比那些无须回忆的被试表现出了更强烈的避孕套使用意愿（Aronson, Fried, & Stone, 1991）和更多的购买行为，而且电话回访也表明该效应具有持久性（Stone, Aronson, Crain, Winslow, & Fried, 1994）。类似地，当被试签署了支持水资源保护的传单，同时被要求回忆自己过去浪费水的次数以唤起负罪感，随后的田野跟踪发现，伪善组的被试明显缩短了淋浴时长（Dickerson, Thibodeau, Aronson, & Miller, 1992）。此外，为了排除启动效应、社会影响以及面子挽回等替代解释，研究者们还结合了不当归因范式，证明了这些行为改变确实是由伪善引起的失调唤醒状态所驱动的（Fried & Aronson, 1995）。这些研究均在没有产生消极后果的情况下诱发了失调，从而对新视角模型构成了挑战。值得强调的是，不同于诱导依从范式，伪善范式不再依赖于态度上的改变，而是通过让人们直面自己的过失，直接做出行为上的改变，使行为与态度趋于一致，因而对解决个人和社会问题具有积极的建设性意义，这是它的创新之处。

（三）自我肯定论

有研究者在诱导依从实验范式下发现，诱发认知失调后，通过肯定被试自我价值中的某一面向（如政治经济取向、艺术审美取向、科学精神取向等，用填写价值量表来实现），即使这一面向与失调情境无关，也同样可以消减失调效应，避免态度改变（Steele & Liu, 1983）。

据此，斯蒂尔（Steele, 1988）提出了自我肯定论（Self-Affirmation Theory），认为人存在一个自我系统来负责维持自我概念，诸如维持自我在道德上和适应上的充分性，保持稳定、整合、有选择和控制的能力并参与竞争，等等。由于其目的在于维持自我总体上的充分性，因而无须直接对抗于某种特定的、具体的自我威胁，而是通过对自我价值中的核心或重要面向的肯定来规避、抵消或化解这些具体的威胁。因此，当认知失调发生后，驱动人们做出行为和认知改变的并不是"不一致"本身，而是个体想要重建总体上的自我完整性的动机；任何对总体上的自我完整性进行有效肯定的思想或信息都能够降低认知失调，都是个体手头的资源；而究竟哪一种肯定方式更为优先，则取决于信息的可用性和效力；因而，个体应对失调的方式具有很大的灵活性和弹性。

斯蒂尔认为，自我肯定论与自我一致观是并行不悖的，区别仅仅在于，后者是将经典理论中笼统而万能的"不一致"收缩到"自我的不一致"，而前者则抛弃了"一致性"的问题，将"自我"提到了一个主导性的地位；一致性并非根本，而根本动机在于维持自我的完整性、维持自我总体的适应和道德充分性，自我的不一致只有威胁到自我的完整性感知时才具有动机性质（Steele & Spencer, 1992）。

（四）降低失调的途径：直接与间接

自我肯定论以其精炼和宽广而别具价值，它不仅推动了认知失调的理论复兴，同时也将失调和动机过程分析带回社会心理学的视野（Aronson, Cohen, & Nail, 1999）。然而学界对此也不乏质疑。例如，西蒙等人认为，自我肯定程序之所以能降低失调，不是因为其重建了自我完整性，而是因为其提供了一个能将失调淡化、琐碎化的框架。他们让被试在失调唤醒后回想一个公共议题（如全球饥荒问题），随后的态度测量显示，这一无关自我的话题也能够起到间接地淡化失调的作用（Simon, Greenberg, & Brehm, 1995）。这也呼应了 1957 年费斯汀格提到的第三种降低失调的方式——降低失调情境的重要性。

受到自我肯定论的启发，学者们意识到，人们在日常生活中还会频繁地用到除态度改变外的多种间接方式以降低失调。除了前文提到过的不当归因、琐碎化、以酒精（Steele, Southwick, & Critchlow, 1981）或镇静剂（Cooper, Zanna, & Taves, 1978）等消除生理不适感、给唤醒状态贴上积极的情绪标签等方法，很多能够抚慰人心的日常活动，如治疗、祈祷、聊天、阅读等，即使与失调事件并不直接相关，也可以通过重建自我完整性而化解失调效应。同时，自我肯定论还激发了对多种失调降低途径之间的优先级和选择性的研究。例如，经由伪善范式诱导失调的被试，即使在自我肯定的间接方式可用且更为便利的情况下，也依然更倾向于采用直接改变行为来补救过失、降低失调（Stone, Wiegand, Cooper, & Aronson, 1997）；研究者也提出了自我解释模型（Self-Account-

ability Model），以概括不同认知精细加工程度上的失调降低途径（Leippe &
Eisenstadt，1999）。

（五）有关自尊的分歧

有趣的是，自我一致观与自我肯定论在有关"自尊"影响失调的方
向上产生了分歧。按照前者的观点，高自尊的人自我期望更高，因此行
为与期望之间发生不一致的可能性就更大，更容易罹受失调的困扰。例
如，短暂提升一个人的自尊，可以减少作弊行为（Aronson & Mettee，
1968）。又如，当高自尊的被试对他人造成了伤害而感觉很糟时，他们比
低自尊的被试更倾向于通过贬损受害者的方式来合理化自己的行为
（Glass，1964）。但自我肯定论则相反，认为高自尊的人手头拥有更多关
于自我的积极知识作为自我肯定的内部资源，因此更不容易罹受失调的
困扰。例如，如果以自尊测量的方式在失调唤醒之前提高被试自我概念
的认知显著性，则高自尊组比低自尊组表现出更少的态度改变（Steele，
Spencer，& Lynch，1993）。

但斯蒂尔的假设并不总是成立，情况可能更为复杂。例如，有研究
者发现，在戒烟这个问题上，高自尊的故态复萌者会进行更多的自我合
理化，随着时间的推移，他们对吸烟的风险感知和戒烟承诺都比低自尊
者呈现出更为显著的下降，以此来避免自我概念的降低，而低自尊的故
态复萌者则接受自己的失败以适应较低的自我概念（Gibbons, Eggleston,
& Benthin，1997）。此外，自尊对失调降低的影响与自尊的内隐、外显维
度有关（Jordan, Spencer, Zanna, Hoshino-Browne, & Correll, 2003）。而
且，自我知识与失调情境是否相关也是一个影响因素，因为相关的自我
知识会提醒他们违背了自己的标准，而成为一种威胁。研究发现，当处
于失调状态的被试被问到想不想看自己人格评分中同情心方面（与失调
情境相关）或创新度方面（与失调情境无关）的优异成绩时，那些高度
失调的被试更愿意选择肯定后者而非前者，体现了自我肯定策略的选择
性（Aronson, Blanton, & Cooper, 1995）。随后有研究进一步证实，对相
关信息（同情心）的肯定甚至会加剧失调，引发更大的态度改变（Blan-
ton, Cooper, Skurnik, & Aronson, 1997）。这两项研究也启发了下述自我
标准模型的理论建构。

（六） 自我标准模型

受此启发，库博反思后认为，自己迷失于烦琐而烧脑的实验操作当中，却忽略了所谓"厌恶性后果"的真正意涵（Cooper，1992）。于是，在吸收了有关自我概念和自尊的研究进展后，他和他的博士后同事斯通在原先"新视角模型"的基础上，将"厌恶性后果"进一步界定成"行为与某一自我标准发生冲突"，构造了统一的认知失调自我标准模型（the Self-Standard Model of Cognitive Dissonance，SSM）（Stone & Cooper，2001）。

SSM 整合了三种有关"自我"的观点：一是自我一致观，认为行为与自我期望不一致是导致失调的原因，降低失调靠的是对行为进行合理化，以维持个人的能力感和道德感（Aronson，1969，1992；Thibodeau & Aronson，1992）；二是新视角模型，认为失调的原因是人们意识到自己对某种不良后果负有个人责任，而自我并不参与这一过程（Cooper & Duncan，1971；Cooper & Fazio，1984）；三是自我肯定论，将与自我相关的知识作为可用以维持总体上的自我完整性从而降低失调的资源（Steele，1988）。该模型认为，此三者背后都有一个未言明的共通之处，即人们会对自己行为的意义进行评价，因此会涉及行为与某种自我标准之间的比对；而自我在失调过程中的角色，有赖于究竟是哪些标准、哪些自我属性具有长期的或情境性的可及性。

SSM 将认知失调分为失调唤醒和失调降低两个阶段（见图 2）。在失调唤醒阶段，个人标准和规范标准都可以用来评价行为，这一点其实在费斯汀格的经典理论中已有提及。当个人标准在失调语境下变得可及，人们就利用个体独特的自我期望来评价行为，此时，失调唤醒因自我知识的不同而具有个体差异，适用于自我一致观，其中，高自尊的人自我期望较高，对行为的接受域可能更窄，故更容易产生失调；而当规范标准变得可及，人们就会利用自己所习得的、被文化或群体所共享的规范来评价行为，这时，失调唤醒是由普遍意义上的"厌恶性后果"所引致，适用于新视角模型，此时无论自尊高低都会产生失调。而且，正是这两类标准的可及性的差别才决定了究竟产生的是哪种失调效应，决定了自尊是否会产生影响。斯通（Stone，1999）采用启动程序支持了这一观点，他发现，无论是在自由选择范式下还是在诱导依从范式下，当个人标准被激活时，高自尊的被试比低自尊的被试表现出了更强烈的合理化倾向，而当规范标准被激活时，二者没有差别。

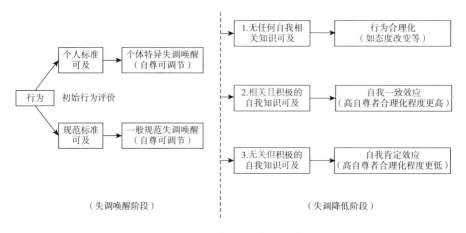

图 2   认知失调的自我标准模型

资料来源：Stone & Cooper，2001。

自我除了作为失调唤醒阶段中的标准，还可以作为失调降低阶段中可用的资源。SSM 将失调降低区分为三条路径：一是如果无任何自我相关知识是可及的，人们将只能通过态度改变等行为合理化方式来减轻不适；二是如果一些与失调情境正好相关且积极的自我知识变得可及，则人们的自我期望会提升，反而会增加失调程度和行为合理化的倾向，且自尊越高、合理化程度越高；三是如果一些与失调情境无关但积极的自我知识变得可及，则人们会以此为资源来维持总体上的自我完整性，适用于自我肯定论，其中，自尊越高的人越容易用这种间接方式来减轻不适，越少表现出行为合理化。SSM 的这些假设均在实验中得到了验证（Stone & Cooper，2003）。

五   群体认同视域下的认知失调

虽然认知失调论在诞生之初就指出了群体在失调唤醒和降低中的重要角色（Festinger, Riecken, & Schachter, 1956；Festinger, 1957），但系统地研究群体身份对失调过程的影响还是在 20 多年以后。20 世纪 70 年代末，渐渐兴起的社会认同论革新了有关群体和群际关系的社会心理学。受此启发，在里根总统选举期间，库博和麦凯将群体身份变量引入诱导依从范式。他们发现，当被试（里根支持者）发表了违背于所属群体身份的决定性属性的声明（支持里根的对手）而唤起失调时，在群体归属不可削弱、原初态度不可更改的情况下，会通过将唤醒状态错误地归因于一个外群（里根的对手群体），并对之采取贬低的方式来降低失调；相对地，如果这一声明只违背于某一群体身份的关联性而非决定性的属性，则态度就是可变的，被试就会表现出典型的合理化效应（Cooper & Mackie，1983）。该研究证明了不同群体身份对失调降低途径的"堵"和"疏"。虽然费斯汀格早有"预言"在先，但直到 21 世纪，认知失调的群体视角（McKimmie，2015）才在社会认同论持续不断的激励下逐步深入，尤以替代性失调、元一致性等概念的提出为代表，成为当代失调领域最为卓越的拓展。

（一）替代性失调

根据社会认同论（豪格、阿布拉姆斯，2011）与自我范畴化理论（特纳，2011），群体归属会塑造个体的社会认同，使群体成员向"原型"的方向同化，并夸大群体成员之间的相似性，创造出基于相似性而产生的内群吸引。受此启发，替代性失调关注的是，以社会认同为"桥梁"，认知失调能否也像情绪和观点一样在群体成员之间发生"传染"（Cooper & Hogg，2007）。因此，替代性失调指的是，当人们目睹自己的内群同伴做出了与态度不一致的行为时（如公开支持一项本为内群所反对的政策），则人们自己也会"感同身受"一般地产生认知失调及态度改变。诺顿等（Norton，Monin，Cooper，& Hogg，2003）在诱导依从范式下证明了这一现象的存在。当学生被试们得知，发表演讲支持学校大涨学费的同学（实为实验者同谋）原来跟自己属于同一个校区（内群成员而非外群成员）时，表现出典型的失调后态度改变，且这一过程会受被试所感知到的演讲者行为的选择自由度和后果厌恶性这两个变量的调节。同时，替代性失调效应只发生在被试对内群怀有强烈认同的条件下。研究者进一步研究发现，在被试对内群有强烈的亲和性时，态度改变最为显著，且替代性失调效应不受个体差异和人际吸引的影响，其本质上是一个群体现象（Monin，Norton，Cooper，& Hogg，2004）。

替代性失调经由何种认知机制而产生？对此有两种假设：他人中心路径和自我中心路径。前者是指人们站在同伴他者的视角上，感受他人之所感，并以和他人同样的方式来降低失调；后者是指人们想象自己也在经历同伴他者所经历的失调情境，在认知上模拟这一情境，并自发地做出反应。实验在诱导依从范式和自由选择范式下都一致地证实了后一种路径，即替代性失调是一个自我中心的过程（Blackman, Keller, & Cooper, 2016）。

不难想象，该效应可运用在以"榜样的力量""带头模范"来进行社会治理的过程中，在目的良善的情况下，将会带来正向的社会效益。因此，学者们想到将其与同样具有潜在积极价值的伪善范式相结合，创设了"替代性伪善"的失调情境（Focella, Stone, Fernandez, Cooper, & Hogg, 2016）。实验证明，替代性伪善能在具有高度内群认同的观众心中引起失调，并激发行为改变，效应叠加好比二者"相乘"（Cooper, 2012：394），而且，与个体内认知失调过程相关的那些影响因素如自由选择、可预见的不良后果、社会认同的肯定、错误归因的可能线索等，在群体水平上也同样有效。

（二）社会支持与元一致性

SSM 引入群体规范这一标准无疑是理论上的跳跃，但究竟是哪一种规范起了作用依旧笼统；费斯汀格也曾指出社会支持可以提供一致性认知而降低失调，但究竟是来自何处的社会支持更为有效也待厘清。有鉴于此，麦金密及其同事基于以往有关社会支持的研究成果，提出以社会认同路径来弥补这一缺漏。他们假设，来自一个高度认同群体的社会支持能够更为有效地降低失调。实验采用了前述（Dickerson, Thibodeau, Aronson, & Miller, 1992）的伪善程序，并操纵了群体认同的显著性（高、低、无）和来自该群体的社会支持（有或无）。结果发现，那些从高度认同的内群中得不到社会支持的被试发生了最为强烈的认知失调和态度改变（McKimmie, Terry, Hogg, Manstead, Spears, & Doosje, 2003）。

随后，麦金密及其同事回顾了前人关于"群体能够降低失调"的内群视角的研究，提炼出"元一致性"的构念（McKimmie, Terry, & Hogg, 2009；McKimmie, 2015）。元一致性是指自己和他人的"态度－行为一致性"之间的一致性，元一致性程度能够增强或削弱个人对于自我一致性的感知，从而影响失调唤醒的程度。实验证明，当觉察到他人也同样处于"态度－行为不一致"的状态下，内群显著度高（认同强烈）的被试失调程度有所降低，态度改变更少，而内群显著度低的被试反而表现出更大的态度改变。因此，较高的元一致性感知只在内群共享认同显著的情况下才可以降低失调。

六　当代认知失调领域的其他进展

（一）跨文化研究

伴随着社会心理学中跨文化研究的热潮，认知失调现象的跨文化一致性和差异性也引起了相当一部分学者的关注（Heine & Lehman，1997；Kitayama，Snibbe，Markus，& Suzuki，2004）。研究发现，失调普遍存在，但文化形塑了失调唤醒和降低的方式。在独立型文化和互依型文化之间，失调过程的本质差异在于，不同的价值框架下，人们对"厌恶性后果"的定义不同，在自我标准模型看来，就是用于评判行为的规范标准不同。例如，独立型文化中的人们会由于为自己做选择而产生失调，互依型文化中的人们会由于为同伴做选择而产生失调（Hoshino-Browne，Zanna，Spencer，Zanna，Kitayama，& Lackenbauer，2005），而如果采用阈下启动的方法来暂时增强独立型文化的被试的社交亲和取向，则会使他们同互依型文化中的人们一样表现出为同伴做选择而产生而感到失调（Kimel，Grossmann，& Kitayama，2012）。除此以外，认知失调也关注亚文化之间的比较，关注不同种族、受教育程度、社会经济地位（SES）的人群在失调唤醒和降低方面有何异同。例如，种族的影响就体现于，面对诱导依从情境时，白人比黑人更容易产生典型的失调，而黑人却在低自由选择的情况下表现出更多的"服从"，这可能是因为黑人一直在白人主导的社会中处于受支配地位（Cooper，2007：150－156）。

（二）理论的进一步修正

与此同时，理论修正的脚步也从未停滞。21 世纪初，哈蒙琼斯等人基于多年围绕情绪与认知神经领域的研究积累，提出了认知失调的行动基础模型（Action-Based Model）。该模型认为，任何认知都是有意或无意地服务于有机体的行动趋向（Action Tendency），而冲突的认知则会干扰、妨碍有机体的有效行动，此时认知失调被唤醒，个人体验到消极情感，随后有机体为了有效行动会投入降低失调的努力当中，情绪、认知和行动三者构成了服务于生存需求的适应性调控过程（Harmon-Jones，Amodio，& Harmon-Jones，2009）。不同于以往的理论修正，该模型不仅认为厌恶性后果并不是必然的，而且认为失调不只局限于拥有自我概念的人类。有研究者人不仅证实了思维的行动取向的确会影响失调程度和过程，而且发现了失调与神经活动之间的联系。其中，前扣带回（Anterior Cingulate Cortex，ACC）可能承担了认知冲突的监控功能，因而与失调唤醒有关（Harmon-Jones，2004；Harmon-Jones，Amodio，& Harmon-Jones，2009），而前额叶特别是左侧前额叶皮质则与趋近动机有关，参与到降低失调的过程当中（Harmon-Jones，Harmon-Jones，Fearn，Sigelman，& Johnson，2008；Harmon-Jones，Gerdjikov，& Harmon-Jones，2008；Harmon-Jones，Harmon-Jones，Serra，& Gable，2011）。该模型还将自尊、一致性偏好、行动取向等个体差异和文化差异纳入在内，并将失调与行动调控、情绪调控、神经过程等更广泛的研究领域相联系。特别地，受到认知具身性的启发，他们还发现，仰卧作为一种能够削弱趋近动机的姿势，可以同样削弱失调的降低，进一步为模型提供了佐证（Harmon-Jones，Price，& Harmon-Jones，2015）。

针对认知失调所关涉的现象，不断有新的替代性理论被提出来。加夫隆斯基等人提出了选择扩散效应的另一种解释——自我锚定，认为人们选择某个选项的行为在自我与选项之间创建了一种联结，自我的内隐评价随之转移到了选项之上，而后者取决于前者（Gawronski，Bodenhausen，& Becker，2007）。近年来兴起的意义维持模型（Meaning Maintenance Model，MMM）将意义维持当作个体的基本动机，认为意义违反会激发个体的厌恶，并促使其采取流动补偿的策略来重建意义系统（Heine，Proulx，& Vohs，2006；Proulx & Inzlicht，2012；左世江、黄旎雯、王芳、蔡攀，2016）。该模型对包括认知失调在内的动机理论进行了整合，认为它们涉及类似的、相互重叠的心理机制，失调降低过程在某种程度上正是一种意义维持的流动补偿过程，不仅能引起态度改变，还会引起信仰增强、态度极化、模式识别增强等效应（Randles，Inzlicht，Proulx，Tullett，& Heine，2015）。

同时，认知失调与个体其他变量之间的联系也被进一步挖掘。研究发现，个体的一致性偏好也影响着失调唤醒程度和失调降低的动机（Cialdini，Trost，& Newsom，1995；Newbyclark，Mcgregor，& Zanna，2002）。构念水平理论（Construal-Level Theory）（Trope & Liberman，2000；Trope & Liberman，2010）也提到，话题重要性对失调的影响取决于个体思维的构念水平，高构念水平的个体在重要话题上表现出失调效应，而低构念水平的个体在不重要的话题上表现出失调效应（Wakslak，2012）。

（三）失调的神经机制

此前有关认知失调的行为研究都以态度改变为因变量，无法触及改变过程的神经机制。认知神经领域的技术运用则帮助进一步阐明了动机性认知的神经基础，为理论提供了更为直接的支撑。fMRI 的结果表明，决策后态度改变的过程伴随着与重新评价有关的右侧额下回的激活，与疼痛不适、厌恶情绪唤醒有关的前脑岛（Anterior Insula，AI）的激活，以及与冲突信息（如 Stroop 任务中的色词和词色）监控有关的背侧前扣带回（dorsal Anterior Cingulate Cortex，dACC）的激活（Jarcho, Berkman, & Lieberman, 2011；Van Veen, Krug, Schooler, & Carter, 2009）。虽然此前有研究发现幼儿和动物也存在认知失调现象，说明失调可能无须涉及复杂的关涉自我的认知过程（Egan, Santos, & Bloom, 2007；Lydall, Gilmour, & Dwyer, 2010），但对人脑做的 fMRI 的结果显示，与自我相关的腹中侧前额叶皮质（Ventral Medial Prefrontal Cortex，MPFC）（Qin, Kimel, Kitayama, Wang, Yang, & Han, 2011；Kitayama, Chua, Tompson, & Han, 2013）和后扣带回（Posterior Cingulate Cortex，PCC）（Tompson, Chua, & Kitayama, 2016）确实参与到失调过程当中，为自我相关的失调理论提供了支持。还有研究显示，决策后产生的不适感觉可能与生理疼痛有神经过程上的重叠，而镇痛剂能够减轻失调引起的心理"疼痛"（DeWall, Chester, & White, 2015）。

（四）联结主义模型

继舒尔茨等（Shultz & Lepper , 1996, 1999；Shultz, Leveille, & Lepper, 1999）基于约束满足的运算原则构造了失调降低的计算机模拟程序之后，更多的联结主义模型发展起来以便更为精确地解释并模拟失调的神经过程和实验室结果，如将失调当作一个相对理性的学习过程的适应性归因模型（Van Overwalle & Jordan, 2002；Van Overwalle & Siebler, 2005）以及基于自我概念和注意力转换的联结主义模型（Matsumoto, 2014）等。

七 结语

经典的认知失调论以其涵括性和简洁性而著称。它一方面拥有一颗高度抽象且精简的内核，另一方面却拥有着相当模糊而宽泛的外延，这既是其诱人之处，也是其棘手之处。而后的发展则是在各方争议声中不断修正，使其陈述与经验证据相近，故事可谓跌宕起伏、精彩迭出，不仅时时呈现广度与精度之间的紧张（Aronson，1999：113），也充斥着理论的合成性与分析性（Berkowitz & Devine，1989）之间的拉锯、权衡与融合。受限于篇幅，我们无法一一呈现理论争辩中那些启人心智的闪光点，但认知失调的发展史无疑为科学在曲折纵深中赢得进步提供了一个绝佳的例证。

在方法上，认知失调不同于其他心理学领域的地方在于，由于其假设的特殊性，研究者们不得不发展出一种新的实验方法论，即设计复杂的程序在实验室里营造一个真实的世界来对被试施加影响，以求用更精准的方式来探索真正重要的问题。阿伦森将这种策略称为建构一种"实验室现实性"，指的是实验者必须精心建构并控制某种特定的实验室剧本或"戏剧"，使被试沉浸到一系列"真实"可信的事件或情节当中，而非仅仅被动地观看影片并做出评判，从而在某种程度上克服实验室环境的人为性，以提高研究的内外部效度（Aronson，Ellsworth，Carlsmith，& Gonzales，1990：70 – 77）。

这同时意味着理论具有极高的现实性。时至今日，它已然被广泛应用于对日常生活事件、政治事件的理解和心理治疗、行为治疗的实践当中。认知失调是关于制造理解的理论，它并不预设人是理性的动物，却预设人是一种不断进行理性化的动物（Aronson，1969）。在现实生活中，人们每天都会花费大量的时间和努力去降低时不时发生的失调、克服各种不适和疼痛。而未来尤为重要且有意义的工作将集中在失调的生理、心理、神经基础的进一步阐明，与社会认同论等的联合以及群体视角的进一步拓展之上。

参考文献

费斯汀格，1999，《认知失调理论》，郑全全译，浙江教育出版社。

豪格、阿布拉姆斯，2011，《社会认同过程》，高明华译，中国人民大学出版社。

特纳，2011，《自我归类论》，杨宜音等译，中国人民大学出版社。

左世江、黄旎雯、王芳、蔡攀，2016，《意义维持模型：理论发展与研究挑战》，《心理科学进展》第 1 期。

Aronson，E. 1961. "The Effect of Effort on the Attractiveness of Rewarded and Unrewarded

Stimuli." *Journal of Abnormal and Social Psychology*, 63（2）: 375 – 380.

Aronson, E. 1969. "The Theory of Cognitive Dissonance: A Current Perspective." *Advances in Experimental Social Psychology*, 4（C）: 1 – 34.

Aronson, E. 1992. "The Return of the Repressed: Dissonance Theory Makes a Comeback." *Psychological Inquiry*, 3（4）: 303 – 311.

Aronson, E. 1999. "Dissonance, Hypocrisy, and the Self-Concept." In Harmon-Jones, E. & Mills, J.（eds.）, "Cognitive Dissonance: Progress on a Pivotal Theory in Social Psychology." Washington, DC: American Psychological Association, pp. 105 – 126.

Aronson, E. & Carlsmith, J. M. 1962. "Performance Expectancy as a Determinant of Actual Performance." *Journal of Abnormal and Social Psychology*, 65（3）: 178 – 182.

Aronson, E. & Carlsmith, J. M. 1963. "Effect of the Severity of Threat on the Devaluation of Forbidden Behavior." *Journal of Abnormal and Social Psychology*, 66（6）: 584 – 588.

Aronson, E., Ellsworth, P. C., Carlsmith, J. M., & Gonzales, M. H. 1990. *Methods of Research in Social Psychology*. New York: McGraw-Hill.

Aronson, E., Fried, C. B., & Stone, J. 1991. "Overcoming Denial and Increasing the Intention to Use Condoms through the Induction of Hypocrisy." *American Journal of Public Health*, 81（12）: 1636 – 1638.

Aronson, E. & Mettee, D. R. 1968. "Dishonest Behavior as a Function of Differential Levels of Induced Self-Esteem." *Journal of Personality and Social Psychology*, 9（2）: 121 – 127.

Aronson, E. & Mills, J. 1959. "The Effect of Severity of Initiation on Liking for a Group." *Journal of Abnormal and Social Psychology*, 59（2）: 177 – 181.

Aronson, J., Blanton, H., & Cooper, J. 1995. "From Dissonance to Disidentification: Selectivity in the Self-Affirmation Process." *Journal of Personality and Social Psychology*, 68（6）: 986 – 996.

Aronson, J., Cohen, G., & Nail, P. R. 1999. "Self-affirmation Theory: An Update and Appraisal." In Harmon-Jones, E. & Mills, J.（eds.）, "Cognitive Dissonance: Progress on a Pivotal Theory in Social Psychology." Washington, DC: American Psychological Association, pp. 127 – 147.

Bem, D. J. 1972. "Self-perception Theory." *Advances in Experimental Social Psychology*, 6（C）: 1 – 62.

Berkowitz, L. & Devine, P. G. 1989. "Research Traditions, Analysis, and Synthesis in Social Psychological Theories: The Case of Dissonance Theory." *Personality and Social Psychology Bulletin*, 15（4）: 493 – 507.

Blackman, S., Keller, K., & Cooper, J. 2016. "Egocentrism and Vicarious Dissonance." *Journal of Experimental Social Psychology*, 62: 1 – 6.

Blanton, H., Cooper, J., Skurnik, I., & Aronson, J. 1997. "When Bad Things Happen to

Good Feedback: Exacerbating the Need for Self-Justification with Self-Affirmations. " *Personality and Social Psychology Bulletin*, 23 (7): 684 – 692.

Brehm, J. W. 1956. "Postdecision Changes in the Desirability of Alternatives. " *Journal of Abnormal and Social Psychology*, 52 (3): 384 – 389.

Brehm, J. W. & Cohen, R. 1962. *Explorations in Cognitive Dissonance*. John Wiley & Sons.

Brehm, J. W. & Jones, R. A. 1970. "The Effect on Dissonance of Surprise Consequences. " *Journal of Experimental Social Psychology*, 6 (4): 420 – 431.

Burris, C. , Harmon-Jones, E. , & Tarpley, W. 1997. " 'By Faith Alone': Religious Agitation and Cognitive Dissonance. " *Basic and Applied Social Psychology*, 19 (1): 17 – 31.

Carlsmith, J. M. , Collins, B. E. , & Helmreich, R. L. 1966. "Studies in Forced Compliance: The Effect of Pressure for Compliance on Attitude Change Produced by Face-To-Face Role Playing and Anonymous Essay Writing. " *Journal of Personality and Social Psychology*, 4 (1): 1 – 13.

Cialdini, R. B. , Trost, M. R. , & Newsom, J. T. 1995. "Preference for Consistency: The Development of a Valid Measure and the Discovery of Surprising Behavioral Implications. " *Journal of Personality and Social Psychology*, 69 (2): 318 – 328.

Collins, B. E. & Hoyt, M. F. 1972. "Personal Responsibility-for-Consequences: An Integration and Extension of the 'Forced Compliance' Literature. " *Journal of Experimental Social Psychology*, 8 (6): 558 – 593.

Cooper, J. 2007. *Cognitive Dissonance: Fifty Years of a Classic Theory*. Sage.

Cooper, J. 2012. "Cognitive Dissonance Theory. " In Van Lange, P. A. M. , A. W. Kruglanski, and E. T. Higgins (eds.), *Handbook of Theories of Social Psychology* (Vol. 1). Sage.

Cooper, J. 1992. "Dissonance and the Return of the Self-Concept. " *Psychological Inquiry*, 3 (4): 320 – 323.

Cooper, J. & Duncan, B. L. 1971. "Cognitive Dissonance as a Function of Self-Esteem and Logical Inconsistency. " *Journal of Personality*, 39 (2): 289 – 302.

Cooper, J. & Fazio, R. H. 1984. "A New Look at Dissonance Theory. " *Advances in Experimental Social Psychology*, 17 (C): 229 – 266.

Cooper, J. , Fazio, R. H. , & Rhodewalt, F. 1978. "Dissonance and Humor: Evidence for the Undifferentiated Nature of Dissonance Arousal. " *Journal of Personality and Social Psychology*, 36 (3): 280 – 285.

Cooper, J. & Goethals, G. R. 1974. "Unforeseen Events and the Elimination of Cognitive Dissonance. " *Journal of Personality and Social Psychology*, 29 (4): 441 – 445.

Cooper, J. & Hogg, M. A. 2007. "Feeling the Anguish of Others: A Theory of Vicarious Dissonance. " *Advances in Experimental Social Psychology*, 39 (6): 359 – 403.

Cooper, J. & Mackie, D. 1983. "Cognitive Dissonance in an Intergroup Context." *Journal of Personality and Social Psychology*, 44 （3）: 536 – 544.

Cooper, J. & Worchel, S. 1970. "Role of Undesired Consequences in Arousing Cognitive Dissonance." *Journal of Personality and Social Psychology*, 16 （2）: 199 – 206.

Cooper, J. , Zanna, M. P. , & Goethals, G. R. 1974. "Mistreatment of an Esteemed Other as a Consequence Affecting Dissonance Reduction." *Journal of Experimental Social Psychology*, 10 （3）: 224 – 233.

Cooper, J. , Zanna, M. P. , & Taves, P. A. 1978. "Arousal as a Necessary Condition for Attitude Change Following Forced Compliance." *Journal of Personality and Social Psychology*, 36: 1101 – 1106.

Croyle, R. T. & Cooper, J. 1983. "Dissonance Arousal: Physiological Evidence." *Journal of Personality and Social Psychology*, 45 （4）: 782 – 791.

Devine, P. G. , Tauer, J. M. , Barron, K. E. , Elliot, A. J. , & Vance, K. M. 1999. "Moving Beyond Attitude Change in the Study of Dissonance-Related Processes." In Harmon-Jones, E. & Mills, J. （eds. ）, "Cognitive Dissonance: Progress on a Pivotal Theory in Social Psychology." Washington, DC: American Psychological Association, pp. 297 – 323.

DeWall, C. , Chester, D. , & White, D. 2015. "Can Acetaminophen Reduce the Pain of Decision-Making?" *Journal of Experimental Social Psychology*, 56: 117 – 120.

Dickerson, C. A. , Thibodeau, R. , Aronson, E. , & Miller, D. 1992. "Using Cognitive Dissonance to Encourage Water Conservation." *Journal of Applied Social Psychology*, 22 （11）: 841 – 854.

Egan, L. C. , Santos, L. R. , & Bloom, P. 2007. "The Origins of Cognitive Dissonance: Evidence from Children and Monkeys." *Psychological Science*, 18 （11）: 978 – 983.

Elkin, R. A. & Leippe, M. R. 1986. "Physiological Arousal, Dissonance, and Attitude Change: Evidence for a Dissonance-Arousal Link and a 'Don't Remind Me' Effect." *Journal of Personality and Social Psychology*, 51 （1）: 55 – 65.

Elliot, A. J. & Devine, P. G. 1994. "On the Motivational Nature of Cognitive Dissonance: Dissonance as Psychological Discomfort." *Journal of Personality and Social Psychology*, 67 （3）: 382 – 394.

Fazio, R. H. , Zanna, M. P. , & Cooper, J. 1977. "Dissonance and Self-Perception: An Integrative View of Each Theory's Proper Domain of Application." *Journal of Experimental Social Psychology*, 13 （5）: 464 – 479.

Festinger, L. 1957. *A Theory of Cognitive Dissonance*. Stanford, CA: Stanford University Press.

Festinger, L. & Carlsmith, J. M. 1959. "Cognitive Consequences of Forced Compliance." *Journal of Abnormal and Social Psychology*, 58 （2）: 203 – 210.

Festinger, L. , Riecken, H. W. , & Schachter, S. 1956. *When Prophecy Fails: A Social Study of a Modern Group that Predicted the Destruction of the World.* Harper & Row.

Focella, E. S. , Stone, J. , Fernandez, N. C. , Cooper, J. , & Hogg, M. A. 2016. "Vicarious Hypocrisy: Bolstering Attitudes and Taking Action after Exposure to a Hypocritical Ingroup Member. " *Journal of Experimental Social Psychology*, 62: 89 - 102.

Freedman, J. L. 1963. "Attitudinal Effects of Inadequate Justification. " *Journal of Personality*, 31 (3): 371.

Freedman, J. L. 1965. "Long-Term Behavioral Effects of Cognitive Dissonance. " *Journal of Experimental Social Psychology*, 1 (2): 145 - 155.

Fried, C. B. & Aronson, E. 1995. "Hypocrisy, Misattribution, and Dissonance Reduction. " *Personality and Social Psychology Bulletin*, 21 (9): 925 - 933.

Gawronski, B. , Bodenhausen, G. V. , & Becker, A. P. 2007. "I Like It, Because I Like Myself: Associative Self-Anchoring and Post-Decisional Change of Implicit Evaluations. " *Journal of Experimental Social Psychology*, 43 (2): 221 - 232.

Gibbons, F. X. , Eggleston, T. J. , & Benthin, A. C. 1997. "Cognitive Reactions to Smoking Relapse: The Reciprocal Relation between Dissonance and Self-Esteem. " *Journal of Personality and Social Psychology*, 72 (1): 184 - 95.

Glass, D. C. 1964. "Changes in Liking as a Means of Reducing Cognitive Discrepancies between Self-Esteem and Aggression. " *Journal of Personality*, 32 (4): 531 - 549.

Goethals, G. R. & Cooper, J. 1972. "Role of Intention and Post Behavioral Consequence in the Arousal of Cognitive Dissonance. " *Journal of Personality and Social Psychology*, 23 (3): 293 - 301.

Goethals, G. R. & Cooper, J. 1975. "When Dissonance is Reduced: The Timing of Self-Justificatory Attitude Change. " *Journal of Personality and Social Psychology*, 32 (2): 361 - 367.

Goethals, G. R. , Cooper, J. , & Naficy, A. 1979. "Role of Foreseen, Foreseeable, and Unforeseeable Behavioral Consequences in the Arousal of Cognitive Dissonance. " *Journal of Personality and Social Psychology*, 37 (7): 1179 - 1185.

Gosling, P. , Denizeau, M. , & Oberlé, D. 2006. "Denial of Responsibility: A New Mode of Dissonance Reduction. " *Journal of Personality and Social Psychology*, 90 (5): 722 - 733.

Harmon-Jones, E. 2000. "Cognitive Dissonance and Experienced Negative Affect: Evidence that Dissonance Increase Experienced Negative Affect Even in the Absence of Aversive Consequences. " *Personality and Social Psychology Bulletin*, 26 (12): 1490 - 1501.

Harmon-Jones, E. 2004. "Contributions from Research on Anger and Cognitive Dissonance to Understanding the Motivational Functions of Asymmetrical Frontal Brain Activity. " *Biological Psychology*, 67: 51 - 76.

Harmon-Jones, E. , Amodio, D. M. , & Harmon-Jones, C. 2009. "Action-Based Model of Dissonance : A Review, Integration, and Expansion of Conceptions of Cognitive

Conflict. " *Advances in Experimental Social Psychology*, 41 （8）: 119 – 166.

Harmon-Jones, E. , Brehm, J. W. , Greenberg, J. , Simon, L. , & Nelson, D. E. 1996. " Evidence that the Production of Aversive Consequences is not Necessary to Create Cognitive Dissonance. " *Journal of Personality and Social Psychology*, 70 （1）: 5 – 16.

Harmon-Jones, E. , Gerdjikov, T. , & Harmon-Jones, C. 2008. " The Effect of Induced Compliance on Relative Left Frontal Cortical Activity: A Test of the Action-Based Model of Dissonance. " *European Journal of Social Psychology*, 38: 35 – 45.

Harmon-Jones, E. & Harmon-Jones, C. 2002. " Testing the Action-Based Model of Cognitive Dissonance: The Effect of Action-Orientation on Post-Decisional Attitudes. " *Personality and Social Psychology Bulletin*, 28: 711 – 723.

Harmon-Jones, E. , Harmon-Jones, C. , Fearn, M. , Sigelman, J. D. , & Johnson, P. 2008. " Action Orientation, Relative Left Frontal Cortical Activation, and Spreading of Alternatives: A Test of the Action-Based Model of Dissonance. " *Journal of Personality and Social Psychology*, 94: 1 – 15.

Harmon-Jones, E. , Harmon-Jones, C. , Serra, R. , & Gable, P. A. 2011. " The Effect of Commitment on Relative Left Frontal Cortical Activity: Tests of the Action-Based Model of Dissonance. " *Personality and Social Psychology Bulletin*, 37 （3）: 395 – 408.

Harmon-Jones, E. & Mills, J. （eds.） 1999. " Cognitive Dissonance: Progress on a Pivotal Theory in Social Psychology. " Washington, DC: American Psychological Association.

Harmon-Jones, E. , Price, T. F. , & Harmon-Jones, C. 2015. " Supine Body Posture Decreases Rationalizations: Testing the Action-Based Model of Dissonance. " *Journal of Experimental Social Psychology*, 56: 228 – 234.

Heine, S. J. & Lehman, D. R. 1997. " Culture, Dissonance, and Self-Affirmation. " *Personality and Social Psychology Bulletin*, 23 （4）: 389 – 400.

Heine, S. J. , Proulx, T. , & Vohs, K. D. 2006. " The Meaning Maintenance Model: On the Coherence of Social Motivations. " *Personality and Social Psychology Review*, 10 （2）: 88 – 110.

Helmreich, R. & Collins, B. E. 1968. " Studies in Forced Compliance: Commitment and Magnitude of Inducement to Comply as Determinants of Opinion Change. " *Journal of Personality and Social Psychology*, 10 （1）: 75 – 81.

Hoshino-Browne, E. , Zanna, A. S. , Spencer, S. J. , Zanna, M. P. , Kitayama, S. , & Lackenbauer, S. 2005. " On the Cultural Guises of Cognitive Dissonance: The Case of Easterners and Westerners. " *Journal of Personality and Social Psychology*, 89 （3）: 294 – 310.

Hoyt, M. F. , Henley, M. D. , & Collins, B. E. 1972. " Studies in Forced Compliance: Confluence of Choice and Consequence on Attitude Change. " *Journal of Personality and So-*

cial Psychology, 23 (2): 205 – 210.

Jarcho, J. M., Berkman, E. T., & Lieberman, M. D. 2011. "The Neural Basis of Rationalization: Cognitive Dissonance Reduction During Decision-Making. " *Social Cognitive and Affective Neuroscience*, 6 (4): 460 – 467.

Jordan, C. H., Spencer, S. J., Zanna, M. P., Hoshino-Browne, E., & Correll, J. 2003. "Secure and Defensive High Self-Esteem. " *Journal of Personality and Social Psychology*, 85 (5): 969 – 978.

Kimel, S. Y., Grossmann, I., & Kitayama, S. 2012. "When Gift-Giving Produces Dissonance: Effects of Subliminal Affiliation Priming on Choices for One's Self Versus Close Others. " *Journal of Experimental Social Psychology*, 48 (5): 1221 – 1224.

Kitayama, S., Chua, H. F., Tompson, S., & Han, S. 2013. "Neural Mechanisms of Dissonance: An fMRI Investigation of Choice Justification. " *Neuroimage*, 69: 206 – 212.

Kitayama, S., Snibbe, A. C., Markus, H. R., & Suzuki, T. 2004. "Is There Any 'Free' Choice? Self and Dissonance in Two Cultures. " *Psychological Science*, 15 (8): 527.

Kunda Z. 1990. "The Case for Motivated Reasoning. " *Psychological Bulletin*, 108 (3): 480 – 498.

Leippe, M. R. & Eisenstadt, D. 1999. "A Self-Accountability Model of Dissonance Reduction: Multiple Modes on a Continuum of Elaboration. " In Harmon-Jones, E. & Mills, J. (eds.), "Cognitive Dissonance: Progress on a Pivotal Theory in Social Psychology. " Washington, DC: American Psychological Association, 201 – 232.

Linder, D. E., Cooper, J., & Jones, E. E. 1967. "Decision Freedom as a Determinant of the Role of Incentive Magnitude in Attitude Change. " *Journal of Personality and Social Psychology*, 6 (3): 245 – 254.

Losch, M. E. & Cacioppo, J. T. 1990. "Cognitive Dissonance May Enhance Sympathetic Tonus, but Attitudes Are Changed to Reduce Negative Affect Rather than Arousal. " *Journal of Experimental Social Psychology*, 26 (4): 289 – 304.

Lydall, E. S., Gilmour, G., & Dwyer, D. M. 2010. "Rats Place Greater Value on Rewards Produced by High Effort: An Animal Analogue of the 'Effort Justification' Effect. " *Journal of Experimental Social Psychology*, 46 (6): 1134 – 1137.

Martinie, M. A., Olive, T., & Milland, L. 2010. "Cognitive Dissonance Induced by Writing a Counterattitudinal Essay Facilitates Performance on Simple Tasks but not on Complex Tasks that Involve Working Memory. " *Journal of Experimental Social Psychology*, 46 (4): 587 – 594.

Martinie, M. A., Olive, T., Milland, L., Joule, R. V., & Capa, R. L. 2013. "Evidence that Dissonance Arousal is Initially Undifferentiated and only Later Labeled as Negative. " *Journal of Experimental Social Psychology*, 49 (4): 767 – 770.

Matsumoto, T. 2014. "Connectionist Interpretation of the Association between Cognitive Dissonance and Attention Switching." *Neural Networks*, 60: 119 – 132.

McKimmie, B. M. 2015. "Cognitive Dissonance in Groups." *Social and Personality Psychology Compass*, 9 (4): 202 – 212.

McKimmie, B. M., Terry, D. J., & Hogg, M. A. 2009. "Dissonance Reduction in the Context of Group Membership: The Role of Metaconsistency." *Group Dynamics: Theory, Research, and Practice*, 13 (2): 103 – 119.

McKimmie, B. M., Terry, D. J., Hogg, M. A., Manstead, A. S. R., Spears, R., & Doosje, B. 2003. "I'm a Hypocrite, but so is Everyone Else: Group Support and the Reduction of Cognitive Dissonance." *Group Dynamics: Theory, Research, and Practice*, 7 (3): 214 – 224.

Monin, B., Norton, M. I., Cooper, J., & Hogg, M. A. 2004. "Reacting to an Assumed Situation vs. Conforming to an Assumed Reaction: The Role of Perceived Speaker Attitude in Vicarious Dissonance." *Group Processes & Intergroup Relations*, 7 (3): 207 – 220.

Nel, E., Helmreich, R., & Aronson, E. 1969. "Opinion Change in the Advocate as a Function of the Persuasibility of His Audience: A Clarification of the Meaning of Dissonance." *Journal of Personality and Social Psychology*, 12 (2): 117 – 124.

Newbyclark, I. R., Mcgregor, I., & Zanna, M. P. 2002. "Thinking and Caring about Cognitive Inconsistency: When and for Whom does Attitudinal Ambivalence Feel Uncomfortable?" *Journal of Personality and Social Psychology*, 82 (2): 157 – 166.

Norton, M. I., Monin, B., Cooper, J., & Hogg, M. A. 2003. "Vicarious Dissonance: Attitude Change from the Inconsistency of Others." *Journal of Personality and Social Psychology*, 85 (1): 47 – 62.

Pallak, M. S. & Pittman, T. S. 1972. "General Motivational Effects of Dissonance Arousal." *Journal of Personality and Social Psychology*, 21 (3): 349 – 358.

Proulx, T. & Inzlicht, M. 2012. "The Five 'A' s of Meaning Maintenance: Finding Meaning in the Theories of Sense-Making." *Psychological Inquiry*, 23 (4): 317 – 335.

Qin, J., Kimel, S., Kitayama, S., Wang, X., Yang, X., & Han, S. 2011. "How Choice Modifies Preference: Neural Correlates of Choice Justification." *Neuroimage*, 55 (1): 240 – 246.

Randles, D., Inzlicht, M., Proulx, T., Tullett, A. M., & Heine, S. J. 2015. "Is Dissonance Reduction a Special Case of Fluid Compensation? Evidence that Dissonant Cognitions Cause Compensatory Affirmation and Abstraction." *Journal of Personality and Social Psychology*, 108 (5): 697 – 710.

Rhodewalt, F. & Comer, R. 1979. "Induced-Compliance Attitude Change: Once More with Feeling." *Journal of Experimental Social Psychology*, 15 (1): 35 – 47.

Rosenberg, M. J. 1965. "When Dissonance Fails: On Eliminating Evaluation Apprehension from Attitude Measurement." *Journal of Personality and Social Psychology*, 1 (1): 28 –42.

Schachter, S. & Singer, J. E. 1962. "Cognitive, Social, and Physiological Determinants of Emotional State." *Psychological Review*, 69 (5): 379 – 399.

Scher, S. J. & Cooper, J. 1989. "Motivational Basis of Dissonance: The Singular Role of Behavioral Consequences." *Journal of Personality and Social Psychology*, 56 (6): 899 – 906.

Shultz, T. R. & Lepper, M. R. 1996. "Cognitive Dissonance Reduction as Constraint Satisfaction." *Psychological Review*, 103 (2): 219 – 240.

Shultz, T. R. & Lepper, M. R. 1999. "Computer Simulation of Cognitive Dissonance Reduction." In Harmon-Jones, E. & Mills, J. (eds.), "Cognitive Dissonance: Progress on a Pivotal Theory in Social Psychology." Washington, DC: American Psychological Association, pp. 235 – 265.

Shultz, T. R., Leveille, E., & Lepper, M. R. 1999. "Free Choice and Cognitive Dissonance Revisited: Choosing 'Lesser Evils' Versus 'Greater Goods'." *Personality and Social Psychology Bulletin*, 25 (1): 40 – 48.

Simon, L., Greenberg, J., & Brehm, J. 1995. "Trivialization: The Forgotten Mode of Dissonance Reduction." *Journal of Personality and Social Psychology*, 68 (2): 247 – 260.

Steele, C. M. 1988. "The Psychology of Self-Affirmation: Sustaining the Integrity of the Self." *Advances in Experimental Social Psychology*, 21: 261 – 302.

Steele, C. M. & Liu, T. J. 1983. "Dissonance Processes as Self-Affirmation." *Journal of Personality and Social Psychology*, 45 (1): 5 – 19.

Steele, C. M., Southwick, L. L., & Critchlow, B. 1981. "Dissonance and Alcohol: Drinking Your Troubles Away." *Journal of Personality and Social Psychology*, 41 (5): 831 – 846.

Steele, C. M. & Spencer, Steven J. 1992. "The Primacy of Self-Integrity." *Psychological Inquiry*, 3 (4): 345 – 346.

Steele, C. M., Spencer, S. J., & Lynch, M. 1993. "Self-Image Resilience and Dissonance: The Role of Affirmational Resources." *Journal of Personality and Social Psychology*, 64 (6): 885 – 896.

Stone, J. 1999. "What Exactly have I Done? The Role of Self-Attribute Accessibility in Dissonance." In Harmon-Jones, E. & Mills, J. (eds.), "Cognitive Dissonance: Progress on a Pivotal Theory in Social Psychology." Washington, DC: American Psychological Association, pp. 175 – 200.

Stone, J., Aronson, E., Crain, A. L., Winslow, M. P., & Fried, C. B. 1994. "Inducing Hypocrisy as a Means of Encouraging Young Adults to Use Condoms." *Personality and Social Psychology Bulletin*, 20 (1): 116 – 128.

Stone, J. & Cooper, J. 2001. "A Self-Standards Model of Cognitive Dissonance. " *Journal of Experimental Social Psychology*, 37 (3): 228 – 243.

Stone, J. & Cooper, J. 2003. "The Effect of Self-Attribute Relevance on How Self-Esteem Moderates Attitude Change in Dissonance Processes. " *Journal of Experimental Social Psychology*, 39 (5): 508 – 515.

Stone, J. , Wiegand, A. W. , Cooper, J. , & Aronson, E. 1997. "When Exemplification Fails: Hypocrisy and the Motive for Self-Integrity. " *Journal of Personality and Social Psychology*, 72 (1): 54 – 65.

Thibodeau, R. & Aronson, E. 1992. "Taking a Closer Look: Reasserting the Role of the Self-Concept in Dissonance Theory. " *Personality and Social Psychology Bulletin*, 18 (5): 591 – 602.

Tompson, S. , Chua, H. F. , & Kitayama, S. 2016. "Connectivity between MPFC and PCC Predicts Post-Choice Attitude Change: The Self-Referential Processing Hypothesis of Choice Justification. " *Human Brain Mapping*, 37 (11): 3810 – 3820.

Trope, Y. & Liberman, N. 2000. "Temporal Construal and Time-Dependent Changes in Preference. " *Journal of Personality and Social Psychology*, 79 (6): 876 – 889.

Trope, Y. & Liberman, N. 2010. "Construal-Level Theory of Psychological Distance. " *Psychological Review*, 117 (2): 440 – 463.

Van Overwalle, F. & Jordan, K. 2002. "An Adaptive Connectionist Model of Cognitive Dissonance. " *Personality and Social Psychology Review*, 6 (3): 204 – 231.

Van Overwalle, F. & Siebler, F. 2005. "A Connectionist Model of Attitude Formation and Change. " *Personality and Social Psychology Review*, 9 (3): 231 – 274.

Van Veen, V. , Krug, M. K. , Schooler, J. W. , & Carter, C. S. 2009. "Neural Activity Predicts Attitude Change in Cognitive Dissonance. " *Nature Neuroscience*, 12 (11): 1469 – 1474.

Wakslak, C. J. 2012. "The Experience of Cognitive Dissonance in Important and Trivial Domains: A Construal-Level Theory Approach. " *Journal of Experimental Social Psychology*, 48 (6): 1361 – 1364.

Waterman, C. K. & Katkin, E. S. 1967. "Energizing (Dynamogenic) Effect of Cognitive Dissonance on Task Performance. " *Journal of Personality and Social Psychology*, 6 (2): 126 – 131.

Zanna, M. P. & Cooper, J. 1974. "Dissonance and the Pill: An Attribution Approach to Studying the Arousal Properties of Dissonance. " *Journal of Personality and Social Psychology*, 29 (5): 703 – 709.

制度民族志的理论与实践

周玉婷

北京大学社会学系

摘　要：本文聚焦制度民族志的理论、方法论与实践，采取文献综述与操作运用并重的研究方法。文献研究部分，首先概述制度民族志涉及的核心概念，梳理研究步骤和资料的收集方法；随后，介绍美国校园性取向歧视的典型研究案例，描绘制度民族志研究的基本样态。在此基础上，运用制度民族志研究方法，探析中国社会基层社区中女性的职业发展问题，发现基层社区中的女性处于"人数多、权力少"的困境，最后，简要探讨制度民族志在中国的运用方向。

关键词：制度民族志　权力关系　社会不平等　女性主义　基层社区

一　引言

受 20 世纪 70 年代的北美女性运动启发，加拿大社会学家史密斯认为在强调客观的实证科学典范下，女性的立足点被基于男性经验而形成的专业话语筛选、排除，现有的学术知识生产方式复制了既有的性别不平衡的权力关系，导致传统社会学中无法呈现女性经验（Smith，1987）。因而她另辟蹊径，结合马克思主义的唯物论、常人方法学及女性主义研究独有的洞察力，创建了以生产出女性为主体、真正为女性服务的知识为目标的制度民族志（Institutional Ethnography），观察生活世界如何通过体制过程被塑造（Smith，1990b）。近年来，史密斯提出制度民族志作为另类社会学，关注女性、有色人种及其他被隔绝在知识生产之外的弱势者，将生活世界问题化，为这些权力边缘者发声，向其提供重新认识自己与世界的研究方法，生产有助于改变社会不平等关系的知识。

制度民族志被视为近年来批判研究中备受瞩目的一种研究路径（王增勇，2013），虽已出现近 30 年，但对国内学界而言仍是一门全新的、需要系统学习和讨论的理论和研究方法。

二 制度民族志的概念框架

（一）方法论

1. 研究的起点

史密斯（Smith，1990a）认为马克思分析的阶级压迫在 20 世纪产生了重大变化，压迫者不再是资本家，压迫形式也化身为文本所代表的客观知识。冰冷的文本成为组织决策的主要依据，执行者处于制度体系中难以窥见利益主体的整体面貌。

当生活经验进入制度后，明确主题和事件发生逻辑的、使用通俗语言的生活经验的主述叙事（Primary Narrative）逐渐被经由制度加工的意识形态叙事（Ideological Narrative）取代，统治关系下沉渗透到日常生活中。在经验制度化的过程中，主体将会产生断裂经验，感到自己被误解，却因自身裹挟在文本的转化过程，无法明晰经验与话语的冲突，因此多不具备解读社会权力关系的知识，找不到合适的语言为自己辩护，进而感到愤怒、挫折与委屈（王增勇，2013：299）。史密斯相信，经验的断裂或认知的冲突是权力运作的痕迹，也是反抗与改变的契机（参见杨幸真，2007）。她使用"问题域"一词来引导人们注意可能存在问题的领域，发现那些生活世界的组织方式中暗含的、尚未被明确阐述的问题。

2. 研究的展开与层次

制度民族志是一种重新引导人们看待与了解所处日常生活的社会学研究路径。史密斯（Smith，2005）强调研究必从研究者自身的兴趣或其所处的独特位置出发，无须提前确定研究地点、信息提供者、要分析的文本或访谈提纲，对日常生活经验所产生的疑问就是研究的起点。与制度内部的个体进行充分的接触，熟知经验真实，研究者即可寻求到问题的突破点。

研究问题围绕被研究者的经验如何被制度建构展开，集中于统治操作、文本论述及客观化知识形式上（王增勇，2013）。在研究过程中，研究者必须始终抱有一个指导性的问题："什么资料能告诉我这个场景或事件是如何像它发生的那样发生的？"（谢妮，2009）研究在一般民族志田野工作的基础上引入了组织分析、文本分析及权力话语分析等方法。作为以改变不平等社会关系为目的的批判研究，制度民族志选定的立足点往往是权力关系中被压迫、客观知识中被排除的弱势者。从弱势者的遭遇出发，重视处于不同位置的受访者的经历，以个体缩减的生活综合勾勒社会制度的不同组织方面。

研究分为两个层次：一是日常资料分析，寻找"进入层次的数据"，为被压迫者发声。由于处于不同位置的个体制度化程度存在差异，导致彼此在互动中会产生认知冲突和断裂经验。研究者通过观察或访谈就其做田野笔记，确认断裂经验的产生和发展。二是制度层面的分析，寻找"第二层次的数据"，超越发声。研究者进入更多的情境中，在个体生活之外利用访谈、文本分析或参与观察的方法，拼凑经验背后的工作流程，进而确认影响或形塑这一断裂的某个制度过程（Smith，2005）。当研究者所发展的解释足以勾勒出一个完整的社会制度体系时，即研究分析饱和时，制度民族志将揭露个人经验背后的结构性制度，诠释背后的意识形态如何强化或复制既有的外部社会关系，实现对社会权力关系如何形塑日常生活经验的批判性诠释（王增勇，2013：309）。

3. 研究的目的

制度民族志的目的有二：一是生产统治关系的地图，即勾勒个体以何种方式参与到制度的复合体中，帮助人们发现"日常生活中的意识形态"。个体所获得的知识将帮助其他处于相同处境中的人看懂自己所处的权力关系，发现客观化知识运作背后的利益主体，促进民众意识觉醒的解放行动。二是建立发现统治关系的知识和方法。尽管不同制度情境下的研究无法直接拼凑成完整的制度逻辑，但制度民族志并非纯粹的个案研究，而是在整体社会关系的大框架中展开；研究的扩展也并非寻找不同对象经验的共通性，而是分析不同情境的人如何经历共同的制度过程。由特殊到共同，研究者能够综合处于不同位置的被研究者的认知，以反身性原则分析统治关系的生产与运作方式（Smith，1987，1990a，1990b）。

（二）核心概念

1. 制度与权力的关系

主流社会学通常由权威理论主导，预设一个存在于讨论对象之外的"知者"，因此行动者和行动本身在分析过程中被物化（Smith，1987）。史密斯（Smith，2006）通过分析制度和专业话语如何排除日常世界中生活和行动的人的观点，批评了传统社会学在统治过程中的作用。她认为，传统社会学认识世界的标准方法是在社会主导制度的框架内运作的。综合来说，管理层、专家、政府、媒体和学院都是扩大的社会关系的复合体，它们在组织、协调和规范当代社会的事务的过程中，实现了对知识的"统治"（Smith，1987，1990a）。这些合法化谎言"为人们的社会实践提供了道德上和知识上的正当性的一些价值观、态度、信念、因果归因和意识形态，无论这些社会实践是提高、维持还是降低社会群体之间的社会不平等水平"（斯达纽斯、普拉图，2011：118）。

制度民族志中的"制度"并非静态的法律、风俗、传统，抑或学校、医院等专业机构，而是"一种为了某种特定功能（如教育、医疗、福利）而建构的权力关系"（Smith，1987：160）。史密斯（Smith，2002）认为，语言、概念、思考存在于发生在某个特定时间点、特定地域的人类活动中，由人们具身性地显现在社会中。通过对人们在社会不同层次、不同位置、带着不同观点所进行的活动的观察，我们可以发现制度关系贯穿于社会活动的多个场域，建构成特定形式的意识形态，如专门科学、技术和文化话语，凌驾于个人观点之上，协调、制约人们的经验与活动（Smith，1990b）。

史密斯（Smith，2002）提出，可以将制度想象成统治关系中的联结点，将多元面向的行动整合到具有特定功能的复合体中。将教育作为制度，指的就是以教育为名而流动的权力关系，不仅包括教师和学生，还需向下追溯父母的教育责任，向上追溯学校行政、地方和中央的教育局等机构，向外扩展到社区、工作单位、大众传媒等多个场域。现代社会的制度体系过于庞杂，难以对所有的制度进行完整的研究。制度民族志的目标就在于通过探究一个具体的制度复合体的特定角落或部分，通过表现其与其他场域、行动过程的联结，发现生活世界是如何拼凑而成的（Campbell and Gregor，2002）。

2. 工作与工作知识

制度民族志重视被研究者的主体性，将焦点放在人们生活中所发生的事情和行动上，追溯这些活动的过程和结果，以此具象化地呈现约束其行为的权力关系的组织过程。

研究者要从人们在工作场景中的实际经验、言谈或书写中学习。受20世纪下半叶女性主义者要求 "有偿家务" 的启发，制度民族志对于 "工作" 的定义十分宽松，不限于有薪工作或正在做的事情，还延伸到所有需要花费时间和心力进行的活动、决心要做的事情、在特定条件下无论用什么手段和工具都要从事的事情，以及他们不得不考虑的事情（Smith，2005）。制度民族志提醒研究者将人类存在的需求具身化，要看见人们喂饱自己、相互关心、依赖、养育下一代这些照顾性工作（Devault，2008）。关注人们的 "工作知识"，包括两层含义：一是人们的工作经验，即他们做什么？如何做？他们想什么？感觉如何？二是个体工作与他人之间含蓄或直接的协作。

制度民族志的初步探索源于史密斯本人作为单身母亲的工作经验。她既是一名大学教师，也是一名需要抚养两个小孩的单身母亲，她发现自己在家里的工作情境是具身性的，有烹饪、做家务、带小孩等充满人际关系的任务；而在大学的工作情境和学术知识倾向于将主体去在地化、去具身化，以文本的世界取代日常生活的实际经验（Smith，2005）。从家庭与学校的差异出发，史密斯（Smith，1987）对 "单亲家庭是缺陷家庭" 的社会认知进行了探究。她发现母职在一定程度上配合着学校的制度实践：学校因教学人员人力不足等原因无法对学生进行辅助教育，通过统治关系将课业辅导的责任转移至母亲身上，以保证多数儿童能够参与到程式化的教学当中。由此延伸探究不同阶级的家庭中母职配合教育制度统治的程度，发现教育体制的要求预设了北美中产阶级核心家庭的分工模式，揭露出教育体制如何进行阶级再生产的社会不正义性。

制度民族志对于工作知识的研究并非停留在抽取日常生活的特点，而是由此切入，着眼于制度体系中人为建构的实在和常人经验的真实之间的落差（张丽珍等，2017），回到真实的社会活动和工作流程中，观察不同人的经验如何串联、协调，试图掌握统治关系在日常生活中的展现样貌及被研究者如何理解他所处的世界（McCoy and Devault，2006），进而超越个人经验展开对制度的宏观分析，探索在地行为与跨地权力的历时性组织关系，发现日常行为及其延伸出的行动序列中的定位（Smith，2005）。

3. 文本与统治

"社会中就权力信念所达成的共识能够协调人们的行为，使社会实践富有意义，为人们提供心理安全感，并为评价人们的行为或社会中的潜在变化提供某种标准。"（斯达纽斯、普拉图，2011：119）

文本正是这种共识进入日常生活的重要媒介。史密斯（Smith，2005：225）将文本定义为"一种能将所写的、所画的内容加以复制的物质形式"，不仅意味着工作内容的制度规定，还抽象地指涉协调个体行动的因素，如计划、角色、决策，甚至是一间办公室（Campbell and Gregor，2002）。由于其可复制性、可标准化的工作活动和流程的特点，文本不仅能规定行动主体及其所处的社会关系，还能够协调与联结人们在不同时间、地点所从事的行动。以文本为基础，许多行动个体在职场外的日常生活本身也必须配合进行非正式协作，以实现跨地、超地域的统治（Smith，2005）。

在现代社会组织中，文本协调与联结不同地点的人，亦参与制度文本的生产和使用，获得循环交流的概念框架（谢妮，2009），文本并非"被填写"，而是"主动地协调人们的活动"（Smith，2006）。文本的作用在人们开始使用时被激发。在阅读或书写文本时，人们会不自觉地从在地经验中抽离出来，进入文本所设定的制度思维，进入去脉络化与去情境化的过程。文本凭借"真实性"和"主动性"，使人们在思维的客观化过程中很少对自我经历感到怀疑，其对客观化知识的应用如新陈代谢一般自然，在不知不觉中接纳片断经验建构的"真实"。制度管理更为方便，既有的不平等的社会关系也得以强化。

文本具有双层性的整合力量：第一层关系是协调行动序列中不同位置的人的行动，使之成为一个有关联的行动整体；第二层关系是使管理者得以监督并规范下属照章办事（Smith，2006）。因而，文本间形成互文的阶层关系，即某些文本比其他文本更具规范性。在组织管理过程中，不同层级的文本对制度的形成与执行产生的效力存在差异，高层的文本对直接进入在地情境的工作文本进行规范和标准化（Smith，2006）。工作流程的规定，本质上将人们的行为转化为一个文本的层级处理、阅读和传递的过程。文本间形成互文圈（见图1），即文本阶层间形成有特征的循环：从规范性文本被启动，就会出现工作是否适应该文本框架的问题；在生产从属文本的工作完成后，要检测其是否完成规范性文本所赋予的功能，成为一个可读的文本。文本阶层的循环对于现代统治关系的组织不可或缺，它们被发展成问责制技术，成为一种以经济控制人文服务工作的模糊性的方法（Smith，2006）。

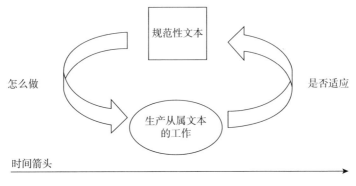

图1　互文圈
资料来源：Smith，2006：85。

三　制度民族志的典范研究

（一）资料收集与分析

在制度民族志研究中，研究者一般有两种身份：组织中的活动者或活动者的合作者（McCoy and Devault，2006）。研究者从特定情境出发，深入人们的日常生活和工作中，通过访谈、焦点小组访谈、参与观察、文本分析及自身经验的反省等方法收集活动的资料、听取人们关于活动的叙述，关注生活的实在如何与制度关系相联结。其中最主要的资料收集方法是无结构访谈、文本分析和参与观察。

1. 无结构访谈

制度民族志的访谈翻转结构式访谈中研究者与受访者不平等的权力关系，代之以广泛概念上的交流，是研究者与受访者"共同探索"的过程。对话过程同时关注两个层面：（1）人们做了什么？（如：正在做什么？为什么要这么做？做的时候要注意什么？做完之后文件送去哪里？）（2）这些行动背后伴随着什么过程？（Smith，2002）

日常的话语常被制度话语建构，因而受访者对于"工作"的理解往往是狭隘的，如询问教师的工作时，他们可能不自觉地以概括性的话语回答"备课""上课""改作业"。当研究者探究他/她实际所做的事情时，会发现在明面上的工作之外还存在一些看不见的工作或情绪劳动（林昱瑄，2012）。因此访谈中要掌握技巧：（1）要避免抽象化的说法，不必坚持特定名称，如可以邀请受访者从一天的生活过程来讲述每个时间点的活动（王增勇，2013），再根据其讲述的内容提出问题。（2）在交谈过程中，人们一般会省略被视为"常识"的细节，导致部分日常话语被掩盖在制度话语背后。研究者要向受访者说明具体细节的价值和重要性，引导其提供活动细节的描述，使受访者充分表达自己，从而形成活动的完整关系链。（3）由于研究者与受访者所处的制度环境不同，工作知识也存在差异，因此在产生疑问时，研究者需要进行持续复述，针对自己有困惑的地方提出问题，明确每个细节，保证工作流程能够被具体描述和理解（Smith，2005）。

通过与不同位置的个体的对话、工作知识的收集，研究者有机会学习到延伸的社会关系链中的多个面向。多次访谈的知识相连，透过一次次的质疑和确认，研究者追溯个人在不同制度复合活动中、不同位置工作时的联结点，从而逐渐拼凑出组织和制度的轮廓（McCoy and Devault，2006）。

2. 文本分析

作为意识形态的结晶，文本包含为制度所认可的思维和想法。制度民族志中的文本分析，并不针对文本的内部结构，而是文本在真实情境中对社会关系产生的作用，以此再现社会关系对在地行为的统治/形塑。在文本分析中，研究者要始终带着"权力"的视角，考虑：谁的经验被排除？谁的经验被看见？文本的背后反映的是谁的观点？这样的过程，谁获利？谁付出代价？（王增勇，2013：312）

组织中的文本，包括记录、表格、公文等，是分析制度话语的重点。文本以两种方式存在于工作流程之中：一是在真实的场域中被书写；二是文本的复制品在不同的时间、场域中被阅读、启动，构成跨地的统治关系（Smith，2005）。因而制度民族志中涉及的文本分析分为两类：（1）受访者在访谈中提及的文本，如其在工作中被要求填写的表格、工作记录等文本实践，通过文本的填写、阅读和使用等内容了解文本如何被启动；（2）针对标准化的、引导工作流程规范化的文本，如指导表格填写的工作手册、受访者工作的赏罚规定等政策文件，追溯这类文本的创造或生产，在更宏大的层面进行分析，检视其中的制度话语如何进入日常生活中（McCoy and Devault，2006）。

一般而言，文本实践的访谈会探究以下五个方面（McCoy and Devault，2006：36 – 37）：

（1）文本如何到达受访者手中？当受访者完成后，文本将去哪里？

（2）受访者需要知道什么才能使用（创造、回应、填写等）文本？

（3）受访者如何处理文本所提到的事情？

（4）文本如何与其他文本交织，依靠其他文本和文本过程形成信息的来源、概念框架的生产者、合法化的文本等？

（5）组织文本的概念框架及其解读文本的能力。

3. 参与观察

当研究者需要对一个未曾接触过的机构展开研究时，大量的观察工作将为其了解"什么正在发生"提供极大帮助（Campbell and Gregor，2002）。研究者在进入田野时，需要根据自己寻求的问题进行工作流程的观察，探索规范机构的制度关系，为之后展开访谈减少文化冲击。

在辅助观察之外，参与观察也是一种重要的研究方法。运用这种方法的情境是研究者在制度中多处于底层、服从地位，压迫感为研究者提供了深入观察的可能。首先，研究者自身作为制度中的工作者，对工作知识十分熟悉，因此能通过记录和反省自身的经验来达到观察和理解制度关系的目的。其次，研究者处于制度的互文圈中，可以从局内人的角度直接进入文本被启动的过程，在制度话语的影响下成为文本的代理人，参与到那些弥漫在他们进进出出的工作情境的制度关系中（Diamond，2006）。与访谈相比，参与观察有着独特的优势。研究者直接参与到工作中，与人们形成具身的合作协调，对工作拥有同等的认识基础，因此收集到的资料没有经历"讲述者－研究者"定义的重构，更加真实地反映了田野的状况，而且能够实时记录活动，包括明确的时间、地点和身体行为等要素，能更生动地呈现断裂的形成，在行动中探寻背后的社会权力关系（Diamond，2006）。

在制度民族志研究中，经验真实与文本真实的呈现并非经由单一的研究方法即可实现。研究者通过访谈进入受访者的工作中，了解不同位置的工作知识；依靠文本追溯工作流程、勾勒制度中的权力关系。在访谈与文本之外，参与观察为研究者创造了更为直接的、理解权力关系的行动途径。

（二）研究实例：G. W. 史密斯的校园"fag[①]"污名现象调查

G. W. 史密斯[②]（Smith，1998）基于个人的教育经历，对男同性恋在学校中的污名化问题展开研究。以"fag"这一污名化称呼的生成为切入点，考察针对男同性恋的口头暴力、文本暴力和身体暴力如何组织，进而探讨父权制关系如何影响和促进"fag"观念的发展，揭露学校教育制度中的异性恋主义和同性恋恐惧症逻辑。

G. W. 史密斯通过社区组织招募访谈对象。访谈被反思性地设计为两个同性恋者（G. W. 史密斯和受访者）关于男同性恋学生[③]的校园经历的对话。为了减轻学生进入情境的压力，G. W. 史密斯将自己定位成一个离开学校近30年，急于了解学校如何对待男同学生的人；向受访者保证研究对象是学校而非学生；让学生相信自己比 G. W. 史密斯更了解学校的情况，G. W. 史密斯是来向他学习的。以上做法使得研究做到以同性恋学生的角度来看学校。

在访谈过程中，G. W. 史密斯发现大部分受访者在高中时没有出柜，目前已经完成高中学业进入大学学习；而出柜学生则在高中阶段遭遇了恐同暴力，多数在高中就被迫退学。以高中阶段是否出柜与学业发展状况的关系为突破口，G. W. 史密斯对"fag"污名现象背后的社会关系展开分析。第一，校内特定的针对男同学生的社会组织（如聚集起来识别"fag"的群体），实际上嵌入在更广阔的性别组织中。校内语言与性别关系的递归，使得研究从微观层面抵达宏观层面。第二，针对男同学生的言论攻击（如"fag""faggot"）生成了父权制与异性恋的霸权，基于霸权则产生了识别、孤立、骚扰、殴打男同学生的观念，观念在生活中转化为实践意识，得到生产与再生产。

首先，G. W. 史密斯指出"fag"污名的生成是由话语介导的。学生们按照同性恋的模式表现对"fag"进行识别，如对异性不感兴趣、对运动不感兴趣、在男厕所周围闲逛等性别边界模糊的行为，检查他人是不是同性恋。他们还会通过口头语言和涂鸦两种话语组织"钓同性恋"（Fag-Baiting）活动，这类活动依赖父权制社会性别关系这一集体权威存

---

① 美式英语中对同性恋者的俚语称呼，类似"娘炮"，具有贬义色彩和攻击性。

② 该研究由 G. W. 史密斯主导完成，为避免与 D. E. 史密斯重复，下文称其为 G. W. 史密斯。

③ 下简称"男同学生"。

在，产生较好的反同效果。

其次，G. W. 史密斯就"fag"污名现象与同性恋者自我认同的关系进行探讨。根据马克思关于语言作为实践意识的理论，"fag"观念并不停留在语言层面，而是渗入当地情境的实践协调中。它强化了异性恋男性的规则和学校内部的父权制关系，而试图推翻这种关系的行动反而会造成"fag"观念的强化。男同学生正是在被骚扰排斥、做出反抗/回应的过程中，逐渐发现自己的同性恋身份，看见自己被排斥、边缘化，而最终成为他人。

最后，G. W. 史密斯揭露了"fag"污名现象背后学校和社会的性别逻辑。异性恋才能成为学生群体中受欢迎的人，这种舆论压力使男同学生们无法公开地展示真实的自己，避免与已经出柜的男同学生接触，因而同性恋群体及同性恋友谊建立的可能性微乎其微。学校的权威，如教师、辅导员和校长都对"fag"观念的实践提供了无声的支持甚至赞成，并没有在公共空间支持男同学生或挑战异性恋霸权。

这份关于校园恐同问题的制度民族志报告立足于同性恋者的位置，记录了美国在公开宣布同性恋非病化后学校内的同性恋歧视现象。G. W. 史密斯的研究向我们揭示了，"fag"观念的产生并非学生群体的独立行为，它还与学校在挑战异性恋霸权中的不作为、社会性别关系的固化有着紧密联系。"fag"观念的实践从未受到学校官方的惩罚或公开谴责，这种无限度的容忍将同性恋学生置于被孤立、排斥的境地，最终导致学校成为他们眼中的"地狱"。没有出柜的学生在恐惧和孤独中分辨自己的性取向，已经出柜的学生则遭受"fag"观念带来的言论攻击、社会排斥和骚扰，最终走向绝对的孤立——辍学。学校作为异性恋霸权所执行的残酷行为的共谋，必须为男同学生所经受的肆意伤害和学习障碍负责。

四　将制度民族志带入中国实践

制度民族志关注社会组织中的弱势者，以其日常生活体验为问题起点，基于工作的微观描述勾勒背后的权力统治关系。近年来，国外与中国台湾地区运用制度民族志的学者逐渐增加，以性别不平等、弱势群体、底层工作者等为主题的研究层出不穷，成为社会反省和批判的重要思想根源。目前，制度民族志研究对于中国大陆地区的研究者来说还是十分陌生的。本研究聚焦于基层社区的女性工作人员，立足于其工作经验，探查基层社区中的工作如何组织和协调，进而尝试探索基层女性晋升难背后的社会权力逻辑。由于对制度民族志的理解和掌握有限，且没有本土实地研究作为参考，因此本文对于制度民族志研究的运用还停留在基础层面，仅能作为基层工作矛盾研究的初步探索，全面勾勒基层自治背后的权力地图需要持续、深入的研究。

（一）研究设计

研究场域是四川省成都市 G 社区居委会，其在社区党委会的指导下承担具体的事务执行工作。社区居委会承主管公共事务和公益事务的基层群众自治制度，在实际运行中却逐渐呈现"行政化"的趋势。

本研究采用观察、访谈的资料收集方法，进行了为期 10 天的观察，选取 G 社区的工作人员 10 名，分别展开 2~3 小时的访谈。在获得知情同意后对社区的日常工作进行初步观察，发现 G 社区的基层工作人员大部分为女性，她们在工作中花费大量时间和心力，业务能力也得到一致赞赏，但是难以得到晋升的机会，社区的领导职务多由男性担任，女性工作人员处于"费力不讨好"的尴尬境地。随后，笔者以直接为居民提供服务的女性工作人员为主要访谈对象，并沿着工作流程与社区党委书记、主任进行访谈，了解不同岗位的工作内容；在访谈过程中，对受访者提及的文件进行记录，理解社区的工作流程和协调的规范化。本研究拟将立足于社区女性工作人员的视角，以其"费力不讨好"的断裂经验为切入点，叙述基层自治中的工作流程和协调方式，试图探讨女性职业发展矛盾背后的社会权力关系。

（二）资料分析：多数的性别，少数的权力

随着 20 世纪女性运动的发展，人们逐渐开始接受"男女平等"的性别观念，但对于女性能力的否定和歧视并未完全消失，男性因"先赋的统治群体成员的资格而拥有社会权力、声望及特权"（斯达纽斯、普拉图，2011：37）。有权力的男人是天生的领导者，有权力的女人则是反常现象。在权力机构中，即便女性所受的教育越来越高且表现不俗，但仍由男性占据高层主管地位，女性获得权力的机会明显少于男性（郭夏娟，2013）。

当前我国社区工作人员的产生有两条途径。一是选举，适用于社区党委会/居委会委员的产生。社区执行三年一选的选举政策，社区居民及

其他社区有志于参选的居民均可以报名参加社区选举。政策要求社区党委会/居委会中至少有一名女性成员，负责妇女工作。二是民政协理，政府向社会组织购买服务，民政协理员与政府签订为期一年的服务协议后，被分配到社区的公益性岗位上辅助居委会工作。

同样，G 社区的工作人员也由居委会委员（6 人）和民政协理员（14 人）构成，其中 14 名为女性，分布在便民服务大厅和民政、妇联、计划生育部门。社区党委书记和居委会主任均为男性，社区居委会的 6 名委员中仅有 2 名女性。女性虽然是社区工作中的主力军，却在权力分配中处于低位。

1. 有偏的性别环境

（1）街居制的遗产

中华人民共和国成立后，我国在城市基层社会建立起以"单位制"为主、"街居制"为辅的社会管理体制，从而实现对城市全体社会成员的控制和整合（何海兵，2003）。随着经济转轨和社会转型，单位管理模式趋于失效，国家着力建设"小于街道、大于居委会"的社区自治组织，作为城市居民管理服务的新形式。

G 社区居委会自成立以来就明显表现出已婚女性主导的性别结构特点：

> 以前在农村也没说出来干活啥的，就留在家里做活路、带孩子，村里的村民有些事情就我们女的来协调。（F8，便民服务大厅工作人员）

> 我是第一届就开始做社区工作了，从单位出来，一做就是十几年。当时我们社区就全部都是女的，只有书记是男的。（F1，居委会委员）

伴随居委会职能的丰富和制度化的提高，居委会形成了在全社区范围内的选举制度。由于女性为主的性别模式早已形成，僵化的性别期待将社区服务限制为女性工作，很少有男性愿意加入社区居委会。历史的惯性使得 G 社区的工作人员结构依旧以已婚女性为主。

> 我们社区历来就是女同志多，你看之前那个管计划生育的，一

做就是 30 年，做到退休，基本上没有谁中途说不干的，所以好多年一直都是同一批人在做事。（F2，民政协理员）

（2）两性经济压力

社区居委会职能的行政化，促使"民政协理员"这一职务出现。应聘 G 社区民政协理员的，几乎全是未婚女性。她们选择这份工作的原因表现出极大的共性，即认为工作较为清闲，压力小；而在是否坚持这份工作的选择上，她们也多表示会考虑其他工作，将目前的工作视为缓冲或过渡。

> 我也不是主动要来这里上班的。我毕业之后本来打算去公司上班，但是实习期过了他们就不要人了，我只好回来。之前准备考教师资格证，当个小学老师，但是又没考过。我爸就说可以先到这边当民政协理员，事情比较少，方便我复习，有一两年基层工作经验，到时候再去当老师也没有什么影响。（F5，民政协理员）

> 选这个呢，还是考虑到比较清闲，我们办公室这么多新人，其实都没多少事做，就是每天在这儿看看领导有没有安排，有安排的话就跟着出去跑跑腿，帮忙拍个照什么的。（F3，民政协理员）

> 我本科专业不太好就业，之前也没找到什么好工作。看着在招民政协理员我就报名了。虽然工资少，但是节假日还是多，也基本不用加班。一个月有 2000 元也够我生活了，毕竟我又不用买车、买房。（问：会一直做下去吗？）可能会，我现在才做了一年，也不清楚能不能做长久，走一步算一步。（F2，民政协理员）

可以发现，民政协理员的工作有两个特点：（1）工作时间短，社区居委会采用"朝九晚五"的上班时间，法定节假日按照国家规定放假，休憩时间充足；（2）工资水平低，民政协理员的工资为当地最低工资标准的 1.5 倍，几乎没有上升空间，与其他行业相比收入没有竞争力。因此尽管工作较为清闲，她们在相当程度上并不打算在这个岗位持续、长久地做下去。

正式工作人员同样表现出对社区工作工资水平低的认同：

那时候刚改制，一个月200元，2005年每个月有400元，2007年每个月有600元，你说这么点钱能干啥子嘛。后来稍微好点，2008年每个月有1200元，每年递增10%，但是这个肯定按家庭开支算是没办法的啊，入不敷出。（F1，居委会委员）

哪有小伙子愿意来干这个活呢？一个月就能挣2000元出头，根本没法支撑家庭生活。女的就不一样了，因为你还要照顾家庭，所以不用挣太多钱也可以。（M3，居委会主任）

但与居委会民政协理员对工作的消极态度不同，社区居委会的正式成员更倾向于留在居委会中，一直工作到退休为止。

我们单位当时本来是要去海南分公司的，但是那时候我两个孩子刚开始上小学，我爸妈也都还在工作，我这儿走了就没人管他们了，所以我就还是留下来了，陪着父母和孩子。其实如果我当年没有离开单位，现在说不定有七八千的工资了，哪像现在才两千多一点。不过做了这么多年还是习惯了，人这一辈子，也没法倒转回去，日子都要过。（F1，居委会委员）

做了这么多年了，也习惯了这儿的工作环境。虽然说钱拿得少，但是不像有些工作需要天天到处去跑，风吹日晒的，我们这儿工作环境还是算比较好的。而且我的学历也一般，现在的就业形势不好，出去也不一定能找到什么好工作。（F4，居委会委员）

不怎么想换工作。虽然说我的工资比较少，但是我跟我老公两个人加起来每个月还是能挣些钱的，我挣的拿来当生活费就差不多了，他的就存起来。而且还要照顾孩子，他爸爸工作都已经那么忙了，你说我也出去找个挣钱多的工作，那肯定花在工作上的时间就更多了，孩子放学回去家里都没人煮饭，怎么办嘛。就很难说照顾到孩子。（F8，便民服务大厅工作人员）

两种截然不同的工作认知，可从两个角度进行分析。

（1）未婚女性和已婚女性面对的社会期望不同。未婚女性仍生活在原生家庭中，经济压力较小，因而选择收入较低的工作也不会影响家庭本身的生活水平；此外，被视为社会新人的她们可以进行多种尝试，选择适合自己的职业，因而职业流动性很强。处于婚姻关系中的已婚女性面临的不仅是自身的生活，还需要处理对父母、配偶及子女的多种义务。她不再是一个"自由人"，各方的社会期望促使她选择一个稳定且能保证承担家庭责任的工作。此外，对工作的收入要求较低，因为在家庭中承担主要经济压力的是男方，而后者也被允许在家庭生活中投入更少的精力。

（2）民政协理员和居委会委员的职业发展潜力不同。尽管在基层工作中承担相同任务，但民政协理员和居委会委员实际上是两种完全不同的职业。民政协理员是一年签一次合同的"临时工"，虽然工作时间固定，但并不是"铁饭碗"，工资低且几乎不存在增长空间，因而民政协理员可以说是一份收入低且不稳定的工作。而居委会委员的选拔方式则是三年一届，只要委员不主动/被动弃选，连任的可能性极高，工作状况非常稳定；居委会委员的补贴按照每年10%的比例增加，形成促使居委会委员留在岗位上的动力。

2. 劳力与劳心

（1）劳力的政务

近年来，各级党委和政府积极推动行政管理和公共事务事项向社区的延伸，在东南沿海地区甚至试验去掉街道一级，形成区县与社区直接对接的局面。这一方面提高了政府服务的可及性，方便了群众的生活；另一方面也造成了大量原本应由政府负责的事务落到了社区头上，致使基层社区不堪重负。根据 G 社区公告栏中的居委会委员及其分工显示，社区工作涉及居民生活的方方面面，除社区治安、社区矫正、公共卫生、计划生育等法定事项外，还有一些超出社区能力范围的事务。

在重压之下，社区工作人员实际上是作为政府的下级，执行其下发的行政任务。但政府并未向社区提供相应的工作资源，因而常使社区工作人员的工作处于开展难、效果差的境地。此外，社区还被纳入了政府的目标考核机制，需要参照政府的工作模式定时、定量地完成自己的工作任务，并向街道一级汇报工作开展情况，接受评估。

　　　　他们街道每次就是来收个表，把我们各个社区做的事情全部总结一下，交到区上去就可以了。可以说他们就是把所有东西都交给我们做了，只要出了啥事情，电话马上就打过来了，说你工作没做好。（F2，民政协理员）

> 现在还要求每个社区要建微信、微博，每天都要发文章，不然就要说你没完成任务，月底开会还要批评你。（F5，民政协理员）

与此同时，民众潜意识地将社区视为"小政府"，要求其行使政府职能，解决民生问题。但社区职能有限，居民的需求常常碰壁，因而形成社区工作能力低的印象，失去对社区的信任。

> 很多老百姓就把我们当成了政府，要求我们为他维权、解决问题，但问题是很多东西我们管不了，我们只能记录下来，然后跟街道反映。但老百姓就会觉得我们做事慢，不上心。（M3，居委会主任）

> 实际上我们很多时候还是起一个协调、沟通的作用，比如社保卡要更新换代了，要评低收入家庭了，我们跟老百姓通知一下。我们没啥权力，倒是一堆义务。（F1，居委会委员）

职能的下沉与资源的悬置，使得社区工作人员在持续的超负荷运转中难以在工作岗位上发挥自己的工作热情，展现实际能力，导致自我效能感降低，职业倦怠水平提高。

> 其实发微信推送，我个人觉得还是没什么意思，你也关注了是吧，阅读量就一两个，我们也就是发了完事，老百姓不看，就是一个面子工程，没人关心能有什么效果。（F5，民政协理员）

> 有时候还是会怀疑自己为啥来选这个主任，其实跟我理想中是不太一样的。有时候晚上九点多了还坐在电脑前面做表格，就会觉得没啥意思。（M3，居委会主任）

（2）劳心的日常

F1主管的民政工作约有13项，是社区中工作内容最多、最杂的办公室。社区工作人员数量有限，难以完全对应政府部门的设置，许多"杂活"都落到了民政工作上。这条工作线上总共有3名工作人员，都是女性。面对大量的工作下压，她们只能默默接受。

> 我们真的每天早上来了之后，马上就有事情做。把电脑一打开，

各种工作群就都有特别多的消息，各种表格要下载、填写，各种文件都特别多。而且现在各大部门都往社区压，各个部门都有很多操作系统，我们这儿负责的部门比较多，所以还要到各个操作系统里面去看有没有消息。（F2，民政协理员）

我们社区之前不是分家了吗，人手就不够，妇联这块也就落在我们办公室了（笑）。我去年做了一个工作内容总结表，你看看，大的就有16项，更别说还有开证明、搞调查的那些活了。（F3，民政协理员）

我之前做那个社区公告栏，就是你在外边看到的那个，做了真的有好几天。因为信息实在太多了，你如果直接丢给广告公司做，要是出错的话就又得重新返工，所以我就自己做了，修改、核对，花了好几天。（F2，民政协理员）

劳动内含劳力和劳心两部分。工作中劳力的部分被称为身体劳动，需要付出体力才能有效完成工作；劳心的部分则可被分为认知劳动和情绪劳动两类。女性在社会性别文化中被赋予细心、感性的特质，被认为天生适合从事繁复琐碎、需要沟通的工作。因而在工作的派遣中，女性常被分配更多难以量化的沟通性工作。民政作为与居民联系最为直接、紧密的工作线，相关工作人员不仅劳力，更加劳心。

像我们做社会保障这一块的，这个审批流程是很严格的，比如低保是每个人500元的标准，那就多1块钱都不行。之前这个女孩子，她得了抑郁症，她妈妈跑了，爸爸平时蹬三轮来养她，你说可不可怜。但是她的医药费达不到3万元，那就拿不到重大疾病的补贴。别人心里肯定不高兴、不舒服，你就要好好地跟别人说明这个情况，之后要是有了新政策要记得及时跟他们说。（F1，居委会委员）

我们这儿跟老年人打交道的时候多，有事情他们都喜欢往我们这儿跑。年纪大了好多东西他看不清楚，耳朵也不行了，就经常弄不明白我们跟他说的东西。有时候要问好几次，讲好几遍都听不清楚，心里肯定还是有点急。但是不得行，你还是要好好生生地说话，还有面带微笑，不然人家说你真是当了官就了不起了，还要去投诉你。（F3，民政协理员）

在与民众打交道的过程中，女性工作人员被要求必须依循民众至上的原则，不能表现出不耐烦等负面情绪，需要随时警惕被投诉的风险。与民众的沟通需要耗费大量的情绪资源，对工作人员的心理造成压力。

社区的行政化要求组织内部进行规范化的工作总结和工作计划，填表和改表成为其工作过程中重要的一环。然而无论是与民众的沟通，还是填写和更改表格，这种认知类劳动是不被看见的，只有能够被写在工作总结和计划表中、以小时计算的工作，才被上级视为工作，作为其表现考核的依据。大量由女性承担的组织责任得不到合理承认，进而被视为"低能"（Guy and Newman，2004）。

3. 多数的性别，少数的权力

（1）男性气质与权力统治

在社区中，向上晋升可以分为两类：一是民政协理员晋升为居委会委员；二是居委会委员晋升为居委会主任，或社区党委委员晋升为社区党委书记。

在访谈过程中，女性民政协理员受访者均表示升迁的机会很小。

> 难！因为每个社区就那么几个名额，选举的时候肯定还是人家有资历的才选得上，你才混了一两年，哪有机会。我如果要想留在这儿的话，只有等 F1 她退休了才有可能。（F2，民政协理员）

> 你说选居委会委员啊，我没这个打算。你看，社区现在 6 个委员，4 个都是男的，像综治维稳那种岗位，人家会选女的吗？就只有民政和计生这两个有点可能。但是我咋个竞争得过人家现在在任的呢，再说，都坐在一个办公室里面，咋个好意思。（F3，民政协理员）

> 我本来也没打算做多久的民政协理员，你说当这个委员可能性也不是很大。毕竟多选一个委员，补贴就要多一份，这个花费和民政助理的工资比就要多得多。政府那边肯定不愿意。（F7，民政协理员）

原因有二：①居委会委员人数设置有限。按照规定，居委会委员人数根据工作线数量确定，一条线对应一名委员，因此可增加数量十分有限。②居委会更偏向选拔男性。正如 Kanter（1977）指出的，现在公共组织中的职位是以男性特质为标准的。居委会的职能被明显地划分为男性（综合治理、城市环境卫生、维稳、消防、安全等）和女性（计生、民政、妇联、老龄人口等），符合男性特质的岗位远多于女性，至少一个女性成员的政策常常被实践为至多一个女性成员。因此，面对少数的晋升机会且占据民政协理员岗位多数的女性将面临更为激烈的竞争。

女性居委会委员的职位上升更加困难。原因有三：①社区选举三年一届，也就是说社区正式成员三年才能有一次晋升机会；②在社区党委书记/居委会主任的选拔过程中，并非单向的向上选举，上级政府可以委派人员到社区参选社区党委书记/居委会主任；③在这一层次的选拔中，去掉了必须设立女性成员的政策要求。

> 你以为想选就可以选上啊，像这届的社区党委书记和居委会主任，都是其他社区过来的，你说他是自己想来的，肯定不是嘛。他是政府委派的。政府都把他委派过来了，你老百姓还不选吗？（M1，社区党委委员）

> 我们这儿刚换完届，书记和主任都不是我们原来的委员选上去的，都是政府委派过来的。现在不是看你有没社区经验，而是看你以前是不是政府里面搞管理的，或者文化水平高不高这种。不是说你想选举就能成功。（F8，便民服务大厅工作人员）

另有一类晋升是社区之外的晋升，即离开社区居委会进入街道办事处工作。尽管这本质上算作跳槽，但由于街道-社区工作的连续性，我们将之视为晋升也不为过。但由于组织性质的差别，这种晋升较前者更显得困难重重。女性同样被排除在晋升之外，被动停留在底层。

> 你说从社区去街道的情况，有呀，就是去当临时工嘛。那边人手不够了借去帮帮忙，但是直接升到那边去的情况是不存在的。因为现在街道那边算作公务员，公务员都是要考试才能去的。街道也有大学生村官，工资跟我们这儿差不多，都是一千多元。（M2，社区党委书记）

（2）消极形象与制度化母性

如前文所述，社区党委书记/居委会主任的选拔是政府与个人双向的互动。政府在委派过程中更偏向选择具有领导力的个人来指导社区工作。

传统领导力的标准则是将适合男性的能力作为两性共同的标准，以适合男性特质的标准来衡量女性能力。女性被认为天生不适合公共组织生活（King，1995），因而被排除在领导地位之外。政府对男性气质的推崇导致男性对自身充满自信，同时也在客观上拥有更大的晋升空间。男性气质与权威形象的互构最终形成一个闭合圈，阻止女性进入。

> 和男性比，女性能做的事情还是要少些，更多就是在民政、计生这块，像综合治理、小区管理这些，更多还是男性在做。因为很多要求体力，而且像你跟那些菜市场摆摊的交流，人家好多就不会理你，觉得你是女的，说话没啥用，也不能对他们怎么样。（F5，民政协理员）

> 因为在基层主要还是和老百姓打交道，男同志比较有魄力，如果有些来找茬的、讲不通的，男同志就可以震慑住。（M1，社区党委会委员）

从属群体的女性却未能意识到自己的行为模式是由所处的社会权力连续体的位置所决定的，反而积极参与到建构与巩固自身从属地位的工作中，将"男性气质＝领导气质"的意识形态内化，甚至将社会对女性的刻板印象与自己相对应。在是否参选的问题上，她们根据传统的领导力标准衡量能力，贬抑自我，认为自己不够理性、没有领导力，进而按照增强这些刻板印象的方式行动，最终落入"服从""顺从"的性别角色里，在工作中甘当配角、得过且过（郭夏娟，2013）。

> 我觉得领导还是男的当比较合适，因为男的比较有魄力，管得了人，而且更理性，讲话有条理。这么多年我们社区一直是男的当领导。（F3，民政协理员）

> 我们社区本来就是女同志偏多，如果全都是女同志的话，肯定就要考虑对方的感情，很多事情就会有顾虑，不好讲，但是男同志就更敢讲些，不怕扯破脸。（F1，居委会委员）

此外，女性还有工作与家庭冲突的考虑。已经担任了十几年居委会委员的 F1 就表示，自己从来没想过晋升这件事。

算了，我也这么大岁数了，没这个必要。我现在就是等着 50 岁退休，等退休了就搬去跟我妈一起住，陪她出国耍一趟。我妈好早就把护照办好了，就是我一直都没时间陪她出去耍。我这 30 年有一半多的时间在养女儿，现在开始养妈妈，其他时间一直在工作，没有休息过，没想要再去选主任什么的。(F1，居委会委员)

根据戈夫曼（2008）的拟剧论，个体需要根据社会情境及时调整自己的行为状态，避免做出与自身角色期望不符的行为，导致表演崩溃。在角色切换的过程中，他将不可避免地面临角色压力，并深刻地感受着自身不同角色经验的断裂，容易出现压力、紧张和焦虑的情绪。在已婚职业女性的体验中，她们兼任多重社会角色：妻子、母亲、媳妇、女儿及职业女性。社会对于女性的期待，促使大多数人在职场角色与家庭角色的选择焦虑中主动离开职场，转向家庭。

我们的话，10 个社区党委书记里边只有 1 个女同志。因为当这个领导其实还是蛮麻烦的，特别多事情，一会儿上边就打电话过来要求办事情。好多女同志不愿意来选领导，感觉当了之后可能家庭也照顾不好了，对孩子的成长也不好。但是在选居委会委员上面，我们社区的女同志还是积极的。(M3，居委会主任)

这个还是要看关系，那些留下来的、能够晋升的，基本都是跟上边有关系的，要不就是能力特别强的。我没想要做多大成就出来，经济上没怎么考虑，每个月给家里挣点生活费就够了。(F4，居委会委员)

毕竟孩子现在处在青春期，马上也要考高中了，压力很大，我肯定还是要更关心他一些，工作上就做好自己的本职就行。(F8，便民服务大厅工作人员)

在生育孩子前，女性承担着组织对其职业发展的期待和家庭其他成员对其生育的期待；而在生育孩子后，养育孩子和支撑家庭成为她们的义务。"母性是始终把孩子的利益置于自身利益之前的""母亲是子女的首要照料者"成为理所应当，制度化的母性（Rich，1995）使得女性在职场和家庭间徘徊，断裂经验以在母职和职场之间的挣扎为甚。社会中上层女性尚且能通过请保姆等经济方式减轻母职对职业发展的冲突，基层社区中的女性则只能独自面对两者的撕扯，自觉或不自觉地将生活的重心转向母职，他们将自己设定为经济生活的辅助、家庭生活的主体，最终放弃了晋升的意愿，以稳定、消耗少的职业作为家庭生活正常运转的保障。

（三）发现

社区改制之后，"两级政府，三级管理"强化了街道办事处的管理职能，街道成为社区的直接领导机构，社区的自治权力上移至街道，街道的职责下移到社区。社区被裹挟进政治体制中，成为实质上的基层政府组织。

由于社区居委会的资源少、工资低，男性较少参与社区工作的竞争，城市社区的工作人员以女性为主。在过量的政治任务下压的同时，女性的认知和情绪劳动被忽略，产生职业倦怠感，上级也对其工作能力产生怀疑。因而对社区党委书记、居委会主任、居委会委员这类领导职务的竞争又发生了逆转——面临行政工作与母职工作的冲突抉择，她们常依循社会对"母性"的期待选择家庭。而能够接触到政治资源且收入提升的领导岗位竞选，自然会吸引男性的主动参与。此外，推崇男性领导气质的上级政府也在选举的各个阶段为男性的当选提供政策条件。因此，女性在社区升职中面临着极大的困境。

综上，基层社区中女性工作人员多但晋升难这一问题是性别不平等与社区暧昧的政治性质两者交互作用的结果。在性别分层的作用下，劳动力市场出现职业性别隔离，男性主要处于收入较高、主导型和较多升迁机会的工作岗位，女性则多处于低收入、辅助性和较少升迁机会的岗位。随着社区"被自治"现象的出现，社区工作不再是"闲人马大姐"似的邻里互助，而转变成了一种繁杂而回报低的政务性工作。在这个政治结构中，女性既得不到较高的劳动报酬，也无法获得升迁的机会，女性的职业发展呈现出机会少、权力小和领导比例低的"三低"的窘迫状况（郭夏娟，2013）。社会支配论认为，"社会等级有着强烈的等级共识：在社会系统中，就谁是统治群体、谁是支配群体的问题存在着高度共识。而这种共识能够有序且相对温和地协调支配行为和顺从行为，并维持基于群体的社会不平等系统不断发展"（斯达纽斯、普拉图，2011：59）。而在基层社区的案例中，我们可以看见在现实的权力分配制度与政策下，机会、权力和比例的循环筑起了权力的高墙，性别隔离进一步强化，女性群体被隔绝在积极的社会价值之外，社会不平等得以维持甚至加剧。

五　结论与讨论

（一）结论

本研究首先梳理制度民族志的概念框架，制度民族志从弱势者的断裂经验出发，以制度文本为切口，关注工作流程和工作知识，目的在于发现和描绘背后的权力统治关系，生产新的人民的知识。随后，归纳研究步骤和资料的收集方法，指出制度民族志不带理论预设的特性、对真实鲜活的研究资料的追求，并介绍 G. W. 史密斯关于美国校园性取向歧视的研究案例，描绘制度民族志研究的基本样态。最后，运用制度民族志研究方法，探究中国社会基层社区中女性的职业发展问题，发现基层社区中的女性处于"人数多、权力少"的困境，背后是性别不平等与自治组织政治化共构的制度性原因。

（二）研究反思

本研究基本描述了基层社区中女性"数量多、权力少"的矛盾现状，并结合现有批判知识，勾勒出基层女性职业发展的"三低"困境，以社区工作的制度性特点对这一困境形成的制度性原因进行探讨，初步勾勒了基层社区的性别权力地图。但同综述中成熟的制度民族志研究相比，仍存在许多不足，需要进行全面的反思。

首先，制度民族志主张用民族志的方式进行研究，要求研究者进入场域之中，进行深入的观察，从而能够自觉地站在人们的立足点上寻找问题的切入点，并从弱势者的角度生产与官方话语相抗衡的人们的善知识。本研究进入田野的时间过短，对制度关系了解不够深入，在分析上可能存在偏差。

其次，在制度民族志研究中，官方话语与个人经验的冲突是研究的切入点，本研究在切入时局限于社区这一组织层次，访谈对象涉及的岗位较少，未能展现其与街道已经产生紧密的权力关系，难以勾勒多向的工作逻辑网络，在研究深度上有一定缺憾。

（三）总结与展望

制度民族志作为近年来新兴的社会学研究路径，以女性解放到弱势者解放为关怀，延续马克思主义的批判传统，吸纳常人方法学关于生活世界的观点，融合后结构主义对知识权力的讨论，指出当代社会以文本作为权力规训的媒介的特性，生产出一套在日常生活中看见权力运作的方法。

尽管有学者认为，人们通过文本深入了解了内部环境的运作情况，但对在地知识及主流话语之外的独特视野的接触逐渐受到限制。制度民族志的研究结果会被吸收到统治话语和统治实践中，为其所利用（Collins，1992）。但制度民族志以形成主体的平等决策、减少压迫的相关政治意识为方法论指导，因而能保证研究结果不会成为对既有规则的新解释，反而对统治实践提出批判。史密斯（Smith，2005）相信，随着制度民族志研究层次和范围的扩展，我们将可以改变社会学认知世界的模式，弱势者将有权利和能力改变现状，创造一种新的社会知识，让它不再像已有的知识那样紧紧与权力绑在一起，让它服务于大众。

正如在全篇中努力呈现的，本研究的意义在于通过理论梳理、研究经验介绍和切实实践，将制度民族志这一社会学研究路径介绍给它潜在的阅读者和实践者。制度民族志是在资本主义社会发展出的社会学研究方法，因此将其应用于中国语境时务必落脚于本国的社会制度，这样才能实现制度民族志的实践意义。

参考文献

方文，2016，《挣扎：转型社会的行动逻辑》，中国人民大学出版社。

郭夏娟，2013，《参与并非领导：公共组织中女性地位的"三低"循环及其成因》，《公共行政评论》第 4 期。

哈贝马斯，1994，《交往行动理论·第二卷——论功能主义理论批判》，洪佩郁、蔺青译，重庆出版社。

哈贝马斯，1999，《认识与兴趣》，郭官义、李黎译，学林出版社。

何海兵，2003，《我国城市基层社会管理体制的变迁：从单位制、街居制到社区制》，《管理世界》第 6 期。

吉姆·斯达纽斯、费利西娅·普拉图，2011，《社会支配论》，刘爽、罗涛译，中国人民大学出版社。

李惠茹，2003，《多数的性别、少数的权力》，《两性平等教育季刊》第 21 期。

林昱瑄，2012，《建制民族志作为揭露统治关系的途径：以大学教师评鉴制度为例》，《新批判》第 1 期。

卢晖临、李雪，2007，《如何走出个案——从个案研究到扩展个案研究》，《中国社会科学》第 1 期。

麦克·布洛维，2007，《公共社会学》，沈原译，社会科学文献出版社。

米歇尔·福柯，2003，《规训与惩罚：监狱的诞生》（第 2 版），刘北成、杨远婴译，生活·读书·新知三联书店。

欧文·戈夫曼，2008，《日常生活中的自我呈现》，冯钢译，北京大学出版社。

王富伟，2012，《个案研究的意义和限度——基于知识的增长》，《社会学研究》第 27 期。

王璟云，2006，《疑 "山穷水尽" 盼 "柳暗花明"——探讨精神科专科医院女性护理长之职场性别经验》，硕士学位论文，树德科技大学。

王增勇，2013，《建制民族志：为弱势者发声的研究取径》，载瞿海源等主编《社会及行为科学研究法（二）：质性研究法》，社会科学文献出版社。

谢妮，2009，《建制民族志——一种新的方法视角》，《贵州社会科学》第 7 期。

杨幸真，2007，《女性主义教师与校园生活》，《教育学刊》第 28 期。

张丽珍、黄明华、齐伟先，2017，《医疗场域中专业协作的顺从与反抗：呼吸治疗的建制民族志》，《台湾社会学刊》第 61 期。

周晓虹，2002，《社会学理论的基本范式及整合的可能性》，《社会学研究》第 5 期。

Campbell, M. L. 1998. "Institutional Ethnography and Experience as Data." *Qualitative Sociology*, 21 (1): 55 – 73.

Campbell, M. L. and Gregor, F. 2002. *Mapping Social Relations: A Primer in Doing Institutional Ethnography*. University of Toronto Press.

Collins, P. H. 1992. "Transforming the Inner Circle: Dorothy Smith's Challenge to Sociological Theory." *Sociological Theory*, 10 (1): 73 – 80.

Devault, M. L. 2006. "Introduction: What is Institutional Ethnography?" *Social Problems*, 53 (3): 294 – 298.

Devault, M. L. 2008. *People at Work: Life, Power, and Social Inclusion in the New Economy*. New York: New York University Press.

Diamond, T. 2006. "Where did You Get the Fur Coat, Fern? Participant Observation in Institutional Ethnography." In Smith, D. E. (ed.), *Institutional Ethnography as Practice*. Rowman & Littlefield.

Guy, M. E. and Newman, M. A. 2004. "Women's Jobs, Men's Jobs: Sex Segregation and Emotional Labor." *Public Administration Review*, 64 (3): 289 – 298.

Grahame, P. R. 1998. "Ethnography, Institutions, and the Problematic of the Everyday

World. " *Human Studies*, 21 (4): 347 – 360.

Hochschild, A. R. 1979. "Emotion Work, Feeling Rules, and Social Structure. " *American Journal of Sociology*, 85 (3): 551 – 575.

Hochschild, A. R. 1983. *The Managed Heart.* Berkeley.

Kanter, R. M. 1997. *World Class.* Simon and Schuster.

King, G. 1995. "Replication, Replication. " *PS: Political Science and Politics*, 28 (3): 444 – 452.

McCoy, L. and Devault, M. L. 2006. "Institutional Ethnography: Using Interview to Investigate Ruling Relations. " In D. E. Smith (ed.), *Institutional Ethnography as Practice.* Rowman & Littlefield.

Overholt, C. , Anderson, M. B. , Cloud, K. , and Austin, J. E. 1985. *Gender Roles in Development Projects: A Case Book.* Kumarian Press.

Rich, A. 1995. *Of Woman Born: Motherhood as Experience and Institution.* W. W. Norton & Company.

Smith, D. E. 1987. *The Everyday World as Problematic: A Feminist Sociology.* University of Toronto Press.

Smith, D. E. 1990a. *The Conceptual Practices of Power: A Feminist Sociology of Knowledge.* University of Toronto Press.

Smith, D. E. 1990b. *Texts, Facts and Femininity: Exploring the Relations of Ruling.* Routledge.

Smith, D. E. 2002. "Institutional Ethnography. " In T. May (ed.), *Qualitative Research in Action.* SAGE Publications Ltd.

Smith, D. E. 2005. *Institutional Ethnography: A Sociology for People.* Rowman Altamira.

Smith, D. E. 2006. *Institutional Ethnography As Practice.* Rowman & Littlefield.

Smith, G. W. 1998. "The Ideology of "Fag": The School Experience of Gay Students. " *Sociological Quarterly.* 39 (2): 309 – 335.

希金斯的理论体系述评

康　昕

北京大学社会学系

摘　要：本文梳理了希金斯的理论脉络，包括知识激活论、自我偏离论、调节定向论、调节匹配论及动机理论。这些理论就像一个家族一样传承和发展，每一代理论都有自己的独立体系，但是彼此之间紧密关联。理论体系之间的关联不仅是希金斯重要的研究风格，也是理解社会心理机制的有力方式。针对认知与行为上的偏离，他给出的解决方法不是个体趋向中庸，而是个体间走向合作。这同他共享社会现实的概念契合，也为未来的研究提供了启示。

关键词：希金斯　知识启动　自我调节　动机

一　引言

　　孩子们教父母用新的方法来欣赏生活，孩子们帮助父母发现世界的新鲜事物。理论也是如此。请一直记得要爱你的理论，欣赏你的理论并且帮助它发展，这是科学家的生活乐趣（Higgins，2006）。

　　希金斯（E. T. Higgins）是哥伦比亚大学的心理学兼管理学教授，其研究覆盖社会认知、个体和影响力、动机和认知、文化个性与社会发展等社会议题。1967 年，他在麦吉尔大学获得社会学和人类学联合荣誉学士学位。1968 年，他在伦敦政治经济学院获得社会心理学硕士学位。1973 年，他在哥伦比亚大学获得心理学博士学位。他的主要理论有知识激活论、自我偏离论、调节定向论、调节匹配论、动机理论。这些理论就像一个家族一样传承和发展，每一代理论都有自己的独立体系，但是彼此之间紧密关联。

无论是在伦敦政治经济学院读硕，还是在哥伦比亚大学读博，希金斯始终对社会心理学和认知心理学有交织探索的倾向。LSE 的导师诺曼（Norman Hotopf）对他提出的希冀是将社会心理学和认知心理学结合成"社会认知学"（Social Cognition）（Van Lange et al.，2011：76）。这个志向一直埋在希金斯心中。他的第一份工作是成为流离在普林斯顿大学两个学系之外的自由学者。

希金斯的学术乐趣在于扩展自己的独立理论为一整套体系。知识激活论探讨了情境性认知的过程。从情境性因素的刺激作用，转入个体长期认知体系。自我偏离论、调节定向论则是对个体的长期认知体系进行更为具体的分析，前者专注于消极情绪的不同来源，后者则从普遍的态度与人格逐步迈入行动策略。调节匹配论探讨了行动策略匹配性的价值意义，而动机是其中的重要组成部分。超越享乐原则的动机理论，不仅有机地结合了之前的所有理论，而且从认知与行为推导出人类的本质需求。

希金斯的乐趣还在于和其他的理论家进行对话。当自己的突触模型胜过"储存箱"模型时，他激动地给鲍勃·怀尔（Bob Wyer）打电话，并且成功地说服了对方（Van Lange et al.，2011：85）。当然，他的对话范围不仅仅局限于同时代的研究者，动机理论试图挑战的是长期盛行的、深入人心的享乐原则。

本文主要梳理了希金斯的五个理论。除了展现主旨和关键论证之外，分析理论之间的关联是本文写作的重点。理论之间紧密的关联不仅是希金斯重要的研究风格，也是理解社会心理机制的有力方式。

二 知识激活论

希金斯的社会认知研究，从知识激活论（Knowledge Activation）起步。他从认知心理学的范畴开始讨论，又逐渐深入态度、价值、动机等社会心理学的核心关注。知识激活的核心问题是："人们在做判断、解释或更普遍意义上的应激反应时，哪些知识会被激活与运用？"他提出可及性和可用性是知识激活的两个来源，显著性通过可用性也会影响知识激活（Higgins，1996）。知识激活区别于知识运用，只有感知到的可用性才能变成知识运用（见图1）。

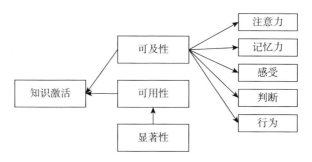

图1　知识激活模型

（一）三个要素：可及性、可用性和显著性

希金斯等人将知识激活的过程称为启动。启动最开始受到可及性的影响。可及性是指特定知识被激活的潜质。希金斯用"唐纳德实验"分析可及性。实验人员告诉参与者有两个彼此独立的测试。第一个测试中，参与者认知了许多带有积极或消极倾向的词语；第二个测试中，参与者阅读了名为唐纳德的人物生平材料。虽然第二个材料本身是中性的，但是参与者做出的评价倾向和第一个测试中的词语性质保持一致。结论是第一个测试启动了参与者积极或消极的言语，进而不自觉地在第二个测试中运用。即使间隔了 10 ~ 14 天，启动效应依旧会对态度产生影响（Higgins et al.，1977）。

当时对可及性的主流解释是鲍勃·怀尔的"储存箱"模型（"Storage Bin" Model）。人的认知库就像一个储存箱，一旦需要提取信息，人们就从上到下进行搜索，直到匹配到刺激信息。将匹配信息运用出来的过程，就是启动。启动完毕的信息会放回到"储存箱"的顶部，所以这些信息对于下一次启动而言是最为可及的。因此，"储存箱"模型的核心观点是启动得越频繁、越近期的信息，越为可及。但是，希金斯认为这个模型对于频繁与近期、消退现象的解释跟现实并不吻合。通过实验证明，短暂的延迟（15 秒）后近期启动更为可及，长期的延迟（120 秒）后频繁启动更为可及。由此提出了突触模型（the Synapse Model），将人与外界信息接触的过程比作神经元信息传递的过程（Higgins et al.，1985）。

1978 年，希金斯离开普林斯顿大学前往西安大略大学，接触了人格心理学。进而，他把短期的启动引发的可及性推导到储存在个体认知结构中的长期可及性。这次实验是"唐纳德实验"的升级版。实验开始前，参与者先做了一套人格测试题（题目包含五个小问题：喜欢哪种类型的人？不喜欢哪种类型的人？正在寻找什么样的人？避免和什么样的人见面？经常和什么样的人见面？）。根据人格测试结果定制每个参与者后续实验的阅读材料。材料中的角色特征，一半的描述符合参与者的自身情况，另一半的人格特征与参与者无关。间隔 10 分钟，参与者被要求复述材料中的人格，不到 10% 的人能够将陌生的人格叠加进描述，而半数的人只能提及自己曾经给出的人格特征。由此可知，除了短期的启动之外，每个人都有自己独特的长期可及性体系，而且这套体系能够决定其对待他人的态度（Higgins et al.，1982）。

除了对态度产生影响之外，希金斯及其合作者发现可及性还有助于激发创造性。运用纸箱、蜡烛、火柴、图钉盒子，实验参与者被要求想出让蜡烛燃尽但蜡油不会落在桌子上的方法。问题解决的关键在于认识到图钉和盒子是独立的，可以把盒子放在蜡烛下面垫着桌子。实验参与者在解决蜡烛问题前，希金斯设计了两组启动词语。第一组的物体存在包含关系，如一碗麦片、一盒鸡蛋。第二组的物体是并列关系，如碗和麦片、盒子和鸡蛋。前一组启动参与者在 9 分钟之内只有 20% 的人解决了问题，而后一组参与者用时 4.5 分钟就有 80% 的人完成任务。因此，可及性的启动效应不仅能够影响人们关于"是什么"的认知，也能够影响人们关于事物如何运作的认知（Higgins & Chaires，1980）。通过大量的研究证明，可及性对注意力、记忆力、感受、判断和行为都会产生影响。

因为频繁与近期均会对启动产生影响，所以日常生活中的知识激活一般会受到双重影响。例如，频繁重复和及时复习是单词记忆的最好方法。

可及性的叠加效用对可及性的来源研究提出了挑战。因为可及性的来源可能是近期启动、频繁启动、长期可及性或者是任何方式的组合，所以其来源难以测量。那么面对刺激信息的时候，知识激活是如何运作的呢？希金斯引入可用性来补充解释。

希金斯及其合作者认为知识激活的过程是可及性和可用性互补的过程。面对明确的信息时，不需要调动长期可及性，因为此时信息的可用性很高。面对模棱两可的信息时，可及性调动起来，因为需要在两种倾向中择其一。面对模糊不清的信息时，可及性更加重要，因为此时信息的可用性很低。为了完成社会认知，通常是可及性和可用性共同作用（Higgins & Brendl，1995）。因此，可用性是指刺激信息和储备知识之间匹配的过程。

希金斯进一步从可用性中受环境影响的成分剥离出显著性的概念。显著性是指受到环境的影响，某些刺激信息会吸收人们更多的注意力。显著性还可以分为天生突出性和相对独特性。天生突出性是指人们自然而然会被明亮、移动、"复杂"的物体吸引。实验中，6 名被试坐在不同的位置看 2 名演员的表演。结束后，人们认为自己比较容易看见的演员更有影响力。相对独特性是指区别于群体的个体会更加吸引人们的注意力，如一群男性中的女性、一群白人中的黑人。当人们对社区中的少数群体、正常行为中的越轨行为投以更多注意力的时候，会把两者联系起来。这解释了少数群体污名的由来。

（二）社会认知激活：从认知心理学转入社会心理学

上文提及的"唐纳德实验"的升级版展现了知识激活的个体差异性。希金斯等人将动机的概念引入，即动机作为可及性的来源。人们不是被动地接受社会信息的刺激与启动，而是主动处理社会信息的过程。饥饿、贫穷使得食物和金钱的可及性增加，是非常直观的现实。可及性在社会动机的层面可以用一个更加生活化的词语"重要性"来表述。换言之，人们倾向于接受对他们重要的信息。而个体差异性是稳定、长期的积累。观念中的重要性需要追溯到幼年，父母对儿童的行为做出反应，据此儿童建立起一套评价体系，即哪些品质、行为是重要的。每个人都有一套关于人格特质的认知构造，如友好、勤奋、健美（Higgins et al.，1997）。

而人格特质的构造，不仅仅是停留在社会认知层面，还表现在社会行为层面。孩子建立认知构造的目的在于引导自己的行为。用自我偏离论的表述，即在重要他人立场上建立起来的自我引导。这将在文章的第三部分重点介绍，下一部分讨论可及性对社会行为的解释。

（三）行动构造激活：面向目标达成的行为调节

巴奇等人发现当参与者被启动了"老年人"的词语时，他们穿过走廊的速度更加缓慢（Bargh et al.，2001）。除此之外，攻击行为、追求行为、合作行为等也会被情境性因素所启动。这些行为受到的影响有时外在于意识。因此，启动影响的不仅仅是认知与意识，还包括行动构造的激活。

但是，行为构造的激活和启动也不是一一对应的关系。"老年人"被启动后，喜欢老年人的人走得更加缓慢，而不喜欢老年人的人走得更加快。喜欢老年人的人潜意识里会放慢脚步以便和老年人互动，而不喜欢老年人的人则加快脚步以避免和老年人互动。尽管在两种情境下，"老年人"都只是意象而没有真实出现（Cesario et al.，2006）。

同样的启动信息，在不同人身上可能会引起对立行为，这取决于个体长期可及性对信息的处理模式不同。行动构造激活作为一种状态，被个体评价为想要的状态或者是不想要的状态，进而启动成不同的行为。这种信息处理的过程是面向达成个体目标的行为指导。

布鲁纳对可及性的定义是特定范围的东西能够被认知。他认为可及性有两种来源：期待性和动机性（Brune，1957）。期待性是对遇到某事可能性的估计，以此来最小化对环境的陌生感。动机性是指某人需要或者是计划搜索到某事，以此来最大化找到的可能性。但是，希金斯认为布鲁纳对可及性的理解是狭隘的，仅仅考虑了可及性在启动前的运作，而没有考虑其被激活后的影响。具体而言，可及性不仅仅被动机所影响，其本身就参与构造了动机。不仅仅动机会使得人们对目标赋予价值，而且当目标的价值和达成的可能性增加的时候，动机本身也会增加。不仅仅目标达成会抑制可及性，而且替代任务的目标达成也能降低可及性。

传统理论还认为可及性达成后，会以一定的比例消退。但是，希金斯认为这在不同的个体和情境下是有不同表现的。2005 年的实验中，参与者被要求在许多图片中找到眼镜后面的剪刀。目标达成后，测量参与者对于眼镜可及性的程度。结果发现，促进定向的人比预防定向的人可及性的消退速度更快。因为促进定向的人倾向于快速迎接新的任务，而预防定向的人会维持原本的可及性状态直到需要改变的时候。因此，可及性的消退和个体的调节定向相关（参见 Forster et al.，2005）。

行为层面可及性的探讨，揭示了信息启动和行为调节之间的互动关系。对于同样的启动信息，个体表现出独特的反应特征。但是，从普遍的反应规律出发，可以运用原理对人们的态度与行为进行有效干预。

（四）小结：多样性认知化解可及性冲突

人们的认知与行为不仅受当前现实世界的影响，还受到个体长期可及性的影响，这启示我们需要对许多社会现象进行重新思考。例如，目击证人的证词是否反映了真相，刻板印象和我族中心主义是否能够改变，不同意见能否纳入认知体系，经验学习是否存在无偏的情况。因此，人们试图对此时此刻进行定义的时候，不可避免有遗漏的缺憾。作为日常生活的参与者，人们不仅是在认知社会情境，还有可能自己创造了社会情境（Higgins，2000b）。

希金斯将缺憾归纳为控制和真相上的不足。当人们试图掌控事件发展时，到底是能够起到主导作用，还是始终成为情境启动的载体？例如，在歧视事件中，正直善良的人也会不自觉地受到影响，从而做出偏激行为。当人们试图认知现实时，到底是对情境的如实客观描述，还是长期可及性的加工处理？面对模棱两可、模糊不清或者是相对明确的信息，人们分别做出不同的可及性补充。例如，即使直接给出的信息是中性的，但是实验参与者总能对唐纳德到底是个什么样的人做出评价。

既然每个人的可及性体系都是不同的，那么人们就永远没有达成共识的可能了吗？希金斯定义了共享现实来对此做出回答。内群成员的有效性、可靠性、客观性是必要的，因此经常建立共享的现实来达成内在的普遍状态，以此奠定追求相同目标与交流的可能性。共享现实中，达成一致并不是关键所在，其关键是不同的人提供不同的认知与策略风格。通过认知多样化，片面的问题就迎刃而解了（Echterhoff et al.，2009）。知识激活不仅解释了群体内部认知的多样化，还有助于解释个体层面中的双文化或多文化的心智。方文（2008）认为，用文化框架转换的知识激活原则，有利于理解社会转型中的多元文化语境。

知识激活理论从人们的情境性认知出发，最终落脚于日常生活中的认知与行为的偏差。认知与行为的偏差来自近期启动、频繁启动与长期可及性的组合，造成含混局面。那么，人们的长期可及性又是如何被塑造出来的呢？希金斯进一步探索了人们的认知与行为体系的社会动因。

三　认知与行为体系的塑造

在知识启动理论中，希金斯已经对人们单次的认知偏差与行为调节做出预测。在此基础上，他进一步将认知与行为体系作为研究焦点。认知与行为体系作为心理学的经典研究主题，希金斯提出了一套自己的解释框架，而且这套解释框架从认知到行为环环相扣。他将其理论体系看作有生命的实在，以家庭隐喻每个独立而关联的理论。其中，自我偏离论是祖，调节定向论是父，调节匹配论是子。

（一）祖：自我偏离论

自我偏离论（Self-discrepancy Theory）聚焦的对象是人们日常生活中的消极情绪，这可以追溯到心理学的起源。区别于前人仅以积极和负面情绪的二元区分，希金斯提出了在自我领域和自我立场的维度进行四类区分（Higgins，1987）。

自我领域包含理想我（ideal self）、应然我（ought self）和现实我（actual self）。理想我是指个体或重要他人希望个体拥有的品质，如对个体的期望、愿望。应然我是指个体或重要他人认为个体应该拥有的品质。现实我是指个体或重要他人认为个体真正拥有的品质。理想我和现实我、应然我和现实我之间的差距，是自我偏离的来源。自我立场包含自我和他人视角。站在自我或他人的角度，会对自我领域的三个维度形成不同的评价。而自我视角与他人视角之间会产生互动关系。而不同视角下产生的偏离会对不同个体的不同行为产生不同的影响。

希金斯（Higgins，1987）将负面情绪拆解为两种：一种是积极结果的缺失；另一种是消极结果的存在。积极结果的缺失会产生与沮丧相关的情绪，具体而言有失败、失望、价值感降低、羞愧等。而这种感觉，主要来自现实我与理想我的偏离。自我视角下，没有完成自己期待的目标，就会产生沮丧、挫败感。他人视角下，认为重要他人对自己的期望没有实现，就会产生羞愧、尴尬和沮丧，有可能失去他人的喜欢或者是尊重。消极结果的存在会产生与愤怒相关的情绪，包括焦虑、罪恶、忧虑、害怕，甚至是期待惩罚。这种感觉主要来自现实我和应然我的偏离。没有完成自我视角下应尽的责任与义务，就会产生焦虑、害怕、威胁、怨恨。没有完成他人视角下应尽的责任与义务，则会产生罪恶、自我轻视、不安，甚至是自我惩罚。

这些偏离在个体身上表现不同，可能是均不存在，也有可能是多种偏离的组合。当然这些偏离不是时时刻刻都会产生消极情绪，而是需要被情境启动。当偏离越大、偏离的种类越多、启动越频繁时，带来的消极情绪就越大。

不同人对不同偏离的敏感度是不同的，导致认知与行为的差异。低成就的人倾向于基于他人应然我的标准评价自己的成功和失败，高成就的人倾向于基于理想我（自我和他人的期待）的标准评价自己的成功和失败。因此，同样遭遇失败的情况下，低成就的人倾向于感觉到忧虑和焦虑，高成就的人倾向于感觉到没有完成个人抱负。在不同的情绪水平下，低成就的人倾向于避免未来的成就任务，高成就的人则会加倍努力。

他人立场中的他人究竟是谁，对个体的影响也是不同的。希金斯（Higgins，1987）要求实验参与者填写多个重要他人与自己的密切度排序，并对他人视角下的偏离产生的不适感进行打分。结果发现，密切度越高，不适感越强。另外，人们关系中的情绪有时受重要他人的直接影响，有时也会产生间接影响。面对某人的特质（身体、个性、观点、态度、交往风格）和另一个重要他人类似，会激发出特定自我偏离的不适感。希金斯将这称为事先建立的他人自我偏离。因此，每个人的自我偏离是一套积累的系统，即使面对陌生人也会被激发出来。

不同立场下的偏离对个体的影响也是不同的。霍夫曼发现违反道德对于女性而言是罪恶感，对于男性而言是对惩罚的害怕。以此认为，男性认为道德是外在的，而女性则内化道德。换言之，男性面对的是现实我和他人应然我之间的偏离，女性是现实我和应然我之间的偏离（Hoffman，1975）。

自我偏离论对于消极情绪的解释对现实生活有诸多指导意义。在临床心理学上，能够用来治疗情绪问题。针对个体的消极情绪，可以引导其改变真实自我，减少其与自我引导之间的偏离；也可以改变自我引导，来减少与真实自我之间的偏离。另外改变偏离的可及性，通过行为或者环境干预，减少暴露在问题中的情况和社会交往（减少启动）。除此之外，让人们排练正向的想法和态度、让正向的情绪更加活跃，可以使得消极情绪的可及性降低。

既然偏离包含个体与他人，那么自我偏离论的现实指导意义就不仅仅局限在个体身上，还有助于人际关系的理解。人际自我偏离认知的相似性会使得对社会事件产生相同反应，达成一致性。但一致性也有缺点，比如在令人崩溃的社会事件中，同伴都沦陷于此而无法互补支持。因此，最佳的平衡关系是人们有相同的社会评价体系，但能够在脆弱地带进行互补。

自我偏离论除了对人们的消极情绪有普遍性的解释之外，还发现了人际诸多的差异。而这些人际差异是否也存在着一定的规律呢？希金斯用调节定向论来进行解释。

(二) 父：调节定向论

理想我的偏离产生与沮丧相关的情绪，应然我的偏离产生与愤怒相关的情绪。在不同的情绪水平下，人们会用不同的自我引导方式来决定行为。希金斯将两套自我引导方式发展成自我调节机制。其中的差异在于，自我引导强调以理想我和应然我作为参照，而自我调节则更加专注于行为特征。前者是认知情绪的后果，后者则是行为模式的策略。

经典的行为调节理论是卡弗等人的自我调节模型 (趋避模型) (Carver et al.，1989)。自我调节模型分为趋向和回避。趋向是指减少和想要的东西之间的偏离。回避是指增加和不想要的东西之间的偏离。希金斯等人指出这套模型的关键在于参照点，即想要和不想要的东西 (Higgins et al.，1997)。调节定向论则独立于参照点，不论是对想要的还是不想要的东西，都用相同的一套行为策略来解释。这套行为策略分为两种自我调节机制，即促进定向和预防定向。卡弗等人的自我调节模型讲述了人类趋利避害的动机，但是希金斯致力于探索比趋利避害更为底层的行为逻辑。因此，自我调节模型是趋避系统，而调节定向论是策略系统。

通过多次实验，希金斯等人证明了个体的行为策略独立于参照目标。参与者阅读一个人一生中的许多片段，包含着对想要的结果的趋向和对不想要的结果的回避。结果发现，促进定向的人更容易记住趋向原则，预防定向的人更容易记住回避原则。比如，面对保持友谊的建议中，有三种趋向指导 (宽容和愿意给予、支持性、爱和关心) 和三种回避指导 (不要失去联系、不能忽视朋友、保守秘密)。促进定向的参与者更多选择趋向指导，而预防定向的人更多选择回避指导 (Higgins et al.，1994)。

因此，针对同一个目标，个体的行动策略是不同的。面对想要的结果，行动者可以选择积极追求或者是预防无法获得的情况。面对不想要的结果，行动者可以选择积极回避或者是预防获得的情况。总而言之，促进定向的人怀着渴望的态度，预防定向的人怀着警惕的态度。尹非凡、王詠 (2013) 提出调节定向在营销方面的运用，比如根据用户放在购物车、收藏还是直接购买的策略偏好，来确定其调节定向类型，进一步匹配广告信息。

调节定向论致力于将行为策略脱离目标方向，认为行为策略与人格密切相关。无论是面对想要的东西还是不想要的东西，都不是简单的趋利避害所能概括的，而是有更为底层的行动逻辑支撑。怀着渴望态度的促进定向的人与怀着警惕态度的预防定向的人，他们分别会做出什么行动呢？希金斯认为，认知与行为的匹配是了解人们的关键。

（三）子：调节匹配论

上文提到卡弗等人的自我调节模型是趋避系统，而希金斯的调节定向论是策略系统。尽管看似在解释不同层面的问题，但是两者在预测现实情况上有优劣之分。面对不想要的结果，卡弗等人认为，随着时间的推移，人们会逐渐减少回避的强度，即动机水平逐渐降低（Carver et al., 1989）。但是调节定向论认为，如果是预防定向的人在采取回避策略的时候，即回避不好结果而想要好结果的时候，警惕的态度会随着时间的推移而加强，即动机水平不断上升。反复的实验证明，调节定向论更符合现实情况。

调节定向下的行为究竟是什么样的呢？参与者解答绿色的英语字谜可以得分，解答红色的英语字谜可以不扣分。促进定向的人更倾向于解答绿色的字谜，预防定向的人更倾向于解答红色的字谜（Shah et al., 1998）。促进定向的人使用渴望－趋向的策略，预防定向的人使用警惕－回避的策略。促进定向的人如果使用警惕－回避的策略会感觉到不适且发挥不佳。预防定向的人如果使用渴望－趋向的策略会产生不佳的行为后果。

换言之，调节定向的匹配产生价值。传统理论对于正确决策是有参照目标的，即结果导向。具体而言，好的决策意味着用最低的成本来达到最好的结果。但是，希金斯认为，在追求结果的过程中，调节行为的匹配本身能够产生价值。自我调节定向的匹配能够增加追求目标的动机。匹配的行为策略能够增加积极情绪，不匹配的行为策略增加消极情绪（Higgins，2000a）。

不同于成功就开心、失败就难过的简单区分，希金斯认为不同人在同样情况下有不同的情绪和动机水平。对于失败（消极结果），预防定向的人比促进定向的人的动机更强。因此，对于促进定向的人而言，在成功状态下的表现比在失败状态下要好。因为成功后的快乐会提高动机水平，失败后的沮丧则会降低动机水平。对于预防定向的人而言，在失败状态下的表现比在成功状态下要好。因为成功后的平淡会降低动机水平，失败后的愤怒反倒会提高动机水平。但是，针对情绪与动机的关系问题，国内学者提出了两点疑问。第一，调节性匹配的效应与初始动机之间的关系，即初始动机水平低的情况下调节性匹配效应明显，反之是否成立；第二，如何区分匹配带来的"正确感"和积极结果带来的积极情绪体验之间的关系（林晖芸、汪玲，2007）。

从调节定向的人格行为区分出发，调节匹配论解释了情绪、动机、行为之间的关系。区别于结果导向的理论，调节匹配论详细地解剖了追求过程中的认知行为机制。

（四）小结：用匹配原则来调节动机

自我偏离论、调节定向论和调节匹配论，作为家族理论，彼此独立而关联。三者如何遵循时间顺序逐步被推导出来，在上文中已经有较为详细的论述了。而后面的理论也不断对前面的理论进行了解释与深化。例如，调节匹配论从动机水平的角度解释了自我偏离论中的发现，如不同成就水平的人为什么会有不同的表现。此时，区分的维度不再是成就水平高低的情绪体验，而是不同调节定向的人在成就水平层次中的区别。这个理论家族在现实层面也有诸多的指导意义（Van Lange et al., 2011：498 - 500）。

在临床心理学或者是情绪调节中，一般根据自我偏离论来理解消极情绪的具体来源。比如，对新妈妈而言，理想我的偏离增加了产后抑郁的风险，但是应然我的偏离则减少了产后抑郁。对症下药，减少对完美妈妈的宣传，有助于控制产后抑郁现象的泛滥。

人际关系中，运用调节定向的理论来增进理解，用调节匹配的方法来做出适宜的行动。对别人造成伤害时，道歉的内容符合匹配原则更容易获得原谅。自己受到伤害寻求安慰时，受伤的原因符合调节定向更容易获得同情。因此，不同人的调节定向方式相同，能够促进人际关系中的同理心。互补的调节定向类型也有助于人际关系的互补。长期婚姻下伴侣互补的调节定向更有助于关系的良性。因为在面对任务的时候，两个人可以运用不同的策略。促进定向的人可以负责积极追求，预防定向的人可以负责警惕预防。

群际关系中，内群偏好倾向于促进定向，外群敌对倾向于预防定向。促进定向的人对内群成员积极热情，预防定向的人对外群人员警惕预防。当歧视的具体内涵是阻碍某群体成员们的提升机会时，带来的是沮丧与低动机水平。当歧视的具体内涵是威胁某群体成员们的安全时，带来的是愤怒与高动机水平。因此，不同的歧视手段会引发不同的反抗行为。

反过来看，当反歧视活动表述为消除潜在威胁时，预防定向的人更有参与意愿；当反歧视活动表述为清楚成功道路上的阻碍时，促进定向的人更有参与意愿。

这些日常生活中的运用都是微小而巧妙的。同一个事件用不同的框架表述、不同的角度思考，就能够带来效果上的差异。换言之，相同的目标结果使用不同的认知框架将带来不同的动机水平，进而行为系统也有差别。那么，动机水平到底是如何连接起认知行为系统和目标结果的呢？希金斯进一步探究了动机的结构框架与运行规律。

四　动机理论：超越享乐原则

卡弗等人的趋避模型对人们行为的描述是趋利避害的。而社会中普遍流行的关于动机的描述也是结果导向的最大化快乐和最小化痛苦。虽然快乐的定义从物质需求满足扩展到了社会需求满足，但是由此衍生出来的动机调节机制都是"胡萝卜加大棒"的激励与惩罚手段。这种观点下对于人的动机的理解都是享乐导向的。

希金斯在调节匹配论中论证，无论结果如何，调节性匹配本身就会产生价值。而调节性匹配中包含了动机水平的调节，那么动机到底和享乐原则有什么关系呢？这个问题需要追溯到人的本质需求。

（一）动机是什么

人们的本质需求是什么？人们到底想要什么？普遍给出的答案是人们想要快乐。那么什么是快乐呢？字典将快乐和痛苦定义为想要的和不想要的感觉或者是感官。传统的观点是：人们是趋向快乐而回避痛苦的。但是，这种观点并不能解释日常生活中的许多现象。比如，快乐和痛苦是享乐原则，但是人们除了享乐之外还在乎其他体验。享乐体验不是唯一有价值的，如果在追求目标的过程中投入更多的价值，也能够增加结果的价值体验。

从调节定向论中，我们得知快乐和痛苦的情绪在个体身上有所区别。趋向快乐和痛苦的路径多元，分别对想法、体验和行为有不同的影响。成功和失败对促进定向的人而言是快乐或痛苦的，对预防定向的人而言是平静和愤怒的。因此，快乐和痛苦并不足以概括人类的普遍情绪体验。不能说渴望比警惕更有动机，因为促进定向的人是更快乐的。事实上，一个预防定向的人如果以渴望的态度来追求目标，反而会降低动机水平。最后，动机不仅仅是想要快乐、不想要痛苦，人们还有掌握和追求真相的动机，即使有时候知道真相是令人痛苦的。

希金斯提出人们真正想要的是有效，能够有效地追求自己的目标。动机是以有效为目的来指导选择（Higgins，2012：42）。不是动机越强烈，投入的精力就越多。不是投入的精力越多，人们就越能够成功。所以，动机帮助人们进行有策略和技巧的决策，确保成功所必需的精力投入。因此，成功的关键不在于精力投入的多少，而在于动机要素如何相互配合。

那么快乐和痛苦又是什么呢？希金斯（Higgins，2012）指出快乐和痛苦只是成功或失败的反馈信号。比如，在获得足够的食物和水的目标上，失败反馈的信号就是饥饿和口渴。工作得到需要的食物和水的动机，不是想要未来的快乐，而是能够有效满足当前身体的需要。对于动物而言，未来的个人体验是没有意识的，所以不能指导当前的行为。喝水能够缓减口渴，达成价值有效性，而不是为了享受喝水时的快感。掌控找水过程的进展，获得的是控制有效性。快乐和痛苦的反馈信号是达成目标的副产品，但是容易被误导为这是需求的全部。在享乐原则的指导下，使用"萝卜加大棒"的激励手段，可能会把动机引领到错误的方向。

有效性才是动机的真正所在。如果有效，则获得成功的反馈（可能是快乐）；如果无效，则获得失败的反馈（可能是痛苦）。

人们想要在获得想要的结果上有效，想要在建立什么是现实上有效，想要在掌控发生什么上有效。换言之，有效性具体分解为价值有效性、真相有效性和控制有效性。价值有效性是指成功地获得想要的东西（Higgins，2012：49）。这是根据结果判断，最终获得的是收益还是成本损失。真相有效性是指成功地建立起现实（Higgins，2012：51）。这是根据现实判断，建立起的是真实还是幻象。控制有效性是指成功地掌握发生什么（Higgins，2012：53）。这是根据影响力判断，对事件的进展有强还是弱的影响力。

希金斯（Higgins，2012）面对自己的理论建构的逻辑，设想了三种可能的反驳意见。第一，人们有时将自主控制权移交他人。信任他人的控制，希望他人为自己做出更好的选择。这种移交控制权看似降低了控制有效性，实际上是为了提升真相和价值有效性。毕竟控制只是有效性的一种方式。第二，想要有效有时会损害动机。内在动机不是唯一有效的。例如，虽然人们对于工作的内在动机不高，但是工作还是作为一种工具使自己和家人的生存需要得到满足，是能够获得收益的。第三，人们有时害怕成功。害怕成功实际上是害怕成功的消极后果，不是不想要有效，而是有效地回避预估的成本损失。成功的结果也包含了失败，如损害和重要他人的亲密度（价值有效性）、强迫改变原有信念（真相有效性）、不得不满足他人对自己的新的要求（控制有效性）。为了避免这些失败，人们发明了不少回避"成功"的策略，如韬光养晦。

虽然有效性看似有很强的工具理性所在，但是并不排斥人类的归属感需求。他人给我们想要的结果，如尊敬、爱、归属、接纳等，这是价值有效性。只有与他人合作或者作为媒介才能使得事情发生，这是控制有效性。我们的观念，如正确、合适、真实，都是在社会互动中建立起来，即关于世界的共享的现实。因此，人类的情感需求也是包含在动机有效性范围内的。

价值有效性分为价值方向和投入强度。价值方向就是判断某事是否有价值。价值判断的标准有很多来源，如需求满足程度、共享的现实价值、社会标准、个人标准、他人影响、情境评价参照。价值会产生吸引力或者排斥力，吸引力越强，人们投入精力越多，排斥力越强，人们投入精力越少，也就是投入强度。

投入强度是价值大小的加强器。价值强度的源泉有调节匹配、追求目标的恰当方法、抵抗阻碍力量、克服个人阻力。改变投入强度以两种方式来增加福利。如果某事是吸引的，增加投入会使得它更加有吸引力。如果某事是可憎的，减少投入会减少排斥力。面对不同的动机失调，改变投入方式可以控制价值体验。例如，某事过分有吸引力，那么减少投入更加有益。投入强度的调节有助于提升价值有效性，而不仅仅依赖于价值方向的改变。

但价值有效性和快乐并不是同比增长的关系。投入对感觉的影响和对我们有多重视某样东西之间是不同的。有时候，投入越多越痛苦，但是会使得事情更加有吸引力。因此，追求某个积极的目标不一定意味着追求目标本身是快乐的。追求想要的结果时，即使过程不快乐也会投入进去。

真相有效性包含主观理念上的对错、客观事物的对错。通过设问发生了什么、为什么会发生来建立现实。在不同的信念和感受、信念和行为、感受和行为中，维持认知的连贯性。长期在个性和情境力量的作用下，我们使用不同的策略来寻找真相和接受真相。比如，描述性和规范性准则、认知权威、共享的现实，都可以成为真相的来源。当现实呈现模棱两可或者是模糊不清时，我们还是会有追求真相的动机。比如，判断某人是持之以恒的还是固执的、自信的还是自负的，即使现实证据并不充足，但是我们会调动长期可及性进行判断。知识激活理论已经详细地揭示了人们建立真相的过程，即使是对现实的过度解读，人们也不想让事情模糊不清，即人类有真相有效性的强烈动机。真相有效性不仅仅是知道事情是什么样的，还是利用处理完善、归类有效的信息应对接下去的决策，即帮助价值有效性。不过建立真相和利用某事是独立的，知道和行为是分开的。真相有效性不一定支持价值有效性。

同样，建立真相能够趋向快乐和回避痛苦，但是本身是独立于享乐动机的。寻找真相的动机可能是胜过享乐动机的。

控制有效性包含对内和对外两个方面。自我控制的两个典型内在状态是抵制诱惑和处理矛盾情绪。其中，抵制诱惑的有效策略包括转变心态和转译外部困难。对外则是掌控目标追求的过程与结果。希金斯将过程拆解为深思熟虑阶段、挑选阶段（从许多愿望和需求中挑选当前的追求）和完成阶段。为了能够达成目标，行动者还会做出承诺。承诺的分量由价值和达成可能性决定。而反馈是控制的重要手段。快乐还是痛苦作为一种反馈信号对控制产生影响。要么采取行动改变现在的痛苦，要么采取行动达到预期的标准，来使得未来有积极的结果。另外，反馈还来自重要他人、社会接纳度、主观感受等。

总而言之，希金斯将动机用有效性的框架来解释，分为价值、真相和控制三个维度。这三个维度并不是单独支撑起动机的，而是作为动机结构的组成部分。这三者相互配合、共同作用的过程，正是动机运作的过程。

（二）动机如何运作

希金斯在解释动机如何运作时，运用了非常细致的方法。先讨论了价值、真相和控制如何两两结合，而后讨论三者如何共同配合。

价值有效性和真相有效性的结合创造了承诺。具体而言，价值为追求真相提供了动力，而真相揭示了达成目标的可能性，进而反过来也影响了价值。对于目标实现的可能性，早在期望价值模型（the Expectancy

Value Model）和主观期望效用模型（the Subjective Expected Utility Model）就有讨论。两种模型都认为，价值是承诺的唯一动机力量，可能性只是对价值的动力进行调适。但是，本文证明了可能性对现实的建立（真相有效性）作用远远大于仅仅是调适动力大小的作用。

可能性本身对承诺有强烈驱动力，可能性可以创造价值本身。其影响方式有三种：第一，可能性充当可感知的困难，作为预测的成本损失。第二，可能性充当规范，作为心理距离、现实准备和影响价值和承诺的额外功能。第三，可能性充当现实准备，未来某事发生的可能性越大，现在准备的投入程度就越高。

价值与控制的结合可以用调节性匹配进行解释。追求目标时，创造调节性匹配有诸多来源，如共享信念、偶然活动、其他人追求目标态度以及不同种耦合（如冒险或保守的计划、感性或理性决策）。至于促进定向的人和预防定向的人如何才能达成有效，在前文中已有详细分析，在此不再赘述。

真相与控制的结合保证了对正确方向的指引。两者的共同作用有无数动机性的影响，如活动选择、个人风格、决策风格、抵抗诱惑、从观点出发采取行动等。这和最终是否获得想要的结果无关，获得真相与掌握对自己的控制是重要的，因为朝着正确的方向走是关键。

希金斯动机理论的重点在于三种动机如何结合在一起共同发挥作用。前人很少有关于三种动机组合的研究，更多的是对每种动机的研究。他认为动机组织有三个属性：支持性、重要意义性和传播性。

支持性分为三种。第一种是工具手段，即真相和控制都服务于价值的支持性。这是 SEU 模型和 EV 模型已经讨论过的，认为真相（可能性）和控制（方法）仅仅是工具，服务于想要的结果（价值）。希金斯的重点在于后面两种。第二种是牺牲支持性。比如，真相会服务于控制，当控制的幻象产生时，控制就战胜了真相。另外，为了追求真相，价值本身可能会牺牲。例如，为了达到认知连贯，会减少某些价值目标的积极性。对于促进定向的人而言，渴望的态度会使得他们在认知可能性上有所欠缺，这也是为了控制而牺牲真相。第三种是补偿支持性。例如，调节模式中的行动和评价。自我调节的行动关注开始和维持前进的动态，偏向于控制动机。自我调节的评价关注评价行为的正确路径，偏向于真相动机。研究表明，高的行动和高的评价结合起来能够使得表现更好。缺其中的任何一种会造成"光想不做"和"光做不想"的两种局面，不利于目标的推进。不仅在个体身上是两者配合更佳,而且对于群体而言,如果一个有很高的驱动能力的人和有很高的评价能力的人合作则可以达到更大的进步。

重要意义性包含两层意思,即有意义和重要性。不是每一个动机组合有相同的意义和重要性,因为它们有不同的结构。价值、真相、控制都是二分变量,有高和低,可以构成八种组合。对于不同的态度、个体和文化上的动机组合有不同的结构形式。从个体维度、文化维度和态度维度来讨论不同动机组合的结构形式的重要性。动机理论自身也有不同的形式,SEU 模型和 EV 模型强调价值和真相,弱化控制,它的重点在于对某事有承诺。但是,对于如何完成某事很少关注。另外一些科学家从控制论和控制系统本身来解读动机,强调了真相和控制,弱化了价值。他们关注了朝着正确的方向走,但是为什么要达到目标是没有得到解释的。一个真正的普遍的动机理论应当关注三者如何共同运作。

激活的传播性是将激活从一个结构的一种元素传播到同一种结构的另一个元素。希金斯在此提出一个概念,传播作为转移(Higgins,2012:320)。例如,加强参与作为一种控制动机的元素,可以传播到价值,加强价值目标的吸引力或者是排斥力。加强控制也会强化真相,即加强正确感。强化真实感也会增加控制(Higgins,2012:324)。

不仅三种动机之间相互具有传播性,而且会影响整体动机。当一种自我偏离的元素被启动时,偏离的信念传播到其他因素,进而产生整体的和一般性的情感问题。这是伴随人成长与心理发展的过程。人类自我调节的重要特征是被监控的自我(Higgins,2012:315)。3~6 岁的儿童会发生动机革命。他们开始以重要他人为参照来决定想法、期待、动机和意图。他们观察重要他人(父母)对自己的不同行为的反应、对其他人(如兄弟姐妹)的不同行为的反应,来辨别哪些行为是受重要他人喜欢的。换言之,儿童开始站在别人的视角上来考察行为可能的影响,从而决定自己的行为。取悦重要他人的能力是日益增长的合作能力的一部分。站在重要他人的视角上建立起行为评价标准,对比自己的真实行为,进而产生自我偏离。这种偏离的信念是从动机的组成元素产生,会对整体产生影响。尤其是抑郁症患者,一种消极的信念会激活其他的消极信念。

作为有三种维度要素的动机,协同运作的过程是复杂而有规律的。在希金斯的细致分析基础上，动机理论能够对日常生活有哪些指导意义呢？

（三）小结：源自有效性的生活福祉

既然享乐动机的前提预设是错误的，那么激励手段在现实生活中的诸多掣肘也是可以理解的。在希金斯教授的 MBA 课堂上，一个公司 CEO 给出自己真实的案例。该公司宣布，如果员工一年都没有交通违规会获得年度奖励，但是年末交通违规现象没有丝毫改善。其失败的原因有很多，比如，年度奖励力度不够，不足以吸引员工（低价值激励）；不相信自己能够一年不违规（低期望奖励）；一年后才能获得奖励太遥远（延迟过长）。但是，问题不在于延迟奖励、低价值或者是低期望，而是这种激励的逻辑本身存在问题。

希金斯将激励手段称为向前工作，把动机看作燃料，通过激励的手段使得员工有动力去工作。这时候创造出来的激励成为动机本身，使得员工能够朝着高管们想要的方向前进。因此，对于员工来说，重要的不是自己的工作朝着什么方向前进，而是能否获得更多的激励。但是当今社会，无论是公司还是学校，它们增加动机的方式无非是物质激励（涨薪、奖金、奖励）或社会激励（赞扬、认可），以及惩罚手段。

因此，希金斯提出从追求的目标向后工作的动机法则。这种方法不是创造目标本身，而是在已有的目标基础上运用调节性匹配来提高动机水平。

一个经典的学校实验揭示了这种方法的有效性。对于参与的学生使用四种表述任务的方式：促进成功（如果找到 90% 以上的单词能够获得额外的钱）、促进失败（如果不找到 90% 以上的单词不能够获得额外的钱）、预防成功（如果漏掉 10% 以下的单词能够获得额外的钱）、预防失败（如果漏掉 10% 以上的单词不能够获得额外的钱）。虽然这个实验中还是有激励的手段，但是重点在于调节定向的区分，发现符合个体调节定向的表述策略能够更好地促使学生完成任务。

重构任务叙述，也就是面对促进定向的人传达完成任务可能的获益，面对预防定向的人传达任务失败可能的损失。这种调节性匹配方法中，激励手段不是必要的。另一个实验中，同一份试卷使用两种表述。一种是"这套试卷可以检测出数学的强项"，另一种是"这套试卷可以诊断出数学的弱点在哪"。促进定向的人在前一种表述中能够考得很好，而预防定向的人在后一种表述中能够考得很好。除了成功和失败以外，达成任务的情绪状态也是重要的。例如，看纪录片前，分别告诉学生这是有趣的或者是重要的。促进定向的学生和预防定向的学生，面对两种表述对纪录片本身能够记住的程度有所区别。

不仅仅是从任务绩效的角度来说，调节性匹配也有助于增加完成任务的满意度。促进定向的人带着渴望和急切的态度完成任务，能够更加满意；而预防定向的人怀着警惕和谨慎的态度完成任务，能够更加满意。一个在意大利高中进行的研究中，用问卷问题"我的老师给我建议前先了解我是如何思考的"来测试自主性，用"我的老师一直检查我们对课程材料的预习和了解程度"来测试控制性。调查结果和在公司中进行的研究相一致，员工的满意度和老板对员工的自主性支持程度呈正向关系。从调节模式定向的角度而言，行动派的学生需要老师创造无干扰环境，而评价派的学生需要老师及时提供反馈建议。如果能够达成调节性匹配，那么满意度也会增加。

运用调节性匹配可以更加有效地掌控动机。这种方法可以和激励手段搭配，但是激励不是必要的。调节性匹配的效果是能够提升任务绩效和工作满意度。另外，调节性匹配对结果的动态性也能够更加开放。激励手段作为追求的价值对于员工而言不会改变，所以只有当老板时时更改工作内容才能符合公司的动态发展。但是，在调节性匹配的情况下，时时保持对价值结果的认知是动机的重要组成部分。

除了任务绩效和工作满意度之外，将目标追求放大到人生层面。那么什么是好的生活呢？希金斯提出好的生活不等同于快乐，目标追求的过程比目标追求的结果更加重要。例如，对于亚里士多德这样从事思想研究的人而言，好的生活是追求真相的有效性，其中也离不开价值和控制。

总而言之，好的生活是各种动机能够共同有效运作，如促进和预防、评价和行动。虽然这种解释不如大众媒体的快乐最大化言论来得振奋人心，但是脱离了感官层面的漂浮不定。

五 结论与讨论

通过对希金斯的理论脉络进行梳理，本文认为他的核心关切在于"互动过程"。他关注了近期启动、频繁启动和长期可及性如何共同作用来完成社会认知。自我偏离论关注自我立场和自我领域中不同要素如何有机地结合来形成消极情绪。调节定向论关注促进定向和预防定向如何面对偏离来做出自我调节。调节匹配论关注了调节定向如何与动机水平、情绪状态互动来产生匹配的价值。动机理论关注了价值有效性、真相有效性和控制有效性的互动过程来有机地结合成动机的组织。这种"互动过程"的关切，使得他回避了只关注近期启动的误区、只关注参照结果的误区和只重视享乐结果的误区。而互动合作的良好状态可以用匹配来形容。

希金斯从最基本的认知开始分析，建立了基本的底层逻辑。因此，最终上升到动机与需求层面时，他的理论大楼显得坚实稳固。因此，他对现实中人们普遍观念的挑战冲击力也较强。动机与需求作为最贴近日常生活的话题，他挑战了享乐原则和激励方式。倡导回归到动机本身来使得追求目标更加有效，而不是在社会生活中创造更多的物质需求和社会需求来掩盖追求目标本身。他的理论之间有着紧密的关联，这种理论旨趣也对主流的社会心理学发起了冲击。相比于菲斯克等人（Fiske et al.，2010）编纂的《社会心理学手册》，希金斯与克拉格兰斯基的《社会心理学：基本理论手册》（Higgins and Kruglanski，1996）更加注重阐明基本原理之间的关联性，而不是将每个议题作为独立分散的个体。

除了理论内核的"互动过程"之外，希金斯对每个主题的理想模式设想也具有相似性。他认为应对自我偏离的方法是具有不同偏离表现的伙伴相互合作，促进定向的人和预防定向的人相互合作，强烈的行动派和强烈的评价派相互合作。面对偏离行为，他给出的解决方法不是趋向中庸，而是走向合作。

这种理想模式是否具有实现的可能性？这种理想模式本身是不是最好的解决方法？希金斯从具体的社会情境中寻找解答。2019 年出版的 *Shared Reality：What Makes Us Strong and Tears Us Apart* 中，他重溯了可及性理论中提到的共享现实（Shared Reality）概念。共享现实被赋予了人类区别于动物本质特征的意义，论证了智力上优于人类的动物大有其在，但分享感受、想法、关爱，这种从婴儿时期就自然而然的需求则是人类所独有的。共享现实使得合作与关系成为可能。个体的观点总是有失偏颇，但共享现实则能建立真相。共享现实定义了自我，建立人际联结，也导致人群分隔。对于不同的宗教、种族、政治群体而言，没有共享现实就会产生信任缺失与害怕。希金斯希望通过共享现实建立的前提来寻找多元群体对话与合作的可能性。将世界格局的问题放入社会心理情境和认知心理源头，这是希金斯的学术旨趣与理论洞见的独到之处。

参考文献

方文，2008，《转型心理学：以群体资格为中心》，《中国社会科学》第 4 期。

林晖芸、汪玲，2007，《调节性匹配理论述评》，《心理科学进展》第 5 期。

尹非凡、王詠，2013，《消费行为领域中的调节定向》，《心理科学进展》第 2 期。

Bargh, J. A., Gollwitzer, P. M., Lee-Chai, A., Barndollar, K., & Trötschel, R. 2001. "The Automated Will: Nonconscious Activation and Pursuit of Behavioral Goals." *Journal of Personality and Social Psychology*, 81 (6): 1014.

Bruner, J. S. 1957. "On Perceptual Readiness." *Psychological Review*, 64 (2): 123.

Carver, C. S., Scheier, M. F., & Weintraub, J. K. 1989. "Assessing Coping Strategies: A Theoretically Based Approach." *Journal of Personality and Social Psychology*, 56 (2): 267.

Cesario, J., Plaks, J. E., & Higgins, E. T. 2006. "Automatic Social Behavior as Motivated Preparation to Interact." *Journal of Personality and Social Psychology*, 90 (6): 893 – 910.

Echterhoff, G., Higgins, E. T., & Levine, J. M. 2009. "Shared Reality: Experiencing Commonality with Others' Inner States about the World." *Perspectives on Psychological Science*, 4 (5): 496 – 521.

Fiske, S. et al. 2010. *Handbook of Social Psychology* (5 edition). The John Wiley & Sons.

Forster, J., Liberman, N., & Higgins, E. T. 2005. "Accessibility from Active and Fulfilled Goals." *Journal of Experimental Social Psychology*, 41 (3): 220 – 239.

Higgins, E. T. 1987. "Self-Discrepancy: A Theory Relating Self and Affect." *Psychological Review*, 94 (3): 310 – 340.

Higgins, E. T. 1996. "Knowledge Activation: Accessibility, Applicability and Salience." In Higgins, E. T. and Kruglanski, A. W. (eds.), *Social Psychology: Handbook of Basic Principles*. The Guilford Press.

Higgins, E. T. 2000a. "Making a Good Decision: Value from Fit." *American Psychologist*, 55 (11): 1217 – 1230.

Higgins, E. T. 2000b. "Social Cognition: Learning about What Matters in the Social World." *European Journal of Social Psychology*, 30 (1): 3 – 39.

Higgins, E. T. 2006. "Theory Development as a Family Affair." *Journal of Experimental So-*

cial Psychology, 42 （2）：129 –132.

Higgins, E. T. 2012. *Beyond Pleasure and Pain*： *How Motivation Works.* Oxford University Press, Inc.

Higgins, E. T. 2019. *Shared Reality*： *What Makes Us Strong and Tears Us Apart.* Oxford University Press, Inc.

Higgins, E. T., Bargh, J. A., & Lombardi, W. J. 1985. "Nature of Priming Effects on Categorization." *Journal of Experimental Psychology*： *Learning, Memory, and Cognition*, 11 （1）：59 –69.

Higgins, E. T. & Brendl, M. 1995. "Accessibility and Applicability：Some 'Activation Rules' Influencing Judgement." *Journal of Experimental Social Psychology*, 31 （3）：218 –243.

Higgins, E. T. & Chaires, W. M. 1980. "Accessibility of Interrelational Constructs：Implications for Stimulus Encoding and Creativity." *Journal of Experimental Social Psychology*, 16 （4）：348 –361.

Higgins, E. T., King, G. A., & Mavin, G. H. 1982. "Individual Construct Accessibility and Subjective Impressions and Recall." *Journal of Personality and Social Psychology*, 43 （1）：35 –47.

Higgins, E. T. and Kruglanski, A. E. 1996. *Social Psychology*： *Handbook of Basic Principles.* New York：Guilford Press.

Higgins, E. T., Rholes, W. S., & Jones, C. R. 1977. "Category Accessibility and Impression Formation." *Journal of Personality and Social Psychology*, 13 （2）：141 –145.

Higgins, E. T., Roney, C., Crowe, E., & Hymes, C. 1994. "Ideal Versus Ought Predictions for Approach and Avoidance Distinct Self-Regulation Systems." *Journal of Personality and Social Psychology*, 66 （2）：276 –286.

Higgins, E. T., Shah, J., & Friedman, R. 1997. "Emotional Responses to Goal Attainment：Strength of Regulatory Focus as Moderator." *Journal of Personality and Social Psychology*, 72 （3）：513 –525.

Hoffman, M. L. 1975. "Sex Differences in Moral Internalization and Values." *Journal of Personality and Social Psychology*, 32 （4）：720 –729.

Shah, J., Higgins, E. T., & Friedman, R. 1998. "Performance Incentives and Means：How Regulatory Focus Influences Goal Attainment." *Journal of Personality and Social Psychology*, 74 （2）：285 –293.

Van Lange, Paul A. M., Kruglanski, Arie W., & Higgins, E. T. 2011. *Handbook of Theories of Social Psychology.* SAGE Publications.

第二编

分化的社会心理过程

群际不平等：福瑞尔的理智探险

高明华

哈尔滨工程大学人文社会科学学院

摘　要： 克拉克奖在经济学界享有盛誉，被称为"青年诺贝尔经济学奖"。2015 年度克拉克奖得主罗兰德·福瑞尔以经济学视角研究主流社会学问题——教育不平等与群际关系，在方法上他擅长大规模干预研究和实地实验。其研究贡献主要集中在三个方面：族群间学生学业成就差异与教育政策评估、群体身份的经济学分析、歧视与反歧视的经济学机制。本文将围绕这三个领域对其学术贡献进行评介。

关键词： 克拉克奖　教育不平等　群际关系　干预研究　实地实验

教育不平等是社会学关注的核心主题，并且它必定是与群际关系纠缠在一起的。阶层之间、城乡之间、族群之间在教育成就上的差异如何形成以及怎样缩小，对此，社会学者有持续的关注和激烈的讨论。这促使我们反思：社会问题是社会科学的问题，而不仅仅是社会学的问题。因此，我们需要跨越学科藩篱，学习并借鉴其他学科的研究成果与方法。他山之石会激发我们的想象力，为我们打开一片新的视域。

克拉克奖在经济学界享有盛誉，被称为"青年诺贝尔经济学奖"或"小诺贝尔经济学奖"。但是在社会学领域，我们对其可能还比较陌生。"克拉克奖"全称"约翰·贝茨·克拉克奖"，它是美国经济协会在 1947 年为纪念协会创始人、著名经济学家约翰·贝茨·克拉克（1847 ~ 1938）100 周年诞辰时设立。这个奖项从 1947 年设立至 2010 年，是每两年评选一次，此后改为每年评选一次，入选的基本资格为在美国大学任教，并且年龄在 40 岁以下有杰出贡献的学者。

克拉克奖被视为诺贝尔经济学奖的风向标。20 世纪 90 年代以前的 22 位克拉克奖得主已经进入可以角逐诺贝尔经济学奖的年龄, 在这 22 位学者当中, 有 12 位获得了诺贝尔经济学奖, 包括萨缪尔森、弗里德曼、阿罗、索洛、贝克尔、斯蒂格利茨、克鲁格曼等。克拉克奖的颁奖对象只局限于美国经济学家, 首届克拉克奖获得者保罗·萨缪尔森恰好是荣获诺贝尔经济学奖的首位美国经济学家。在欧洲, 与克拉克奖齐名的奖项是叶留扬森奖 (Yrjö Jahnsson Award), 法国学者、2014 年诺贝尔经济学奖得主让·梯诺尔和《21 世纪资本论》的作者托马斯·皮凯提都曾获得此奖。

哈佛大学经济系非裔教授罗兰德·福瑞尔 (Roland G. Fryer, Jr.) 荣膺 2015 年克拉克奖。福瑞尔主要的学术贡献在于他对群际关系与教育不平等富有洞察力的分析, 以及他为提升处境不利的群体的学业成就所实施的一系列大规模的实地实验和干预研究。

在获得克拉克奖之前, 福瑞尔几乎已经囊括了学术界那些最有声望的奖项。他曾荣获史隆研究学者奖、国家自然科学基金会杰出青年教授奖和阿尔弗莱彻奖。福瑞尔在 2009 年又获得美国总统青年科技奖, 这是美国青年科学家的最高荣誉, 同年入选 "时代周刊最具影响力 100 人", 2011 年获得麦克阿瑟天才奖, 2012 年捧走 Calvó-Armengol 奖。迄今为止, 他已发表论文 40 余篇, 其中有多篇论文发表在经济学的顶级刊物《美国经济评论》(AER)、《经济学季刊》(QJE) 和《政治经济学杂志》(JPE) 上。

隐藏在这些耀眼光环背后的是福瑞尔不幸的成长经历。从小母亲弃他而去, 父亲酗酒, 亲戚贩毒。他 13 岁时开始混迹社会, 打工、偷盗、贩卖大麻和假货, 15 岁洗心革面、痛改前非。福瑞尔以体育奖学金进入德州大学经济系读书。此后, 他用两年半的时间获得德州大学学士学位, 四年时间获得宾州州立大学博士学位。毕业后任教于哈佛大学, 30 岁时, 成为该校获得终身教职的最年轻的非裔美国人。

福瑞尔创建的教育革新实验室在教育领域开展了一系列开创性的干预研究。该实验室的使命是为美国教育政策的制定提供可靠的科学依据, 尤其是在少数族群学生和贫困学生的教育方面, 其最终目标是缩小族群间和阶层间的教育差距。

美国经济学会发布的获奖者简介将他的主要研究贡献概括为三个领域: 族群间学业成就差异研究与教育政策评估、社会互动与排斥 "白化"

的经济学分析、歧视与反歧视的经济学机制。其中任何一个领域的贡献都足以成就福瑞尔的学术地位。本文将围绕这三个领域对其研究进行评介。

一 族群间学业成就差异与教育政策评估

福瑞尔及其合作者（Fryer Jr. and Levitt, 2013）基于一项全国性样本数据，将对族群间心智能力的对比研究向前推进到婴幼儿阶段。这一数据中包括对 8~12 个月儿童的心智能力检测，两位作者发现，在测试结果方面，黑人与白人孩子之间只有非常微小的差异，并且在包含几个有限的控制变量之后，这种差异消失了，这在一定程度上驳斥了基因论。但是族群间在环境因素上有巨大不同，随着孩子年龄的增长，环境因素（包括社区和学校）将变得越来越重要。在此前的一项研究中，福瑞尔及其合作者发现孩子在进入幼儿园之后，族群间的学业成就差异开始显现（Fryer Jr. and Levitt, 2004）。只需在幼儿园/学校度过两年时间，也就是从幼儿园开始到一年级末，黑人孩子就落后了 0.2 个标准差，平均每年增加 0.1 个标准差。如果以这个速度继续增长，在小学结束时，这个差距将达到 0.5 个标准差，这与此前研究发现的黑人学生与白人学生之间的平均学业成就差距相符。这也意味着族群间的学业成就差异在小学阶段已经初步形成。作者认为，学校教学质量在其中起到重要作用。

处境不利儿童（主要来自低收入家庭和少数族群）在学业道路上面临哪些障碍？如何缩小学业成就差异？为了应对这些问题，许多教育政策被制定出来，旨在提升处境不利儿童的学业成就和经济地位。这些政策是否达到了预期效果？这是各方面都关心的问题。福瑞尔承担起评估这些政策有效性的使命。

（一）学生干预

福瑞尔最初的工作是设计针对学生的金钱激励项目，并对其能否改善学生的学业成就做出评估（Fryer Jr., 2011）。福瑞尔认为，处境不利儿童的成长环境无法让他们明确地体认到教育的价值，因此，金钱激励并不是要颠覆"因为爱学习所以才学习"的理念，而是要在这些孩子的心中播下"教育会带来收益"的种子。

他在三个城市的 200 多所城区学校实施了一系列以学校为单位的实地

实验（Fryer Jr. , 2011）。在这三个城市，学生获得金钱的条件各异：在达拉斯，学生需要阅读；在纽约，学生需要在期中考试表现优异；在芝加哥，学生则需提升在班级的绩点。结果表明，在每一个城市，金钱激励对学生学业成就的影响在统计上都为零。仅仅在达拉斯说英语的学生身上表现出统计显著的影响。

对于这一结果，作者推测有四种可能的原因。其一，学生对于教育生产功能缺乏了解，也就是说，学生对于究竟如何提升成绩只有非常模糊的想法，而且他们也不知道有谁能帮助他们完成这一任务，如果是这样，那么他们就几乎没有努力的动机。之所以金钱激励对达拉斯的学生的阅读有影响，是因为它不要求学生知道如何提升成绩，他们只要读书就行了。其二，学生的自我控制问题，即他们不愿意为了将来才能获得的收益而做出当下的努力，这是一种短视或者贴现率高的表现。其三，激励是针对学生的，但是教育的生产功能需要其他因素作为辅助和补充，而这些因素超出学生的控制范围，如课程合理、老师优秀、家长负责。其四，结果的不可预测性，学生也许认为测试成绩的好坏是由许多他们无法掌控的因素决定的，有太多运气绞缠在里面，因此基于成绩的激励就不能真正地促动学生。上述四种解释中哪一种是关键，尚需进一步研究证实。

这样的结果多少是令人沮丧的，此后福瑞尔尝试借助学生们都乐于使用的手机来实施干预，看其是否能够产生不同的影响。福瑞尔在其论文（Fryer Jr. , 2013a）中描述了一项于 2010～2011 学年在俄克拉荷马公立学校实施的随机实地实验，其中包括 1470 名实验处理组学生，437 名控制组学生。接受实验处理的学生被分为三组，他们都获得免费的手机。第 1 组学生的手机每月收到 200 个积分任其使用（积分相当于手机通信费，可以用来打电话和发短信），并且在每天下午 6 点左右的时候会收到短信，内容是有关人力资本与未来成就关系的数据信息，短信的发送持续一个学期。第 2 组学生收到同样的短信，但是积分需要自己通过课外阅读来挣得。第 3 组学生可以通过课外阅读来挣得积分，这一点和第 2 组相同，但是他们不会收到像第 1 组和第 2 组那样的短信。此外，有一个控制组，这些学生既没有得到免费手机和收到上述信息，也不会有挣积分的激励。

研究结果表明，接收到短信的学生报告说，他们相信教育与未来成就之间存在关联，并且认为自己更加专注，在学校也更加努力。但是，在出勤率、行为问题或测试分数方面没有可以测量到的改变。这一数据模式与之前所述的第一种解释最相符，即处境不利学生因为对教育生产功能缺少了解，他们不能将努力转化成可以测量到的结果。

（二）教师干预

给教师金钱激励以提升学生表现日益成为世界各地一项流行的教育政策。在印度和肯尼亚等发展中国家实施的教师激励实地实验提高了学生的数学和阅读成绩。但是，在美国实施的那些教师激励项目则没有产生预期效果。福瑞尔在其文章（Fryer Jr., 2013b）中描述了一项在纽约市 200 多所公立学校进行的以学校为单位的随机实验。福瑞尔发现，没有证据表明，教师激励可以提升学生表现、增加出勤率或毕业率，也没有找到证据证实，激励能改变学生或教师的行为。如果说教师激励产生了任何影响的话，那么这种影响也是负面的，即教师激励降低了学生的学业成就，尤其是在规模较大的学校。这使得我们就教师激励对学生学业成就的影响问题有了更进一步的了解。

如何解释在不同国家看似矛盾的发现？一些学者的观点是，发展中国家原初的基线水平低，学生基础差，教师大量缺席，因此有很多"低处的果子"可摘，只要有一点激励的促动，就可以观察到成绩的提升。作为对这种观点的补充，福瑞尔指出，在美国试行的所有激励模式，由于教师工会的强烈影响，其实施程序都过于复杂，并且没有给教师的能动性留有空间。至于其他一些解释，如激励数额不够大，基于群体的激励因"搭便车"而无效，教师对于如何付诸努力来提升学生的学业成就缺少了解，等等，这些都在几个重要方面与数据相矛盾。

关于教师激励问题也有学者有不同的发现和观点。Glewwe 等（2010）讨论了以群体为单位的教师激励，指出学生测试成绩在短期内有增长，但是在激励项目结束之后，学生并没有维持他们的学业成就。该文作者对此的解释是，在激励之下教师努力的目标是测试成绩的短期增长，而不是从长期角度帮助学生学到知识。Muralidharan 和 Sundararaman（2011）对比了在印度实施的个体激励和群体激励的效应，前者是直接奖励绩效高的老师，后者则是如果某一学校总体成绩优异，则全体教师皆受到奖励。他们发现，在第一年，个体激励和群体激励都提升了语言和数学成绩，两者获得了同等的成功。但是在第二年，个体激励相对更有效，群体激励则稍逊一筹，这无疑证实了"搭便车"现象的存在。

尽管前述研究证实，在美国以金钱激励教师对于提升学生的学业成就没有效果，但是福瑞尔与合作者发现（Fryer Jr. et al. , 2012），只要对这种传统的教师激励方式进行些许调整就可以使学生的数学成绩提高0.2~0.4个标准差。这个效应相当于将教师质量提升超过一个标准差所带来的收益。

在2010~2011学年，福瑞尔等人在9所学校进行了这一实验研究。学年伊始，教师被随机选择参与一项绩效奖励项目。那些被选择参与项目的教师获得奖励的时间和框架有显著不同。在收益处理组的教师，是按照传统方式，于学期末依照其所教学生的学业成就获得奖金；在损失处理组的教师，学期开始就会获得一笔支付给他们的奖金，并告知他们，如果学生的表现没有达到设定的目标，他们必须返还部分或全部津贴。需要强调的一点是，如果两组教师有相同的绩效，那么他们最终会获得同样的奖金。

结果表明，损失处理组的教师其学生的数学测试成绩表现出了统计显著的提升；同时，与之前的研究相一致，对于按照传统方式接受收益处理组的教师，金钱激励对学生的学业成就没有影响。两组之间的差异统计显著。

该文作者以卡尼曼（Kahneman）和特沃斯基（Tversky）的损失厌恶理论来对结果进行解释。损失厌恶是指相对于某一参照点来说，同等程度的损失给人们带来的心理影响要大于同等程度的收益的影响。简言之，就是相对于收益，人们对损失更敏感。在事后奖励的传统方式中，教师至多只是少得了一些钱，但是在提前支付的方式中，如果没有达到预期绩效，他们需要返钱，这对于他们来说是比前者更痛苦的事情。损失厌恶心理使得提前获得奖金的教师更加努力，以免到手的收入被收回。

（三）学校干预与社区干预

学校干预和社区干预相比，到底哪一种对于帮助处境不利儿童摆脱贫穷更有效？高质量的学校教育是否足以抵消社区环境带来的负面影响？这方面的研究发现对我国的教育实践有重要启示。

福瑞尔及其合作者在这方面做了细致的对比研究（Fryer Jr. and Katz, 2013；Dobbie and Fryer Jr. , 2011）。HCZ（Harlem Children's Zone）项目是将社区投资与特许学校融合在一起，是一项同时改变学校教学质量和社区环境质量的干预措施。一些学生居住在HCZ区域之外，也就意味着他们无法获得社区干预的收益，但是他们就读于 HCZ' Promise Academy 特许学校。这些学生在测试成绩方面会获得与居住在这一区域内同时就读于这些特许学校的学生相同规模的提高。无论是中学还是小学，就读于特许学校都能够显著缩小数学和语言方面的族群差异。

将上述结果与居住迁移行动（Moving to Opportunity，MTO）的干预效果相对比，对前面提出的问题会有更明晰的认识。MTO 相当于一个改变社区但是维持学校教学质量不变的例子。MTO 实验将个体从高度贫困社区搬到低贫困社区，但是很多接受 MTO 项目干预的学生仍旧就读于原来低收入和少数族群学生占多数的学校，也就是说，学校教学质量没有变化。结果表明，在学业成就方面，MTO 对女孩的影响为零，对男孩的影响为负。但社区环境的改善对降低健康方面（精神与身体）的不平等程度有效。

两个项目的对比（Fryer Jr. and Katz, 2013）揭示出，即使贫困家庭的社区环境有了大幅度的改善，但是如果学校教学质量方面没有得到同样程度的提升，就不会在经济与教育结果方面产生可观察到的影响。与之相反，即使没有任何社区层面的改善，但是学校教学质量提升，如各类特许学校的存在，那么学生的学业成就也会表现出惊人的提高。可见，对于儿童人力资本的生产，起关键作用的是学校教学质量。面临紧缩的预算，政策制定者需要在社区干预与学校干预之间进行平衡。对于成长于高度贫困社区的低收入家庭的学生来说，系统地、大幅度地改善学校教学质量和教师质量是至关重要的（Dobbie and Fryer Jr., 2011）。

既然学校扮演如此关键的角色，那么什么样的学校更有效？为了回答这一问题，福瑞尔及其合作者收集了 35 所特许学校内部的工作数据，将这些数据与学校效能估计量之间进行相关分析，发现传统上基于资源的教育模型所关涉的变量，如班级规模、生均支出、没有教师资格证的教师比例、有高级学历的教师比例等，与学校效能无关（Dobbie and Fryer Jr., 2013）。与之形成鲜明对比的是，他们发现，超过 40 年的质性个案研究所揭示的 5 项政策指标能够解释学校效能变异的 50% 左右。这 5 项指标是：教师经常性地收到来自学生的反馈；基于每个学生的相关数据调整指导方式、追踪学生，使指导策略更有针对性；进行高强度的辅导，它指的是辅导小组的学生人数少于或等于 6 人，并且每周见面次数等于或多于 4 次；增加指导时间，即增加指导日的次数和每日的长度；无论学生来自何种家庭背景都寄予高期望。这 5 项指标中，控制任何其他 4 项指标之后，每一项都有单独贡献。

（四）学业干预与行为干预

针对处境不利儿童的干预策略一直集中于提升其认知能力，即进行学业干预，而非认知能力及相关行为的重要性一直没有得到足够的重视。但是福瑞尔等学者（Cook et al.，2014）认为，这些儿童因其成长环境的影响所形成的一些社会行为问题是其学业落后的重要原因。此外，学校所提供的东西（学业或非学业方面）与落后的青少年所需要的东西之间存在着不匹配。这种不匹配解释了为何以前只有很少的干预取得成功。

在这项研究中（Cook et al.，2014）作者们报告了一项双面向干预的随机控制实验，它为处境不利青少年提供非学业和学业的支持。前者是行为干预，为他们提供社会认知技能的训练。后者提供密集的、个性化的、二对一的数学辅导。作者认为，以这类匹配式辅导模式（Match Tutoring Model）进行学业干预可以有效解决前面提到的不匹配问题。

参与者是来自南芝加哥公立高中的九年级学生和十年级学生。只用了很短的时间，这项干预就在学业上产生了巨大的收益，对于已经落后几个年级层次的学生来说也是如此。参与者的数学成绩与数学绩点都得到了提高，并且预期毕业率也相应提升。这项研究单位美元的收益超过许多其他的干预措施，包括那些在童年早期就实施的干预。它也挑战了下述说法的正确性，即随着儿童年龄的增长，他们的可塑性逐渐降低，因此在青春期进行的干预几乎不可能大幅度地提升学业成就。福瑞尔认为，即使这种说法是对的，也要考虑到大部分社会政策的干预效应会随时间的变化而逐渐衰减，因此童年期干预可能会在青春期失去效能。

如何在生命历程中分配干预资源，以使得处境不利儿童的长期生命质量得到最大程度的改善，这是一个长期困扰学者和政策制定者的问题。但是，一旦我们对能力的认识从单维能力转向多维能力，就会发现这种童年期干预（早期干预）与青少年时期干预（晚期干预）之间的矛盾冲突并不存在。

曾经很长一段时期，几乎所有的研究都将"能力"等同于"认知能力"，忽视了"非认知能力"的存在。认知能力，一般指智力和解决抽象问题的能力，通常以阅读、科学和数学能力的测试分数作为度量标准；非认知能力，指个体的社会交往能力、自控力、情绪稳定性等非智力因素。非认知能力与认知能力联系微弱，但同等重要。此前的研究过高地估计了认知能力对个体社会经济表现的影响，近年来，已经有多项研究证实了非认知能力的重要性，并且随着心理测量方法的完善，对非认知能力的测量在技术上也将成为可能。

认识到能力的多维性，并针对其制定干预策略，这是教育心理学和教育经济学新近拓展的一片研究领地。鲍尔斯等人在《收入的决定因素：行为的视角》一文中，基于对既往研究的元分析发现，教育对收入的贡献，仅有一小部分是可以由测试分数解释的（Bowles et al.，2001）。在去除测试分数之后，学校教育价值的系数仍旧保持在82%左右。由此，该文作者指出，绝大部分学校教育对收入的效应是通过学业成就所不能捕捉到的因素而发挥作用的。尽管该研究因其使用的是横截面数据而影响了其对因果关系的判别，但它至少证实了非认知能力与收入之间相关关系的存在（程飞，2013）。此后的一系列研究揭示出，对于在以低技能为特点的劳动力市场务工的个体，非认知能力对工资、职业稳定性和社会行为的影响甚至超越了认知能力（李晓曼、曾湘泉，2012）。

另一项被广为引用的精彩研究由2000年诺贝尔经济学奖获得者詹姆斯·赫克曼与其合作者共同完成。他们富有创造性地将GED证书持有者作为参照群体，对比了GED证书持有者、高中辍学者和高中毕业但未继续读大学者这三个组群，揭示了非认知能力对个体教育和工资的重要性。GED证书是美国和加拿大的一般教育发展证书，是为没有获得高中毕业证书的学生准备的一项等级考试，其考试的科目和难度与高中水平相当，因此可以认为GED证书持有者与高中毕业生在认知能力上无明显差异。但是，研究发现，其工资水平远远低于后者，仅与高中辍学者的工资水平相当。而且，虽然在申请大学方面，GED证书与高中毕业证具有同等效力，但是仅有40%的GED证书持有者申请进入大学，并且这其中有将近一半的学生在第一年辍学。基于统计分析发现，研究者指出，GED证书持有者缺乏正向动机和毅力，在一系列这类"非认知特质"指标上他们更接近于高中辍学者。由此可见，对于劳动力市场表现，认知能力与非认知能力具有同等重要且相对独立的影响（Heckman & Rubinstein 2001；Heckman et al.，2006；程飞，2013）。

从单维能力向多维能力认识的转变，伴随着一个相关的思考：认知能力与非认知能力是否有各自形成的关键期和敏感期？答案是肯定的。智商在10岁左右就基本稳定下来，不会发生大的变化。相比认知能力，非认知能力的可塑性跨越的生命周期更长。认知神经科学的最新发展表明，青春期干预对于非认知技能的形成更为有效，因为负责冲动控制、情绪调节、驾驭复杂社会关系的大脑前额叶皮层在 25 岁左右才成熟（Dahl，2004）。

能力的形成遵循可加性原则，具有乘数效应，前一时期能力的形成可以增加下一时期能力的获取效率。不仅早期认知能力的获得会促进后期认知能力的积累，而且早期非认知能力的形成也有助于提高下一阶段的认知技能。例如，早期培养的情绪稳定性和专注力等非认知技能会影响青少年时期和成年后的表现。

一旦从生命周期角度审视人力资本投资策略，就会发现，早期干预和晚期干预之间并无矛盾。针对处境不利儿童的早期干预主要是对其认知能力的提升，并且，为充分发挥早期投资的效果，必须在以后阶段追加投资，而对于后期干预来说，非认知技能是重点。尤其是对一些社会偏差和犯罪行为来说，Heckman 等（2006）发现，在样本群体中，增加非认知技能所带来的不良行为的改变要比增加同等单位的认知技能所带来的行为变化大得多。

针对我国的情况，鉴于非认知技能在低技能劳动力市场上具有超越认知技能的作用，那么对于农民工尤其是新生代农民工的培训应以非认知技能为特点，因为大多数新生代农民工都有流动和留守的经历，这些经历不仅降低了其教育获得，更影响他们的非认知能力，如社会交往能力、情绪稳定性等。

二　群体身份的经济学分析

（一）排斥"白化"

福瑞尔讨论了一种被称为排斥"白化"（Acting White）的社会学现象。福瑞尔对这一问题的讨论一直围绕他所构建的双向信号模型（Two-Audience Signaling Model）展开（Austen-Smith and Fryer Jr.，2005；Fryer Jr. and Torelli，2010）。该模型的核心观点是，少数族群成员（主要指黑人和西班牙裔）要在一种二元的对立关系中做出取舍，他们既要对外界劳动力市场表明他们是何种类型之人，也要对同伴群体表明他们的类型。矛盾在于，那些能够在劳动力市场中带来高工资的类型标识（如投资教育），却会导致同伴群体的排斥。

在学校教育阶段，如果有黑人或西班牙裔青少年投资于那些具有白人特征的行为，例如，对芭蕾有兴趣、在课堂上举手或者取得好成绩，就会受到其他本族群青少年的嘲弄，认为他们"白化"了，是本族群的"叛徒"。一旦被贴上这样的标签，他们会遭受一系列的惩罚，被同伴群体抛弃、挨揍，极端情况甚至会被"做掉"。正因如此，福瑞尔在文中也称其为"同伴外部性"。而作为优势群体的白人学生则不会面临上述矛盾，在他们当中，学业成就与同伴接纳之间并无冲突。

基于上述模型，群体成员可以被划分为两种类型：聚集型，他们重视同伴关系，进行低水平的教育投资，也只有这种投资类型的人会被同伴群体接受；分离型，他们进行高水平的教育投资，也相应地比聚集型投资策略的人挣得更高的工资，代价是他们会受到同伴群体的排斥。

在模型中，群体内成员类型的构成和内群行为被视为个体贴现因子的函数。具体地说，当个体更关注当下、不重视未来（即贴现率高）时，模型均衡的结果是群体内出现两极化的类型区分：低教育层次但被同伴群体所接受的类型和高教育层次且高工资但被同伴群体排斥的类型。当个体非常有耐心（即贴现率低）时，群体内成员的构成将更加多样化，教育层次的方差会增大，群体能够接受的类型也更多。简言之，群体内成员的贴现率越高，同伴压力就越显著，群体会更同质；反之，如果群体足够重视未来，则群体将更加具有异质性。

双向信号模型得到了经验数据的支持。研究拒斥"白化"现象的一个主要障碍是缺少对这一现象的量化测量。福瑞尔及其合作者（Fryer Jr. and Torelli, 2010）在文中富有洞见地将其操作化为不同族群学生之间在"受欢迎性"与"学业成就"关系上的差异。基于青少年健康状况的全国纵贯调查（National Longitudinal Study of Adolescent Health）的最新数据，福瑞尔为每个学生构建了一个"社会欢迎度"指标，这一指标客观地测量了每个学生的受欢迎性，它要求学生列出其在学校内同族群朋友的数量，然后再用其中每位朋友的受欢迎度对其进行加权。这项调查涵盖了来自这个国家 80 个社区 175 所学校共 90 万名初、高中学生，是一项全国性数据。

福瑞尔及其合作者发现，在学业成就与受欢迎性之间的关系上存在巨大的族群间差异。在白人当中，高绩点的学生也高度受欢迎，两者之间的关系是正向的。在黑人学生当中，绩点低于 3.5 时，两者之间的关系微弱，为正，随着绩点的提高两者转为高度负相关，成绩越好的学生越不受欢迎，绩点为4.0的黑人学生比同绩点的白人学生平均少1.5个同族群朋友。显然黑人学生要在是"重视同伴群体接纳"还是"重视学业成就"之间进行取舍，取得好成绩要以牺牲同伴忠诚为代价。

两者间的关系还受到其他变量的调节（Fryer Jr.，2010）。在高学业成就的学生中、在私立学校以及有更多族群间接触的学校（通常是黑人学生不超过20%的学校）里，学业成就与受欢迎性之间的负相关（即排斥"白化"效应）更强；而在公立学校、在黑人学生占绝大多数的学校（通常是黑人学生超过80%的学校）里，这种效应并不存在，学业成就高的黑人学生也受到同伴群体的欢迎。

在有更多族群间接触的学校，排斥"白化"现象更普遍，这一点也许令人惊异，但是它与双向信号模型相一致，因为在族群异质性高的学校里，有更强的维持族群边界、严守族群规范的压力，所以也更加排斥"白化"。而在更加隔离的学校，黑人在受欢迎性与学业成就之间进行取舍的压力更小。

在社会学领域，论述底层群体如何抵制支配群体文化的著作中，最为读者所熟悉是保罗·威利斯（2013）的《学做工：工人阶级子弟为何继承父业》。《学做工：工人阶级子弟为何继承父业》采用人类学的民族志方法，对12位出身工人阶级家庭的男孩子的学校和职业生活进行了深描，为再生产理论增加了质性维度；作为一位经济学家，福瑞尔基于大规模的量化数据，利用精致的计量模型，揭示了这种抵制/排斥的存在。此外，威利斯的一项独特贡献在于，他在再生产过程中实现了"行动者的归来"，即他将被支配者的"主体性"带了回来（吕鹏，2006）。如果说在威利斯那里主体性体现为底层群体对学校教育甚至资本主义的洞察和抵制，那么，在经济学领域，理性人假设本身就蕴含着主体性，在福瑞尔那里，主体性化身为一种效用的权衡。

（二）身份经济学

除族群规范外，福瑞尔还将其研究触角深入黑人名字和音乐风格领域（Fryer Jr.，2010）。他发现，黑人名字的时间变化趋势与测试成绩的模式相同。当黑人更多地起不同于白人的名字，也就是黑人更强调自身族群特色的时候，黑人与白人的学业成就差距也更大。说唱音乐的流行似乎也与测试成绩有关。尽管目前还没有足够证据证实，嘻哈文化这种有黑人特色的音乐的流行会影响黑人的学业成就，但福瑞尔指出，至少我们可以认为背后可能存在一种其他力量，同时带来了嘻哈文化的兴起和非裔中心主义的兴盛，这强化了黑人青少年的身份认同，影响了其对本族群理想形象的认识，进一步降低了其对学业成就的追求。

福瑞尔的上述主张是对"身份经济学"的精彩阐释。2001年诺贝尔经济学奖得主乔治·阿克洛夫与其合作者在同名著作中对"身份经济学"的既有研究做了系统总结，并对其未来前景寄予厚望（阿克洛夫、克兰顿，2013）。两位学者指出，在经济学的发展史上，曾出现四次较大的理论转型，分别是博弈论、信息不对称理论、行为经济学和贝克尔对社会问题的经济分析。这四次转型背后的一个共同驱动力是，使理论更接近现实。身份经济学正是承继这一理论趋势发展起来的分支，它强调社会背景中的个人。它为标准经济学模型注入三种身份因素：社会类别和每个人所属的社会类别或身份；每一社会类别的规范和理想类型；身份效用，即当个人的行为与规范和理想类型相一致时所带来的效用，或者相违背时所遭受的损失。

借助这三种身份因素，阿克洛夫分析了学校中学生的行为决策，他针对的是与福瑞尔相同的问题，即为什么黑人学生在学校里普遍遵循不努力学习的行为规范。首先，学生根据各自的特征（如父母收入、运动技能等）确定他们所属的社会类别，即身份，一些外形特征（如民族、族群、性别等）限制了主体的身份选择；此后，学生明确符合这一类别的规范，并做出不同的行为决策；不同的决策会带来身份效用的损失或收益。其损益取决于学生适合某一社会类别的规范和理想类型的程度。只要学生投入努力的程度背离了自己所属类别的理想，就会损失身份效用，而与类别规范相符合，则会收获效用。例如，一名试图通过努力学习取得好成绩的黑人，因其行为不符合族群规范，会遭受身份效用的损失，相反，一名学习不努力的黑人则获得身份效用的提升。

无疑，福瑞尔基于双向信号模型对排斥"白化"现象的分析是对身份经济学解释力的精彩证明，这是克服理性人假设、关注非货币因素对人们行为影响的经济学发展趋势的体现。但是，他在教育干预研究中反复实践的是基于金钱的激励策略。阿克洛夫和克兰顿（2013：31）指出，传统的经济学实验关注的是货币激励，而新的经济学实验试图说明社会环境有多重要。似乎，福瑞尔对族群间学业成就差异的分析，即他对排斥"白化"的精彩论述，是站在经济学的前沿领域展开的，此时他是一位身份经济学家，但是其实施的缩小学业成就差异的干预策略是建立在传统经济学的"理性人"假设之上的。两条路径的前提假设都是主体具有"效用最大化"的动机，只是有身份效用和经济效用的不同。

如果将身份因素纳入干预策略中会产生怎样的结果？对此，阿克洛夫持乐观态度，他认为，考虑身份因素的激励机制，不仅可以克服金钱激励导致的问题，还能够产生长期的正向影响。如果教师对学校目标和教育使命有强烈的认同感，视自己为学校的"内部人"，他们会投入较高努力，而无须金钱激励，因为他们会在身份效用的提升上获得收益；相反，如果一位教师视自己为"外部人"，而"外部人"的行为规范是在组织目标上投入较低努力，这时如果要求他们倾力工作，他们会体验到身份效用的损失，因此必须以金钱激励作为补偿。

教师是否认同学校目标和教育使命，是否将自己视为"外部人"取决于学校的管理政策。正如对员工严加监督会在其心中激发"外部人"感受，金钱激励可能会导致同样的结果，将用于"外部人"的激励措施针对"内部人"，会侵蚀"内部人"内在的工作动机。福瑞尔在对"为何有时金钱激励无效"的讨论中并没有提及这一点，而这一点可能恰恰是最重要的。

在身份经济学的研究进路中，除上述学者以外，还有其他一些经济学家具有"家族相似性"的主张。例如，在道格拉斯·伯恩海姆（Douglas Bembeim）的"遵从理论"（Theory of Conformity）中，遵守群体规范被看作向其他成员发出的一种信号。埃莉诺·奥斯特罗姆（Elinor Ostrom）数十年来对灌溉、沟渠、林业和渔业开展了极具影响力的研究，她指出，"公地悲剧"之所以没有发生，正是因为规范将公共体系连接在一起，她也因这方面的成就获得了 2009 年诺贝尔经济学奖（阿克洛夫、克兰顿，2013；方文，2008）。

三　反歧视政策的经济学机制

肯定行动（Affirmative Action）作为美国教育和劳动市场中对抗歧视的重要举措，从其在 20 世纪 60 年代推行之日起，一直是支持与反对之声共存，其中既有学理讨论，也有政治争议，更有司法诉讼。相对于关于肯定行动的大量既有文献，福瑞尔研究的独特之处在于，他与合作者更多关注的是肯定行动的可见性维度和时间性维度（Fryer Jr. and Loury, 2005, 2013）。围绕这两个维度，基于精致的计量模型和可靠的经验数据，对一些长久存在的争议，他尝试给出回答；同时出于"学者的诚实"，他也在文章中坦诚，有一些话题仍旧是开放性的，到目前为止尚无确定性的证据。

（一）肯定行动的可见性维度

肯定行动的可见性维度是指，在实施维护处境不利少数族群权利的干预政策时，是否应该明确地将族群作为考量因素。因此，这一维度有两种取向：色明与色盲。"色明"，指直接依据族群身份进行政策干预，录取者在做出选择时，对于来自目标群体的申请者（如非裔、西班牙裔）表示出明显的优待。而这在"色盲"的肯定行动中是被禁止的。"色盲"，指不依据族群身份对个体进行政策干预，但是，仍旧能够达到提升族群多样性的目的，也被称为种族中立的政策，例如，根据申请者的身高（而非族群身份）做出录取选择，但是，因为我们知道白人的平均身高比亚裔更高，所以我们依旧能够达到预先设定的族群录取比例。"色盲"的肯定行动使得大学在录取时将重点由学业特征转移到社会特征，学业特征能够预测学生此后的学业表现，而社会特征是作为族群的替代变量。在刚才的例子中，身高就相当于族群身份的一个替代变量，其在族群之间存在系统性差异。而在实践中，更多的是将课外活动作为学业成就的替代变量。

关于肯定行动的一个"迷思"，或者说一种广泛流行的错误观点是，"色盲"的肯定行动比"色明"的肯定行动更有效（Fryer Jr. and Loury，2005）。传统的肯定行动以"色明"占主导，公立大学在新生录取时都明显地考虑族群代表性，会有意识地招收一定比例的少数族群学生，或将一定数量的名额留给他们，尽量使少数族群学生在新生中的比例接近其在总人口中的比例，而这通常需要降低标准。

在过去十几年里，法律与政治环境发生了急速的转变。许多学者和政策制定者敦促精英大学在录取时，更多地依据社会经济背景和其他的非族群特征、非学业特征来评估申请者资格。许多组织开始重新制定它们的政策，尤其是在高等教育领域（Fryer Jr. et al.，2008）。1996 年是肯定行动政策的一个历史性转折点。在这一年，得克萨斯、佛罗里达、加利福尼亚（美国前四大州中的三个州，也是美国高中生和大学生最多的三个州）正式废除了在大学新生录取过程中考虑族群因素的做法。三州各自规定，本州所有高中毕业班排名前 10%（德州）、20%（佛州）和

4%（加州）的学生都直接进入它们的公立大学系统，与学生的族群身份无关。这类政策在客观上也照顾到了少数族群，因为美国几个大的少数族群基本是彼此隔离、本群聚居的，各族群学生也自然集中在本社区的高中里，因此上述 "百分比" 录取原则使得师资力量差、学业成就低的少数族群学生不必和学业成就高的白人学生相互竞争，尽管如此，在不考虑族群因素后，大学录取的非裔学生和西班牙裔学生与之前相比都有明显下降。

由 "色明" 转向 "色盲" 的肯定行动的一个基本初衷是，在不明显体现种族优待的前提下，提升被录取者的族群多样性。许多人认为，实施这种种族中立的政策有助于教育机构避免被控 "逆向歧视" 的诉讼风险。但是这种 "色盲" 的肯定行动的短期和长期效用究竟如何呢？

福瑞尔及其合作者（Fryer Jr. et al.，2008）基于几所大学和学院的学生录取数据评估了相对于传统的 "色明" 的肯定行动，即 "色盲" 的肯定行动的短期成本，同时，通过将学生的 "努力程度" 作为内生变量纳入模型，该文也分析了 "色盲" 的肯定行动的长期成本，尤其是其对学生在申请大学之前是否愿意付诸努力的激励效应。该文证实，总体上说，与 "色明" 的政策相比，"色盲" 的肯定行动是低效甚至无效的，它有损高等教育中资源分配的有效性。这一发现对于公共政策的设计具有重要意义。

首先，在短期上，"色盲" 的肯定行动的有效性一定是低于 "色明" 的肯定行动的。大学要录取一部分申请者，同时要尽量最大化被录取者的预期表现。被录取者的预期表现作为因变量，它是高中时标准化测试成绩和课外活动的线性函数。大学在评估申请者的资格时，给予课外活动和测试成绩的相对权重应该与这些变量各自与录取后的学业表现的偏相关比例相同，高中测试成绩自然与大学后学业表现的相关性更强，理应给予更高的权重，但是因为学校、社区、家庭等方面的原因，少数族群学生的高中成绩相对更低。因此，如果严格遵循这一原则会导致目标族群被录取的学生过少。既要提升测试成绩低的目标群体的代表率，以保证被录取者的族群多样性，又要在筛选时继续 "色盲"，这样一来录取者在评估申请者的特征时就会给予课外活动更高的权重，高于课外活动与录取后的学业表现的偏相关。这导致的结果是，运用 "色盲" 的肯定行动的学校比运用 "色明" 的肯定行动的学校所录取学生的学业成就低，政策的有效性自然下降。

其次，在长期上，"色盲"的肯定行动也可能是无效的。大学的录取政策会创造出一种激励动机，这种激励会引导学生在申请之前的行为，从而改变某种特征（如学业成就、课外活动等）在不同族群学生中的分布。大学利用那些在被优待的目标群体中更有可能被发现的非族群特征来提升该群体成员被录取的可能性，但是这一特征和能够预测学生大学学业成就的特征完全不同。而这种现象在"色明"的肯定行动中不会发生，因为"色明"的肯定行动仍然以学业成就为选择标准。由此，"色盲"的肯定行动对学生造成了误导，使得他们不注重学业成就，而只关注能够增加录取可能性的特征。"色盲"的肯定行动损害了学生早期的努力动机。福瑞尔等人的主要结论是仅仅依据"种族中立"的方式实现高等教育中族群多样性的目标，会带来严重的、负面的、非预期的后果。

此前的研究没有将学生的"努力程度"作为内生变量纳入理论模型，因此，它们无法解释"色盲"政策的长期影响。福瑞尔的模型考虑到了大学录取政策对学生的激励效应，即学生会努力获得被选择者重视的特征，它对于学生是否愿意在学业上付诸努力具有导向作用。正因如此，该模型解答了长期效应问题，为这一主题的讨论纳入了新的洞见。

虽然如此，至少在两种情况下，"色盲"的肯定行动比"色明"的肯定行动更加受偏好（Fryer Jr. et al., 2008）：最明显的一点是，在当下的社会政治环境下，它在政治上更加切实可行。因为它以不明显诉诸种族的方式促进多样性，这样做既可以避免法律诉讼，又更少地招致反对之声。其二，它关系到组织内少数族群的相对声望。虽然"色盲"的选择机制降低了被录用者总体的平均声望，但是它提升了受优待族群被录用成员的相对声望。

（二）肯定行动的时间性维度

肯定行动的时间性维度关注的是，在人生发展的过程中，引入优待政策的理想时间点。福瑞尔及其合作者构建了一个两阶段模型（Fryer Jr. and Loury, 2013）。在事前阶段，主体因其获取技能的成本和社会身份的不同而成为异质性主体，处境不利群体成员获得技能的成本更高，他们对是否投资于技能获取做出决定。在事后阶段，主体的异质性源于其生产能力和社会身份的不同，他们进入竞争性的劳动力市场，在市场中购买（生产）机会以使他们能够运用此前所获取的技能，并获得回报。如果在事前阶段引入优待政策，它针对的就是技能发展；如果在事后阶段引入优待政策，它关注的是工作机会的分配。

关于时间性维度，福瑞尔的核心观点是事前干预和事后干预之间有相互作用的关系，即技能发展与机会分配之间存在行为关联（Fryer Jr. and Loury，2013）。工作机会如何分配，机会带来的收益大小，都是在事后阶段才出现的，对于这些事后收益的预期会直接影响事前的技能投资决策。当事后阶段的政策干预是"色盲"的，它资助处境不利群体成员以固定比例获得工作机会，那么就不再需要事前阶段的干预以影响技能投资。这是因为，如果事后阶段的干预本身有效，那么机会分配阶段的优待所带来的收益会被主体正确地预知到，他们自身就会产生投资技能的动机，而不再需要外界干预以提升获取技能的激励。

肯定行动是越早实施越好吗？尽管有一些学者认为，在个体生命阶段的早期（如基础教育阶段）就引入肯定行动，可能会避免在高等教育阶段和进入就业市场时实施肯定行动出现的许多问题，更重要的是，它有利于主体发展，提升少数族群学生的技能。但是，福瑞尔及其合作者（Fang and Fryer Jr.，2004）在文中以模型证实，肯定行动并不是越早实施就越好。早期引入肯定行动会面临主体损耗的问题，即那些被纳入肯定行动的人没有进行完整项目，比如那些因优待政策而进入各类学校的学生却没能完成他们的学业，这种情况在现实中普遍存在。另外一个更有力的证据来自 Heckman 与 Krueger（2005）的研究，同样是在早期阶段实施的两个干预项目，一个带来显著的正面结果，另一个则没有。其原因在于，后者项目的参与者仍旧生活在原来的社区，接触原来的同伴群体。因此，项目的效应受到许多其他因素的影响，不仅仅与时间有关。

四　结语

美国经济学会对福瑞尔的评价是，他果敢自信、无所畏惧。为了检验假设和评估政策，他利用坚实的经济理论，收集最新的研究数据，实施恰切的经验研究，包括大规模的随机实地实验，使我们能够更好地理解族群不平等，更有效地制定教育政策，以改善处境不利儿童的人生际遇。他的研究发现将给美国及世界各地少数群体的教育和经济结果带来影响。

福瑞尔的研究志趣当然和他的人生经历有关，但是作为纽约市教育局的首席平等官，他仍旧保持着与其研究对象的密切联系。深入所研究的群体之中，这一直被视为是人类学家和社会学家的专属，但经济学家同样可以这样做。方法无壁垒，目的是导向。我们在福瑞尔的文章中不仅可以看到精致的计量模型，同时还能看到丰富的质性资料。对于那些一直处于抽象层面的争论，福瑞尔总能恰当地将其操作化为可检验的经验假设，并发现合适的变量或替代变量，这与他掌握丰富的经验材料不无关系。"观念有其结果"，行动亦有其结果，只有观念与行动的结合，才能成为从根本上推动一门学科演化的动力。经济学如此，社会学更应如此。

参考文献

保罗·威利斯，2013，《学做工：工人阶级子弟为何继承父业》，秘舒、凌旻华译，译林出版社。

程飞，2013，《非认知能力对个人收入影响的研究述评》，《中国高教研究》第9期。

方文，2008，《转型心理学：以群体资格为中心》，《中国社会科学》第4期。

高明华，2013，《教育不平等的身心机制及干预策略——以农民工子女为例》，《中国社会科学》第4期。

李晓曼、曾湘泉，2012，《新人力资本理论——基于能力的人力资本理论研究动态》，《经济学动态》第11期。

李晓文、彭琴芳，2011，《3~9年级儿童能力观干预比较研究》，《心理科学》第5期。

吕鹏，2006，《生产底层与底层的再生产——从保罗·威利斯的〈学做工〉谈起》，《社会学研究》第2期。

马惠霞、郭宏燕、沈德立，2009，《系统心理干预增进初二学生良好学业情绪的实验研究》，《心理科学》第4期。

乔治·阿克洛夫、瑞秋·克兰顿，2013，《身份经济学：身份如何影响我们的工作、薪酬和幸福感》，颜超凡、汪潇潇译，中信出版社。

Austen-Smith, D. and Fryer Jr., R. G. 2005. "An Economic Analysis of 'Acting White'." *The Quarterly Journal of Economics*, 120 (2): 551 – 583.

Bowles, S., Gintis, H., & Osborne, M. 2001. "The Determinants of Earnings: A Behavioral Approach." *Journal of Economic Literature*, 39 (4): 1137 – 1176.

Cook, P. J., Dodge, K., Farkas, G., Fryer, R. G., Guryan, J., Ludwig, J., ..., & Steinberg, L. 2014. "The (Surprising) Efficacy of Academic and Behavioral Intervention with Disadvantaged Youth: Results from a Randomized Experiment in Chicago (No. w19862)." Working paper of National Bureau of Economic Research.

Dahl, R. E. 2004. "Adolescent Brain Development: A Period of Vulnerabilities and Opportunities." In R. E. Dahland & L. P. Spear (eds.), *Annals of the New York Academy of Sciences*, 1021 (1): 1 – 22.

Dobbie, W. and Fryer Jr., R. G. 2011. "Are High-Quality Schools Enough to Increase Achievement among the Poor? Evidence from the Harlem Children's Zone." *American Economic Journal: Applied Economics*, 3 (3): 158 – 187.

Dobbie, W. and Fryer Jr., R. G. 2013. "Getting Beneath the Veil of Effective Schools: Evidence from New York City." *American Economic Journal: Applied Economics*, 5 (4): 28 – 60.

Fang, Hanming and Fryer Jr., R. G. 2004. "The Optimal Timing of Affirmative Action." https://www. researchgate. net/publication/228422979_The_Optimal_Timing_of_Affirmative_Action.

Fryer Jr., R. G. 2010. "The Importance of Segregation, Discrimination, Peer Dynamics, and Identity in Explaining Trends in the Racial Achievement Gap." *Handbook of Social Economics*, https://www. nber. org/system/files/working_papers/w16257/w16257. pd, pp. 1166 – 1191.

Fryer Jr., R. G. 2011. "Financial Incentives and Student Achievement: Evidence from Randomized Trials." *The Quarterly Journal of Economics*, 126 (4): 1755 – 1798.

Fryer Jr., R. G. 2013a. "Information and Student Achievement: Evidence from a Cellular Phone Experiment." NBER working papers, No. 19113.

Fryer Jr., R. G. 2013b. "Teacher Incentives and Student Achievement: Evidence from New York City Public Schools." *Journal of Labor Economics*, 31 (2): 373 – 407.

Fryer Jr., R. G., Heaton, P. S., Levitt, S. D., and Murphy, K. M. 2013. "Measuring Crack Cocaine and Its Impact." *Economic Inquiry*, 51 (3): 1651 – 1681.

Fryer Jr., R. G. and Jackson, M. O. 2008. "A Categorical Model of Cognition and Biased Decision Making." *The B. E. Journal of Theoretical Economics*, Vol. 8, Iss. 1, Article 6.

Fryer Jr., R. G., Kahn, L., Levitt, S. D., and Spenkuch, J. L. 2012. "The Plight of Mixed Race Kids." *Review of Economics and Statistics*, 94 (3): 621 – 634.

Fryer Jr., R. G. and Katz, L. F. 2013. "Achieving Escape Velocity: Neighborhood and School Interventions to Reduce Persistent Inequality." *The American Economic Review*, 103 (3): 232 – 237.

Fryer Jr., R. G. and Levitt, S. D. 2004. "Understanding the Black-White Test Score Gap in the First Two Years of School." *Review of Economics and Statistics*, 86 (2): 447 – 464.

Fryer Jr., R. G. and Levitt, S. D. 2012. "Hatred and Profits: Under the Hood of the Ku Klux Klan." *The Quarterly Journal of Economics*, 127 (4): 1883 – 1925.

Fryer Jr. , R. G. and Levitt, S. D. 2013. "Testing for Racial Difference in Mental Ability a-mong Young Children. " *The American Economic Review*, 103 （2）: 981 – 1005.

Fryer Jr. , R. G. , Levitt, S. D. , List, J. , & Sadoff, S. 2012. "Enhancing the Efficacy of Teacher Incentives Through Loss Aversion: A Field Experiment （ No. w18237 ）. " Working paper of National Bureau of Economic Research.

Fryer Jr. , R. G. and Loury, G. C. 2005. "Affirmative Action and Its Mythology. " *The Journal of Economic Perspectives*, 19 （3）: 147 – 162.

Fryer Jr. , R. G. and Loury, G. C. 2013. "Valuing Diversity. " *The Journal of Political Economy*, 121 （4）: 747 – 774.

Fryer Jr. , R. G. , Loury, G. C. , and Yuret, T. 2008. "An Economic Analysis of Color-Blind Affirmation Action. " *The Journal of Law, Economics, and Organization*, 24 （2）: 319 – 355.

Fryer Jr. , R. G. and Torelli, P. 2010. "An Empirical Analysis of ‘ Acting White ’ . " *Journal of Public Economics*, 94 （5）: 380 – 396.

Glewwe, P. , Ilias N. , and Kremer, M. 2010. "Teacher Incentives. " *American Economic Journal: Applied Economics*, 2 （3）: 205 – 227.

Heckman, J. J. , & Krueger, A. B. 2005. *Inequality in America: What Role for Human Capital Policies?* MIT Press Books.

Heckman, J. J. & Rubinstein, Y. 2001. "The Importance of Non-Cognitive Skills: Lessons from the GED Testing Program. " *American Economic Review*, 91 （2）: 145 – 149.

Heckman, J. J. , Stixrud, J. , & Urzua, S. 2006. "The Effects of Cognitive and Non-Cognitive Abilities on Labor Market Outcomes and Social Behavior. " *Journal of Labor Econommics*, 24: 441 – 482.

Muralidharan, K. and Sundararaman, V. 2011. "Teacher Performance Pay: Experimental Evidence from India. " *Journal of Political Economy*, 119 （1）: 39 – 77.

儿童贫困表征：年龄效应与城乡效应[*]

赵　蜜

中央民族大学民族学和社会学学院

　　摘　要： 本研究尝试突破为经济短缺表象所遮蔽的贫困研究和贫困治理，基于儿童视角的贫困表征，力图探究主观贫困对于贫困者困境的建构功能。研究采用开放式问卷，对温州市区、郊区和乡村的三所小学进行调查。研究发现，儿童的贫困表征内容远比官方定义的丰富且存在年龄效应。城市儿童贫困知识的精细化程度显著优于同龄的郊区与乡村儿童，并且这种城乡区分随年龄的增长日益严重；城市儿童的贫困判断线索也远比贫困儿童多元而精细。研究揭示，阻断儿童贫困再生产的干预可从贫困表征入手，并应在不同处境的儿童出现对贫困的认知与判断分化之前进行。

　　关键词： 主观贫困　儿童贫困表征　年龄效应　城乡效应

一　导论：相对贫困之殇

　　人类社会已臻空前的富庶和丰裕，但人与人之间的社会差距也远超任何时代。在一些人享受财富所带来的奢靡生活与任性人生的同时，贫困人群却终生挣扎于短缺和困顿之中。进入 21 世纪后，学界测算我国基尼系数超过 0.5，甚至超过 0.6。农村基尼系数在 2015 年则高达 0.65（王春光等，2018）。数字上的贫富差距具体到经验层面是健康、教育和生命机会等所有面向的分化。《中国人类发展报告（2106）：通过社会创

　　＊　本文原发于《社会学研究》2019 年第 5 期；收入本书时有所修改。

新促进包容性的人类发展》指出，我国富裕地区在人均寿命和平均教育水平上都显著高于贫困地区（贡森等，2016）。贫困正日益成为全面影响生活的不利条件。

既有贫困研究虽角度多元，但治理取向鲜明，甚少采用贫困者主体视角，并且以户为单位的相应扶贫措施对贫困再生产的主体（儿童群体）未加关注。以此为基础的反贫困工程难以在根源上解决贫困问题，阻断贫困再生产。

可感知的相对贫困的提出是回应这样一个可见的社会事实，即随着物质生活水平的整体提高，人们对贫困的敏感程度在提高，对贫困的耐受性却在下降。不但贫困人群的社会显著性在日益增加，物质匮乏年代习以为常的日常生活状态在今天也常常让人难以忍受。本研究尝试突破被数字绑架的贫困政治经济学，回归贫困的原初意义，以儿童为例，讨论主观贫困对于贫困者困境的建构作用。

有别于学界熟知的以主体为核心的生存性贫困（Existential Poverty），主观贫困（Objective Poverty）在此强调包括贫困者与非贫困者在内的所有社会个体对贫困的主观感知，内容涵括贫困内涵及相应的社会评价与规范。由此，主观贫困也区别于以本人或者社会大众的相对物质匮乏感（询问"是否认为贫困"）作为主要指标的客观贫困测量（Deaton，2010）。主观贫困与精准扶贫下对照贫困认定标准、贫困户主动申报、村干部和扶贫干部再多方确认的实践（李棉管，2017）也有本质区别。换言之，本文所提出的"主观贫困"概念独立于既有的理论或实践的贫困测量，而聚焦于社会大众的主观理解。

在社会表征论框架下，基于儿童视角，本研究探讨两个具体问题：第一，贫困作为被感知的生活状态到底为何？第二，什么样的社会线索会被作为判定与自我归类为贫困人群的依据？在社会表征路径下，贫困内容的讨论必然伴随相应的行为与态度；贫困线索的讨论亦是穷人意象/具象化污名的探讨。本文将先系统评论贫困研究，揭示当下贫困研究背后的政治经济力量博弈所导致的视角局限，而后构建替代性研究路径，并以儿童的贫困表征研究佐证该路径的可行性。

二　为经济短缺表象所遮蔽的贫困研究

继联合国制定了消除饥饿与贫困的千年发展目标之后，我国将"精准扶贫"认定为政府工作的重点，并将其视为"十三五"规划中的头等大事和第一民生工程。目前，国内的一些反贫困研究集中于对制度执行的评估与反思（贾俊雪等，2017；李棉管，2017）。精准扶贫力图发掘包括在地社会生态资源、文化、家庭与社区在内的不同面向的反贫困资源。但以投资带动经济发展仍是其隐而不彰的基本逻辑，经济扶贫仍是反贫困政策最主要的倚重手段。研究发现，建档立卡的量化管理和经济扶贫效率在很大程度上受制于包括地方精英和扶贫对象在内的个体。结合"自上而下"和"自下而上"的经济扶贫机制，在村级层面上能产生较好的扶贫效用，但效用产生的关键并不在于财政补贴，而在于激发农户的主观能动性（贾俊雪等，2017）。"治贫先治懒"甚至成了众多地方政府的实践总结。

（一）贫困政治经济学

研究视角的局限与作为扶贫主体的国家的偏好密不可分。为契合扶贫政策制定的需要，宏观视角尤其是制度主义视角长期占据贫困研究的中心。贫困的测量和贫困人口的认定标准的历时修正（陆康强，2007；朱梦冰、李实，2017；Deaton，2010）便是这一政治驱动力的反映。政府科研项目的审批通常以实施有效干预的可能性为最终的评判标准。政策导向的科研申请聚焦于自上而下的制度化过程，使得包括贫困者视角在内的非制度路径边缘化。

贫困究其本质并非扶贫者的工作对象，而是一种能引发诸多负面后果的生存状态。贫困首先会对贫困者的身心发展造成长期伤害（方文，2017；McEwen & McEwen，2017），由此导致的人力资源耗损也会对国家的发展有阻碍作用。专注于超越贫困线，或是满足于诸如食品与卫生等基本生存需求这样的可量化的经济目标虽简明、易操作，却是对贫困主体、多维性贫困以及致贫深层原因的漠视。物质短缺或低收入仅是贫困的众多表现之一，并非致贫的原因。以消除表象为导向的扶贫工作无法根治贫困顽疾，反而削弱了对导致贫困的生产和再生产，以及返贫现象深层原因的关注。贫困问题首先是社会正义问题，而绝非仅仅是经济问题（Desmond & Western，2018）。

（二）多元研究路径

围绕贫困成因，有六条可辨析的路径：结构路径、政治路径、生态环境路径、文化路径、心理路径与生命事件路径。各解释框架又多汇聚了学科交叉的研究成果。除了生态环境路径之外，这些不同的解释框架不同程度地对应了贫困定义的不同面向。

结构路径是最常被采纳的视角（Brady，2019）。大量研究发现，包括家庭、社会、经济以及政治在内的不同等级、不同面向的结构性制约会导致贫困的生产与再生产。家庭规模、性别（Sen，1982）、社区环境（Sampson et al.，2002）以及阶层（Sen，1982）都是贫困的重要成因。并且这些因素存在叠加效应。

政治性因素也是造成贫困的重要原因。个人政治抉择（Misturelli & Heffernan，2008）、社会政策（荀丽丽、王晓毅，2012；Brady et al.，2009）和战争都会产生贫困。生态环境是另一个不可忽视的致贫因素。贫瘠的自然和社会资源容易引发贫困（Glauben et al.，2011）。与世隔绝的地理位置则是现代贫困的一个不可忽视的诱因。

反思并超越"贫困文化"构念（Lewis，1966），当代贫困的文化研究路径将贫困与社会成员的群体身份解绑，关注特定的信念、态度、价值观以及父母教养方式如何通过影响个体的社会适应，使个体主动或被动地被排除在社会和经济生活之外，陷入贫困（Small et al.，2010）。

心理学对贫困的研究有深厚的传统，包括结构路径、政治路径和文化路径在内的不同研究，都或多或少地将心理因素纳入其解释框架中，暗示其中介作用。心理路径则直面贫困的生产与再生产的心理机制，尤其注重研究的实践指导性，重视干预方案的设计。在心理路径下，特定的负面心理特征常常首先被视为贫困的心理后效，而后又参与贫困的再生产。心理资本的匮乏、负面情绪（Dixon & Frolova，2011）、认知意愿与能力（Haushofer & Fehr，2014；Mani et al.，2013；Wood，2003；Vohs，2013）首先是贫困的恶劣后果，继而又会通过降低个体心理能力（Shah et al.，2012）引发贫困的再生产，进而加剧阶层分化与固化（Piff et al.，2018）。

生命事件路径是贫困成因研究的新动向。当代贫困常源于特定的生命事件，如疾病、丧偶等。研究发现，生命事件与结构性因素在贫困的生产与再生产中有叠加效应。弱势群体更为脆弱，更容易受重要生命事件的不利影响而致贫、返贫（Berzin & De Marco，2010；Vandecasteele，2011）。

整体而言，既有的贫困成因研究在宏观因素与微观解释之间、在外部环境与个体心理之间摇摆。扶贫政策的制定则多以宏观研究为基准。精准扶贫仍以经济手段为主导。其合理化逻辑在于，预设经济状况的改善能全面消除贫困的负面影响。然而，贫困的主体感受性以及贫困感知的社会参照性无法被简化为冰冷的数字。

回归本质，消除贫困应突出贫困主体。宏观视角显然无法良好地揭示作为生存状态的贫困。后者存在于经验层面。有鉴于此，本研究提出，具身路径应是贫困干预的新的思考方向。实际上，具身干预由来已久。早在20世纪60年代，美国就开始了规模性的贫困心理干预。但后续评估发现，微观心理干预无法取得持续效果；儿童、父母和家庭联动的干预才有长远效果（Mcloyd 等，2015）。评估结果在基本否定了微观干预的有效性的同时，也间接强化了社会学视角在贫困干预中的应用。需要指出的是，个体微观心理干预只是具身路径中的一个视角。心理干预评估结果事实上为中观心理干预提供了坚实证据，暗示了社会互动在贫困干预中的重要作用。

三　研究框架：以儿童贫困表征为中心

源于社会互动的贫困在既有的贫困研究中并未引起重视。大量研究表明，弱势群体常常是不平等社会结构的产物和再生产的主体，他们不仅被被动建构，也主动参与此过程（Sidanius & Pratto，1999）。实际上，共意的制造可追根溯源至宏观因素（Herman & Chomsky，2002），但脱离社会互动的共意却绝无可能。

当下，贫困已成为一个承载诸多消极意涵的明显的阶层标志（Sen，1982），也是污名标签（Smith et al.，2013），不可避免地会伴随社会歧视。感知到社会歧视会显著危害贫困者的身体健康（Fuller-Rowell et al.，2012），使贫困者感到被边缘化和孤立（Ladd，2012），以及羞耻（Walker et al.，2013），继而引发抑郁、社会退缩和认知衰竭等心理健康问题。在人际交往中，感知到贫困会加剧贫困者的相对剥夺感，进而损害他们的主观幸福感（Nándori，2011）。这些都会直接导致贫困的持续和再生产。

与贫困者的自我觉知对应的是非贫困人群对贫困群体的高度知觉。有证据表明，4岁的儿童就已经感知到穷人是一个界限明确的实体性群体范畴（del Rio & Strasser，2011）。非贫困群体对贫困群体的感知与判断有重要的社会后果。贫困群体更易引发人们的厌恶情绪，进而阻碍贫困者获得制度性公正，并且影响人们对他们的救助意愿（Smith et al.，2013）。对穷人的救助意愿则受到人们对贫困归因的影响。内在归因，即认为贫困源于贫困者自身诸如懒惰等习性的推断，会降低人们的救助意愿；而外在归因，即认为贫困源于外在于个体的诸如制度性与意外性因素，会增加人们的救助意愿（Tagler & Cozzarelli, 2013）。此外，对贫困群体的负面评价也会直接引发对其的歧视行为，对贫困人群的心理与行为产生负面影响，进而导致贫困的再生产。

不难发现，社会互动是贫困负面主观体验的主要来源。隐含在社会互动中的社会比较，以及非贫困群体对贫困者的歧视性行为都是贫困群体的压力源。两者的基础皆是对贫困的标定。那么社会大众如何标定贫困？贫困者根据何种线索自我标定？非贫困者又根据何种社会线索标定贫困？本文以儿童为例，尝试对此一一作答。

本研究着眼于贫困的社会互动维度，聚焦贫困观感与标定。研究以儿童为例，以社会表征论为理论框架，探寻儿童对贫困的主观感知。探究主观贫困的意义：一来有助于辨析贫困的社会线索；二来贫困者的贫困表征也能最直观地呈现贫困的主观体验。

（一）理论框架

社会表征路径关注社会群体对特定概念和事物的共识性观点、行为和态度，长期以来被广泛应用于群体心理研究（管健，2009；赵蜜，2017；Moscovici, 2000）。观点必然体现态度，也会外化为行为，此三者共生共存，是社会表征的三个基本维度。研究贫困的社会表征即主观贫困，亦是探寻人们对贫困的认知/辨认和态度/价值判断，以及由此衍生的对贫困者的评价和行为意向。社会表征的形成伴随着视觉化的具体意象的生成（Moscovici, 2008）。此意象便是常人社会分类的视觉原型。就贫困而言，即是穷人的具身形象。贫困的社会表征是贫困群体与非贫困群体群际互动的基础。对贫困和贫困者的认知与判断决定非贫困者对贫困群体的态度与行为，进而会启动贫困者的自我刻板印象化，影响他们的社会融入。

以儿童为研究对象的原因：一是儿童独特的身心特征；二是精准扶贫对儿童群体未有足够的重视，没有专门针对儿童的扶贫措施。研究发现，贫困处境显著影响儿童的健康、认知、行为和学习成绩（吕小康等，2014；Ladd, 2012），并且童年时期的贫困经历能有效预测其成年后的健康、行为和成就（Duncan et al., 2012）。相比成人，儿童是贫困的更大受害者，也是贫困再生产的主体（Harper et al., 2003；Kendig et al.,

2014）。消除贫困因此需要重视儿童扶贫。而对儿童的干预尤其需要关注心理脱贫。

研究表明，仅提供教育资源和经济援助并不能保证贫困儿童获得脱贫能力（Hanushek & Woessmann，2016）。而部分地区实行的旨在促进贫困儿童身体健康的营养早餐计划既无力改善贫困儿童的心理弱势，又在执行层面上被爆出以次充好的食品质量问题。阻断贫困再生产的关键在于消除贫困对儿童的消极影响。这就需要先帮助儿童实现心理脱贫。心理脱贫的关键一步便是通过了解和重构主观贫困以消除贫困的负面社会意涵。

（二）研究设计

本研究使用开放式问卷调查，讨论儿童贫困表征的观念与意象两个面向，分别对应本研究的两个具体问题：贫困作为被感知的生活状态到底为何？什么样的社会线索会被作为判定与自我归类为贫困人群的依据？问题的设计围绕儿童对贫困的感知、与贫困群体的交往经历以及对穷人的交往与救助意愿，分别对应社会表征的观念、行为与态度三个维度。考虑到小学生的道德判断还基本停留在"他律"阶段，因此不设置要求参与者做出明确价值判断的题项，但设计了交往与救助意愿的问题，以推断儿童对于贫困者群体的规范信念。此外，另设置题项询问儿童标定穷人的具体线索，以及儿童的穷人自我认同。自我认同一题的设置是为了进一步区分贫困群体与非贫困群体，并比较两者在贫困表征上的差异。研究框架设计见表1。

表1 研究框架

研究问题		具体题项
贫困作为被感知的生活状态到底为何？（贫困观念）	观点	你觉得什么是贫困？
	行为	你接触过贫困的人吗？
		如果有的话，又是在哪里接触过他们的？
	态度	你愿意和贫困儿童交朋友吗？
		你愿意帮助他们吗？
什么样的社会线索会被作为判定与自我归类为贫困人群的依据？（穷人意象）		怎么能知道一个人是不是贫困？

数据是笔者于2017年2~3月在浙江温州采集的。温州地区外来务工

人员众多，也有众多农村人口外出务工。因此，流动儿童与留守儿童均不在少数。另外，该地区经济发展程度较高，贫富差距较大，相对贫困状况尤为突出，尤其适合观察贫困群体和非贫困群体之间的互动或隔离。考虑到经济社会发展水平和同期群构成的差异对社会化的影响，研究分别选取了温州市区、郊区和乡村的小学各一所进行调查。A 小学是温州市区的重点小学，学生家庭条件普遍较好。B 小学位于郊区，本地学生与外来学生混杂。但近年来，外来务工人员子女人数逐渐超过本地学生数量。C 小学位于乡村，学生以外来务工人员子女为主，流动性大。

鉴于儿童年龄和心智水平的关联，本研究以二年级、四年级以及六年级学生为主要研究对象。5～6 岁、9～10 岁和 11 岁是儿童的自我意识、认知和道德发展的不同阶段（Piaget，1997/1932）；社会互动在其中有根本性影响（维果茨基，2016）。因为心理特征的不同，不同年级的儿童对贫困和其负面社会意涵的感知会有所差异，由此会引发对贫困群体评价和行为上的差异。贫困标签对不同年龄的贫困儿童也可能有不同的建构性作用。讨论不同年龄群体之间的差异有助于探寻合适的干预时机。因实际可操作性，研究对 B、C 小学二年级、四年级和六年级各一个班级，以及 A 小学二年级、四年级和五年级各一个班级进行了调查。五、六年级学生在理论上处于同一心理发展阶段。参与调查的总人数为 331 人，收回有效问卷 327 份。

（三）分析框架

参照贫困的多维度定义和既有的测量框架，特别是联合国的多维度贫困指数（MPI）和 AF 测量方法（Alkire & Foster，2011）及其衍生（Yu，2013），本研究也对相关的数据进行了多维度检测，并与多维度贫困指数进行对比分析。MPI 指数除了对经济指标进行测量外，还对健康、教育与生活质量维度进行测量。AF 测量方法则主张对各维度的子类别进行加权处理。本研究结合两者处理数据。除年龄外，本研究还对城乡儿童进行了区分。"个体发展的小生态环境"是影响儿童心理发展的重要变量（Super & Harkness，1986），是儿童社会化的背景，规制着社会表征的样态。

四 贫困表征的年龄效应

观点是社会表征的核心面向。本研究以"你觉得什么是贫困"一题检测贫困表征的观点维度。

(一) 超越客观贫困的主观贫困

详细梳理温州市区、郊区和乡村三所学校中处于不同年龄和心理发展阶段的儿童对于贫困的理解可发现，儿童对贫困的概念并不陌生。绝大多数二年级学生（82.9%）已经对此有基本认知。四年级虽有个别学生没有给出贫困的定义，但结合后续问题的回答情况，可判断真正对此无了解的学生只占总数的 6.0%。五、六年级学生对此概念已十分熟知。33.1%的学生能对贫困提供两条或两条以上的解释。单个学生最多给出了九条解释。而对贫困有多维理解的儿童占总数的 29.6%。单个个体对贫困的理解最多达到四维。

分析表明，儿童对于贫困的理解远比客观贫困指标丰富细致。他们提供的贫困定义涵盖了经济、生活质量、教育、文化、心理、社会保障、社会赞许、身体和地理九个维度（见表2）。其中，经济、教育和生活质量与客观指标重合，对健康指标则有拓展。对身体的描述除"不健全"之类的表述外，仍有"脏""黑"之类的形容。在贫困的客观测量指标之外，儿童也将贫困与工作状况以及居住地域相联系。"没有工作"或者"住在山里"被视为贫困的特征。此外，儿童对文化和心理这些精神面向亦有所察觉。也有儿童明确觉知到围绕贫困群体的规范性话语，如"被老师表扬"。

表2 三校学生的"贫困"认知维度汇总

单位：人

报告维度	报告年级	报告次数	报告人数
经济	二、四、五/六	178（38.1%）	171（52.3%）
生活质量	二、四、五/六	194（41.5%）	147（45.0%）
教育	二、四、五/六	17（3.6%）	17（5.2%）
文化	二、四、五/六	28（6.0%）	23（7.0%）
心理	二、四、五/六	24（5.1%）	22（6.7%）

报告维度	报告年级	报告次数	报告人数
社会保障	二、四	3（0.6%）	3（0.9%）
社会赞许	二、四	2（0.4%）	2（0.6%）
身体	四、五/六	14（3.0%）	11（3.4%）
地理	五/六	7（1.5%）	6（1.8%）

注：一些儿童对贫困提供多条解释，这些解释或者落入同一维度，或者涵盖不同维度。总报告条目为467。报告次数一栏括号内为占总报告条目的比例。总人数为327人。报告人数一栏括号内为占总人数的比例。

整体上，儿童对贫困的认知集中于经济与生活质量维度。不仅所有年级的儿童都提及此二者，它们在总报告次数比例与总报告人数比例上也都远超其他维度。此二维度总共被提及的比例高达79.6%，并且提及此二维度的儿童分别有52.3%和45.0%。教育、文化、心理虽然也是跨年级学生的共享表征，但普及度并不广，报告人数比例均未超过7%。此外，社会保障、社会赞许、身体与地理被提及的比例更低，与教育、文化和心理维度共同构成儿童贫困表征的边缘因素。

总体而言，儿童的贫困表征充满负面意象，围绕着"拥有"的匮乏和"存在"的不足。其中"没钱"和"吃不饱穿不暖"是最普遍的认知，还有"没文化""没健康""脏兮兮""被人看不起"等极其负面的描述。在327份有效问卷中，只出现了一个褒义词"自力更生"和一次正面描述"被老师表扬"。虽然意象负面，但整体上，儿童的贫困表征鲜有涉及对个体心理特征的贬低，而普遍偏重客观性描述。对于贫困的精神面向描述同样如此。对儿童贫困定义的基本分析表明，入学年龄的儿童对贫困的理解已经与客观贫困惊人地接近。在所有报告条目中有86.2%的条目涉及客观贫困指标，即经济、生活质量、教育和健康。此外，儿童的主观贫困也显示出他们对贫困的细致理解，特别是贫困在外显精神层面上的体现，可能在较难辨认的客观指标之外，成为儿童认定贫困的重要指标。

（二）同质化的交往与救助意愿

除观点外，行为和态度是社会表征的另外两个基本维度（Moscovici，1973）。社会表征的共识性特征使其具有规制群体成员行动的规范性特点。针对贫困表征的行为维度，本研究设计了关联的两题：你接触过贫困的人吗？如果有的话又是在哪里接触过他们的？数据分析发现二年级学生普遍不认为自己接触过穷人。随着年龄的增长，儿童接触穷人的概率也在增长。但一些儿童只是简单报告接触过。提供了具体答案的儿童有相当一部分将乞丐与穷人等同。更多的城市儿童则报告在"扶贫"或"结对帮扶"活动中接触过穷人。但显然，贫困群体在绝大多数儿童的感知中是有物理和心理距离的。

相比有限的直接互动，儿童对贫困群体的态度可能更具指示性。针对贫困表征的规范维度，本研究设计了两题：一是询问参与者与贫困者交往的意愿；二是询问他们救助贫困者的意愿。问题虽然以行为为核心，但探究的是围绕贫困群体的社会行动规范。表3总结了三校学生的回答。

表 3　贫困表征规范维度汇总

单位：人

	A 小学			B 小学			C 小学			
	二年级	四年级	五年级	二年级	四年级	六年级	二年级	四年级	六年级	总计
不愿意交往人数	2	3	2	1	2	3	4	0	0	17
不愿意救助人数	0	1	0	0	3	2	1	0	1	8

对于贫困者，儿童普遍都表达了交往与救助的意愿。327 人中只有 17 人明确表达了不愿意交往的意愿，而表示不愿意救助的只有 8 人。对于为何不愿意交往但愿意救助，有儿童提供了如下解释："不愿意（交往），（他们）身上实在太脏了""愿意（帮助），毕竟要有善心"。虽然否定回答的人数少，但仍可看到，与要求更多个体卷入的交往相比，儿童更倾向于提供对卷入性要求低的救助。部分高年级学生在回答交往意愿时表现出明显的犹豫和情绪压力。考虑到儿童对外在权威的肯定有强烈的心理需求，相比回答救助意愿时的无迟疑，在回答交往意愿时的犹疑与解释暗示：高救助意愿可能比高交往意愿更真诚可信。

事实上，无论是高交往意愿还是高救助意愿，均与强烈的社会赞许性压力紧密相关。有儿童如此解释他的"愿意"："我们不能因为他们穷而看不起他们！""我是很同情他们的""很愿意，因为我做了善事"。还有学生对与贫困者交往做了以下条件限定："只要他不做坏事"。另外，有不愿意交往与救助的儿童做了以下自我表露与辩解："因为我的零用钱很少，压岁钱也被存进银行了，我无法把值钱的东西给他们，而且我缺点很多，会怕他们嘲笑""我不想把自己不足的地方和丑陋的自己展现给他们，所以我不愿意"。无论是自我表露还是辩解，这些解释实际上都表明，对于贫困者群体存在鲜明的团结与救助的社会规范。有二年级学生甚至现场举报不愿意交往或者救助的儿童。高年级学生的自我表露和辩解冲动，以及他们在作答时表露出的内心挣扎，则显示出他们明确的政治正确性意识。

在表示不愿意救助的 8 个儿童中，有 2 个自我认同为贫困，占自我认同为贫困的儿童总数的 9.5%（总数 21 人）。虽然整体基数小，但与不愿意救助的、不认定自己贫困的儿童的比例（2.0%）相比，仍有明显差距。其中一个学生提供了如下解释："因为他们不会记得我们的帮助，而且他们也不会感谢我们。"不难理解贫困儿童为何更可能不愿意救助，更注重回报。自身处境的困窘导致对他人的救助成本过于高昂。

此外，城市儿童的救助意愿最高，而乡村儿童的交往意愿最高。这可能与城乡之间的生活习惯和可见的社会分化有关。相比城市儿童，乡村儿童更惯见劳作后的风尘，贫富分化也较小，因此更能接受朴实、不够整洁的外表。而城市儿童更可能有救助的经济资源。整体而言，高个人卷入的交往要求更为类似的个人经历，更私人化；而救助则要求更多的经济或人力资本，更受社会赞许性的驱动。这也是救助意愿要比交往意愿高的可能解释。

（三）贫困表征的年龄差异

综合表征的各维度可发现，贫困表征在不同年龄段的儿童群体中存在差异。高年级学生普遍比低年级学生对贫困有更丰富和更多维的认识。随着年龄的增长，儿童为贫困提供的解释在深度与广度上都有显著增加。只有 11.7% 的二年级学生为贫困做出了多于一条的解释，而该比例在四年级上升至 29.0%，在五、六年级则进一步上升为 58.6%。能对贫困进行多维理解的二年级学生占该年龄段学生的 17.1%，该比例在四年级为 27.4%，在五、六年级则高达 46.4%（见表 4）。随着年级的增长，儿童对贫困在文化、心理和教育面向上的体现越发敏感。

表4　三校学生关于"贫困"的定义报告汇总

单位：人

		二年级	四年级	五、六年级	总数
单个个体报告条目数	0	19（17.1%）	13（11.1%）	0	32（9.8%）
	1	79（71.2%）	70（59.8%）	41（41.4%）	190（58.1%）
	2	9（8.1%）	21（17.9%）	39（39.4%）	69（21.1%）
	3	4（3.6%）	8（6.8%）	10（10.1%）	22（6.7%）
	≥4	0	5（4.3%）	9（9.1%）	14（4.3%）
单个个体报告维度数	1	73（65.8%）	72（61.5%）	53（53.5%）	198（60.6%）
	2	19（17.1%）	27（23.1%）	31（31.3%）	77（23.5%）
	3	0	4（3.4%）	11（11.1%）	15（4.6%）
	4	0	1（0.9%）	4（4.0%）	5（1.5%）
报告维度数		7	8	8	9
总人数		111	117	99	327

注：括号内为占总人数的比例。

　　儿童对社会观点的觉知随年龄的增长也在增加，个人观点亦逐渐形成。五、六年级学生已经能够对贫困做出个人判断，提出"精神贫困更可怕"的观点。个人化的价值判断能力在二、四年级学生的回答中并未有体现。这种观点实际上还反映了儿童对社会观点的高度觉知。未有修饰词的"更"表明了以社会观点为隐含标杆的比较。此点也同样未在二、四年级学生的回答中出现。尤其值得注意的是，四年级学生比其他年级学生更多使用贬义词。对比二年级学生简单的状态描述，如"穷"或者"吃不饱穿不暖"，四年级学生中开始出现"像蝼蚁一般苟且偷生"这样的描述，毫不掩饰对贫困群体的负面评价。这也与五、六年级学生的"精神贫困"论形成鲜明对比。这种对比暗示，儿童在10、11岁之后开始形成较为明确的政治正确性意识和强烈的社会赞许需求。此点在回答是否愿意与贫困者交往这一问题时尤为明显。虽然绝大部分学生的回答都是"愿意"，但五、六年级学生在作答时经常显示出较大的情绪压力，回答迟缓，有停顿，有学生甚至在犹豫不决中出现脸红和出汗的现象。而二、四年级的学生在作答时则少有明显的焦虑表现。

　　无论是在知识上还是在情感上，这种年龄段之间的差异都鲜明地反映了儿童的心理发展规律。皮亚杰提出，7、8岁与11、12岁在认知上是具体运算与形式运算的阶段性转变关口。而10岁则是道德上"他律"与"自律"的分水岭（Piaget，1997/1932）。无论是儿童的报告还是答题情绪，事实上都是儿童心理发展阶段性变化的体现。当然，这种阶段性的变异表明，四年级学生（10~11岁）开始意识到贫困的"污名"意涵。
而到五、六年级，即12~13岁，儿童已经开始觉知到社会对于污名化观
点的审查，受社会赞许性的强烈驱动，他们会抑制此类观点的公开表达。

最后，随着年龄的增长，儿童对贫困的表征从偏重拥有的匮乏向既
重拥有的匮乏又重存在的不足转变。虽然不能完全排除儿童语言能力发
展的因素，但考虑到人普遍在幼儿期就能区分表示匮乏的"没（有）"和
表示不足的"不"，并且二年级也有不少学生使用"吃不饱穿不暖"这样
的描述，可基本推断，这种变化更可能预示不同年龄段儿童对贫困认识
的质性转变，而非语言能力的限制。

二年级学生对贫困群体的生存状态较不敏感，更多以"没（有）……"
定义贫困，显示出对社会观点的高度依从性。但因社会知识精细化程度
有限，加之学校的规范引导，虽对贫困的理解是负面的，但对贫困群体
尚未形成明显的消极评价。而四年级学生已经表现出对物质分层的敏感
性和对贫困生活状态的较深层次认知加工。不仅开始比较性地描述拥有
物，如"崭新的"，而且也有学生使用贬义的比喻描述贫困群体的生存状
态，如"行尸走肉"。这意味着儿童对贫困的主观感知加剧负面化，并且
对贫困群体的评价开始趋于消极。五、六年级学生对贫困的理解更加细
致化，大量使用形容词，表现出对以物质为基础的社会分层的高度敏感。
与此同时，也有学生开始意识到物质与精神可能存在的不一致，提出
"精神贫困比物质贫困更可怕"的观点。这表明此年龄段的儿童开始觉察
到社会观点的多元性和社会规范的政治性。他们对贫困的评价开始具有
隐蔽性。但掩饰行为本身就暗示了贫困的污名意涵。毋庸置疑，围绕贫
困，儿童已有极负面的广泛共识，即贫困是物质与精神上全方位的不足。

五　贫困表征的城乡效应

除年龄外，儿童贫困表征的城乡差异也同样显著。总体而言，郊区
与乡村儿童之间基本无差异。但城市儿童在知识的深度和广度上都要明
显优于郊区与乡村儿童。

（一）差异化的知识精细程度

城市儿童未回答贫困定义的比例为5.3%。结合这些儿童对后续问题
的回答可以推断，其中有4.4%的学生并非对此概念不了解，而更可能是

答漏题。而未能对贫困做出定义的比例在郊区和乡村学校分别为 10.0%
和 14.6%。虽然也可能存在个别做漏题的现象，但绝大部分学生明确回
答"不知道"。城市儿童对贫困提供三条或者以上定义的比例为 41.7%。
该比例在郊区与乡村分别只有 18.1% 和 25.2%，显著低于前者。最后，
城市中还有 10.5% 的儿童能够为贫困提供四条或以上的解释。该比例在
郊区与乡村分别下降至 0 与 1.9%。更细致的解释通常意味着更多维的理
解。城市儿童对贫困有多维理解的占 52.6%，并且有 3.5% 的儿童对该概
念有四维理解。在郊区，此二者的比例分别为 19.1% 和 0.9%。在乡村，
此二者的比例则分别为 17.4% 和 0，显著低于城市儿童。

　　此外，城市儿童普遍更注重贫困在文化和心理上的体现，二者被提
及的比例分别为 15.8% 和 9.6%。其中，文化维度是在经济与生活质量之
外，三个年级段的儿童共享的表征。相比之下，郊区与乡村儿童则更关
注诸如吃穿等最基本的生活面向。贫困的文化和心理维度在郊区儿童中
的关注度分别为 5.5% 和 2.7%，在乡村儿童中的关注度则分别为 2.9%
和 7.8%。随着年龄的增长，城市儿童对文化和心理面向也越来越重视。

　　另外，城市儿童的贫困知识精细化程度远比郊区与乡村儿童高。郊
区儿童则与乡村儿童相似。此种差异在二年级学生中就已显现。51.5%
的城市二年级学生对贫困的理解是双维的。而此比例在郊区学校是
5.1%，在乡村小学则为 0。对于贫困，城市二年级学生的感知是"拥有"
与"存在"并举。郊区学校的儿童偏重强调"拥有"，次要关注"存在"
状态。乡村地区的儿童则专注于生存状态。贫困知识精细化程度的差别
到高年级越发显著。城市五年级学生在贫困知识的精细化程度上比郊区
和乡村的六年级学生要高。他们对贫困的认识不仅更多维，也更具体。
73.2% 的儿童对贫困的解释不限于一条。而该比例在郊区与乡村分别为
39.7% 和 60%。17.1% 的城市儿童报告了三条以上的解释，该比例在郊
区与乡村分别为 0 和 2%。单个个体对贫困的理解超过两个维度的比例，
城市儿童为 26.8%，而郊区和乡村儿童分别为 9.1% 和 4%。

　　对于贫困，郊区与乡村儿童更多的是在宽泛的层面上进行解释，使
用诸如"生活困难"或者"需要帮助"之类的描述，并且语言表达多简
单。而城市儿童则提供更多细节描述，如"农村比较偏僻的地方"；大量
使用形容词；普遍使用复杂句型。排除个体在作答过程中可能存在的差
别化的投入程度，知识精细化程度的差别反映的不仅是认知发展上的差
异，还有"个体发展的小生态环境"上的差异（Cole，2015）。在社会层

面上，贫困知识精细化程度的差别还可能意味着对贫困线索敏感性的个体差异。最后，城市儿童的救助意愿是三所学校中最高的，但交往意愿则是最低的。这与生活环境和家庭条件都有密切的关系，也极可能与显著的群际差异存在关联。

（二）随年龄的增长而加剧的群际差异

检视儿童的贫困表征，可看到两个明显趋势。首先，儿童对贫困的表征十分负面，认为贫困与拥有的匮乏和存在的不足紧密相连。虽然鲜有儿童使用与个体心理特征相关的贬低性描述，但根据戈夫曼以及进化心理学对污名的定义，儿童对贫困的社会表征已具备污名的特质。在戈夫曼的构念中，存在三种不同性质的污名：个体性格缺陷、身体不健全和群体性污名（戈夫曼，2009）。与此三者对应，进化心理学提出三类人易被污名化：被认为不适合社会交换的对象、受寄生虫感染的人以及被视为可供剥削的外群成员（Major & O'Brien，2005）。儿童的贫困表征显然表明贫困群体并不是社会交换的理想对象。也有部分儿童的描述涉及贫困者的不良身体和心理特征。可见，贫困作为污名并不仅仅局限于成人世界。虽鲜有对贫困群体心理特质的贬低，但儿童的贫困表征也同样具有明显的污名特征。而且随着年龄的增长，儿童赋予贫困越来越多的负面意涵，也愈发明显地感知到贫困的污名特征。

其次，儿童的贫困知识精细化程度随着年龄的增长而加深，城市儿童在贫困知识精细化程度上要比郊区与乡村儿童有整体上的显著优势，并且随着年龄的增加，城乡儿童之间的差异也在增大。相比城市儿童贫困知识精细化程度的明显上升，郊区与乡村儿童的上升并不显著。贫困知识的精细化程度事实上反映的是认知上的差异，会对社会交往产生深远的影响。贫困知识精细化程度高的个体更容易感知到贫困线索，也更容易对这些线索做出行为反应。考虑到这些线索的负面意涵，这种行为反应很可能也是负面的，导致群际分离。此点在与贫困儿童的交往意愿和对贫困者的救助意愿这两题上有所体现。但在为数不多的否定回答中，更多的儿童表示不愿意交往，但愿意救助，并且在回答交往意愿时表现出更多的犹豫。

六　异质化的贫困者意象：城乡儿童之对比

本部分以城乡儿童为比照，集中探讨贫困线索的主观感知。已经发现最突出的差异便是城市儿童的贫困知识要更精细。这意味着城市儿童可能会感知到更多的贫困线索。虽然乡村儿童并不必然都贫困，城市儿童也未必都富有，但本调查中两类儿童群体的阶层差距十分明显。参与调查的城市小学是市区重点小学，学生家庭条件普遍良好；而郊区与乡村小学的学生以流动儿童为主，家庭条件普遍较艰苦。因此，所发现的城乡儿童贫困知识精细化程度的差异也暗示，一些为低阶层人群所忽视的贫困线索可能会被较高阶层的人群察觉，并被用以判定个体是否贫困。而这些线索是贫困污名的重要组成部分，使被贴以贫困标签的个体在社会交往中处于不利境地，影响他们的身心发展与健康。

相比收入和教育等隐形线索，感官线索是人们判定贫困的主要依据，在缺乏了解的情境下，更直接决定了人们的判断。贫困表征的意象面向对应的就是贫困的感官线索。本阶段分析主要基于问卷调查中如何辨别贫困者一题，将自我认同为贫困乡村的四年级及以上学生与城市四年级学生的回答进行对比。以城市四年级学生为对照是因为之前的分析发现，城市四年级学生对贫困知识有更多的了解，并且较五年级学生更少地承受社会赞许的压力，自我表露时更倾向于遵循内心想法。这或者也是四年级学生自我认同为贫困的比例最高的原因之一。在 21 名自我认同为贫困的学生中，四年级学生共 11 名，占总数的 52.4%；而六年级学生中只有两名学生自我认同为贫困，占总数的 9.5%。虽然不排除六年级学生中贫困生的数量本身就较少，但也有可能是因为六年级学生有较强的污名觉知，因而更倾向于否定和对抗污名。虽然六年级学生的心智远未发展到成人的水平，但他们已经显示出对社会观点与规范的强烈觉知。从高年级学生对贫困定义的回答，特别是"精神贫困更可怕"这样的回答中，可发现他们对于社会评价的明确意识。而在回答与贫困者交往的意愿一题时，更多的高年级学生显示出情绪压力。相较之下，二年级学生的认知能力十分有限。在自我认同为贫困的 8 名二年级学生中，7 名学生明确表示"不知道"如何判断一个人是否贫困。因此，选取四年级学生作为对照，相对来说能最大限度地排除认知能力和社会赞许性压力的限制。下文将分别检视城市四年级学生和自我认同为贫困的儿童各自眼中的贫困者意象。

（一）城市四年级学生眼中的贫困者意象

在 40 名城市四年级学生中，有 4 名学生没有给出判断贫困的标准。结合他们对贫困定义一题的回答，漏题的可能性较大。对于如何判断一个人是否贫困一题，28 人给出了一条以上的解释，占总数的 70%。1 名学生最多给出了 9 条线索。这些线索覆盖了看、听和闻三大类。虽然也有学生给出了诸如"看外表"或者"看行为习惯"这样较为笼统的回答，但大部分学生的答案都细致入微。

大部分学生仅凭视觉便能判断一个人是否贫困。视觉判断又涵盖穿着打扮、外表，神情、表情，日常生活，举止、礼仪、行为习惯，心理，身体及家庭、家境这七大类。具体的描述包括"衣服破、旧、脏""眼神空洞""只有茅草屋住""家务自己干""非常自卑""身体又黑又脏"等。只有 2 名学生对贫困人群使用了"勤快"和"勤劳"这样褒义的描述。其余的描述大多十分负面。"脏"和"破"字就各出现了 5 次，此外，还有"身上有虫子飞"这样的叙述，甚至有"一靠近他们我可能就会远离，或是恶心，有时候我也会想，要是我也变成那样会得到什么生活呢"这样的负面评论。

嗅觉是儿童判断贫困者所依赖的第二种感官。有 2 名学生提出贫困者"身上非常臭"。有学生则认为可以从谈吐上判断一个人是否贫困。贫困者多"语言单调"；也有学生提出贫困者"一点学问也没有"。布迪厄所言的文化资本这类的品质初步渗透到对儿童贫困的界定中。

表 5 总结了城市四年级学生判断个体是否贫困的标准。儿童能基于多样化的线索辨别贫困者。四年级学生甚至已经能依据身高、体重、神情这些较为隐性的线索推断一个人的生存状况。

表 5　A 校四年级学生"贫困"判断标准报告汇总

判断维度	具体类别	具体描述
看	穿着打扮、外表	衣服破、旧、脏，打扮不好，书包普通，没钱穿暖，没有裤子，没有鞋子
	神情、表情	眼神空洞，神情木讷，很少与人交流
	日常生活（一日三餐、房子、房间布置、有的东西）	房子烂，没有亲人在身边，没钱买饭，没钱看病，没有车，（用的东西）坏又少，只有茅草屋住，没有家，没有钱
	举止、礼仪、行为习惯	比较勤快，家务自己干，十分勤劳
	心理	没有任何希望、理想，非常自卑
	身体：脸、外貌、身高（高矮）、体重（胖瘦）、头发	身体胖不胖，身体又黑又脏，身上有虫子飞，看起来有一点生病的样子，很脏，皮肤黑，头发乱
	家庭、家境	无具体描述

续表

判断维度	具体类别	具体描述
闻	衣服、头发、身体	身上非常臭，头发、衣服、周身都很臭
听	谈吐	语言单调，一点学问也没有，没知识

注：A 小学为市区重点小学，总人数为 40 人。

（二）贫困儿童的贫困者刻板印象

那么对于贫困儿童而言，什么样的线索能让他们做出贫困的推断呢？为了与城市儿童做相应的匹配，在贫困儿童样本中剔除了二年级学生，留下四年级和六年级学生共 13 人。在这 13 人中，有 1 人回答"不是"，属无效回答，另有 2 人明确回答"不知道"，只有 2 人给出了判断贫困的多条线索，其余儿童均只给出了单一线索。

表 6 总结了贫困儿童所感知到的贫困线索。可以看到，他们对于贫困的感知仅限于视觉，并且集中于"衣服"。6 个儿童对此有所提及，除了笼统的"穿的衣服"这样的回答之外，还有"衣服很破""衣服很脏、很破、有补工"这样的细节描述。2 个儿童提出"钱"是判断贫困的依据。另外各有 1 个儿童提出，他人的对待方式、健康和个人精神面貌是判断贫困的线索。整体而言，贫困儿童的判断依据简单、单一。虽然样本数量偏小，但仍能从中窥探该群体的整体趋势。

表 6　自我认同为贫困儿童的"贫困"判断标准报告汇总

判断维度	具体类别	具体描述
看	穿的衣服	衣服很脏、很破、有补工
	日常生活（包括学习用的东西）	饭吃不饱，没钱
	动作	无具体描述
	神情	精神是努力还是松散
	身体	没有健康
	他人	看别人的家人对他怎么样

注：总人数为 13 人。

综合城市四年级学生与四、六年级贫困儿童对贫困线索的回答，可见，绝大多数四年级城市儿童已能感知到多条贫困线索。他们能通过视觉、嗅觉和听觉这三种不同的感官判断一个人的生活状态，根据外表、举止、物品、气味和谈吐这些不同的面向判定一个人是否贫困。在物质之外，他们对卫生习惯与学业成就方面的线索同样敏感。相较之下，贫困儿童对贫困的判断标准不仅单一，而且浅表。他们对贫困者的辨别只依赖视觉，并且多依赖衣着这样的显性线索。这种差异的深远社会意涵是：贫困者在社会生活中有极高的显著性而不自觉。而这样的视角差异则会使得贫困个体在社会交往中遭受排斥和歧视而不知原因，想要改变而不得其法，最终会导致贫困群体的逐渐边缘化。

七　结语：构建去范畴化的精准扶贫策略

通过研究儿童的贫困表征，辨析儿童对贫困的理解和对贫困的判断标准，本研究为理解贫困的生产与再生产提供了初步线索，也期许为消除贫困、阻断贫困再生产的政策方案提供启示，为乡村振兴提供洞识（赵蜜、方文，2013）。

研究发现，二年级学生已经对贫困有了初步的认识，大多认为贫困即经济匮乏。随着儿童年龄的增长，儿童的贫困表征内容日渐丰富，表征的贬义逐渐凸显。儿童开始认识到并侧重于贫困在生活质量上的体现。这种发展意味着，随着儿童年龄的增长，贫困的消极主观体验以及客观存在会日益凸显，群际分化也会因此逐渐加剧。此点也体现在高年级学生在回答与贫困者交往意愿一题时更多出现的情绪焦虑上。另外，城乡儿童贫困表征的差异也随年龄的增长而扩大。城市高年级学生的贫困知识精细化程度显著高于同龄的郊区与乡村儿童。这暗示：随着年龄的增长，贫困群体和非贫困群体的群际区分会日益加剧，贫困儿童将更难融入主流社会，更可能被城市社群排斥在外，也可能堕入贫困再生产。贫困表征的跨年龄差异和城乡差异表明，对于贫困儿童的干预应尽早进行，理想时期是在儿童出现认知与判断分化之前。本研究发现，在城市，二年级学生对贫困的理解尚停留在事实描述阶段，但四年级学生已经开始对贫困形成价值判断。故可推断，三年级之前是较为理想的干预时期。

本研究的另一个重要发现是，贫困儿童与城市儿童对贫困的定义和贫困判断标准存在显著差异。这种差异会影响贫困儿童的社会交往和社会融入。城市儿童的贫困知觉围绕着拥有的匮乏和存在的不足，贫困儿童的贫困知觉则只偏重拥有，并且聚焦于基本生活用品的拥有情况和是否充足，与城市儿童所珍视的"拥有物"存在差异。这种差异反映在对贫困的判断标准上，城市儿童会使用包括外表、言谈、举止、所使用物品的精致度、个体的生理和心理状态，以及气味在内的多种具身线索；而贫困儿童通常只能根据单一的外表线索做出判断。这种差异的首要社会影响是：非贫困儿童很容易识别贫困群体，并有意无意地进行外群歧视与群际区分，使得贫困群体在社会交往中处于劣势。由于贫困群体并不知晓非贫困群体所采用的众多贫困线索，因此，难以摆脱阶层标签，实现向上流动的目标。因为他们所熟知的贫困线索常常仅限于物质，所以为摆脱贫困污名，他们所做的努力通常集中于物质生活的改善。这也是为何贫困者的物质追求可能更狂热，更容易为物质所诱惑，更容易"挥霍"奖学金，也更容易成为传销组织、校园贷等骗局最深重的受害者的原因之一。不幸的是，无论是他们所理解的物质本身还是物质的具体内容，常常都不足以帮助他们融入主流社会。

对于消解群际歧视，群际关系心理学有重要洞识。去范畴化（即去除显著的群体边界，使社会互动个体化）被证明是有效策略之一（Brown，2000）。去除群体边界的关键在于辨析显性的群体标志，特别是消极标志。本研究对贫困线索的检视有助于在精准扶贫中构建去范畴化策略。对贫困儿童的干预可以从贫困表征入手，让贫困儿童了解非贫困群体所能捕捉的贫困线索。让贫困儿童和家长了解这些线索，即使难以实质性地提升他们的个人能力，也能促使他们降低在其他线索上的显著性，如卫生习惯。降低阶层标志的显著性有助于提高贫困者在社会交往中的地位，促进他们的社会融入，从而增加他们向上流动的概率。对于缺乏客观条件的地区和家庭而言，为贫困儿童提供长期支持的定点社会扶助机构的设立便是必要而关键的。

本研究是对群际水平上的贫困生产与再生产机制的一次尝试性先导研究。研究结果虽有待系统的深入拓展，但也暗示了继续沿此方向探索的巨大潜力。研究结果一方面表明，即使心智尚未成熟的儿童也不单纯以官方的贫困指标即经济指标来理解贫困。贫困作为污名并不仅仅被感知为经济匮乏在物质上的体现。因此，单纯依靠改变贫困者的经济状况，并不能消除他们的贫困污名，也不能有效提高他们在社会交往中的地位、增加向上阶层流动的可能性。另一方面，研究也揭示了贫困儿童群体与非贫困儿童群体在贫困线索感知上的群际差异。贫困的主观认定正是导致群际分化和排斥的根源。后者会促使个体进入贫困和贫困再生产。因此，通过干预贫困儿童的贫困表征，在理论上能有效改善贫困者的社会融入状况，增加他们向上流动的概率。

　　人格和个体心理特征是坊间流行的贫困解释。扶贫要"治懒"甚至成了精准扶贫中各地政府郑重提出的一个观点。但将贫困归结于人格特质，会同"贫困文化"概念一样，掩盖了贫困的不平等本质。扶贫绝非仅仅让弱势群体共享经济发展的成果，伴随此过程的应是该群体的去污名化和社会群体间"承认鸿沟"（recognition gaps）（Lamont，2018）的缩小乃至消失，以及对每个生命个体的本真性承认（方文，2019）。通过构造"可感知的相对贫困"这一概念，本研究突出了贫困的主观维度。通过对儿童贫困表征的研究，本文探讨了贫困成因的群际影响因素。研究发现一方面表明，精准扶贫应打破数字执念；另一方面也暗示，贫困研究需要关注社会互动，尤其是群际互动的维度。

参考文献

Cole, M., 2015,《从种系发生、历史及个体发生的观点看文化和认知发展》，载 Deanna Kuhn and Robert S. Siegler 编《儿童心理学手册》（第二卷），林崇德、李其维、董奇译，华东师范大学出版社。

方文，2017，《社会分类权》，《北京大学学报》（哲学社会科学版）第 5 期。

方文，2019，《认同政治学的本真分类方案》，《当代美国评论》第 2 期。

戈夫曼，2009，《污名——受损身份管理札记》，宋立宏译，商务印书馆。

管健，2009，《社会表征理论的起源与发展》，《社会学研究》第 4 期。

贡森、葛延风、斯汀·库勒，2016，《中国人类发展报告（2016）：通过社会创新促进包容性的人类发展》，中译出版社。

贾俊雪、秦聪、刘勇政，2017，《"自上而下"与"自下而上"融合的政策设计——基于农村发展扶贫项目的经验分析》，《中国社会科学》第 9 期。

陆康强，2007，《贫困指数：构造与再造》，《社会学研究》第 4 期。

李棉管，2017，《技术难题、政治过程与文化结果——"瞄准偏差"的三种研究视角及其对中国"精准扶贫"的启示》，《社会学研究》第 1 期。

吕小康、汪新建、付晓婷，2014，《为什么贫困会削弱决策能力？——三种心理学解释》，《心理科学进展》第 11 期。

迈克尔·布若威，2008，《制造同意——垄断资本主义劳动过程的变迁》，李荣荣译，商务印书馆。

Mcloyd, Vonnie. C., Nikkil L. Aikens, & Linda M. Burton, 2015,《儿童期贫困、反贫困政策及其实行》，载 Ann Renninger、Irving E. Sigel 主编《儿童心理学手册》（第六版）（第四卷），林崇德、李其维、董奇译，华东师范大学出版社。

任超、袁明宝，2017，《分类治理：精准扶贫政策的实践困境与重点方向——以湖北秭归县为例》,《北京社会科学》第 1 期。

王春光、赵玉峰、王玉琪,2018,《当代中国农民社会分层的新动向》,《社会学研究》第 1 期。

维果茨基,2016,《维果茨基全集（第 2 卷）：高级心理机能的社会起源理论》,龚浩然、王永译,安徽教育出版社。

荀丽丽、王晓毅,2012,《非自愿移民与贫困问题研究综述》,载朱晓阳主编《边缘与贫困》,社会科学文献出版社。

赵蜜,2017,《社会表征论：发展脉络及其启示》,《社会学研究》第 4 期。

赵蜜、方文,2013,《社会政策中的互依三角——以村民自治制度为例》,《社会学研究》第 6 期。

朱梦冰、李实,2017,《精准扶贫重在精准识别贫困人口》,《中国社会科学》第 5 期。

Alkire, S. & J. Foster. 2011. "Understandings and Misunderstandings of Multidimensional Poverty Measurement." *The Journal of Economic Inequality*, 9 (2): 289 – 314.

Berzin, S. C. & A. C. De Marco. 2010. "Understanding the Impact of Poverty on Critical Events in Emerging Adulthood." *Youth & Society*, 42 (2): 278 – 300.

Brady, D. 2019. "Theories of the Causes of Poverty." *Annual Review of Sociology*, 45: 155 – 175.

Brady, D., A. S. Fullerton, & J. M. Cross. 2009. "Putting Poverty in Political Context: A Multi-Level Analysis of Adult Poverty across 18 Affluent Democracies." *Social Forces*, 88 (1): 271 – 299.

Brown, R. 2000. *Group Processes Dynamics: Within and Between Groups* (2nd ed.). Oxford: Blackwell.

Deaton, A. 2010. "Price Indexes, Inequality, and the Measurement of World Poverty." *American Economic Review*, 100 (1): 5 – 34.

del Rio, M. F. & K. Strasser. 2011. "Chilean Children's Essentialist Reasoning about Poverty." *British Journal of Developmental Psychology*, 29: 722 – 743.

Desmond, M. & B. Western. 2018. "Poverty in America: New Directions and Debates." *Annual Review of Sociology*, 44: 305 – 318.

Dixon, J. & Y. Frolova. 2011. "Existential Poverty." *Poverty & Public Policy*, 3 (2): 1 – 20.

Duncan, G. J., K. M. Ziol-Guest, & A. Kalil. 2012. "Early-Childhood Poverty and Adult Attainment, Behavior and Health." *Child Development*, 81 (1): 306 – 325.

Fuller-Rowell, T. E., G. W. Evans, & A. D. Ong. 2012. "Poverty and Health: The Mediating Role of Perceived Discrimination." *Psychological Science*, 23 (7): 734 – 739.

Glauben, T., T. Herzfeld, S. Rozelle, & X. -b. Wang. 2011. "Persistent Poverty in Rural China: Where, Why and How to Escape?" *World Development*, 40 (4): 784 – 795.

Hanushek, E. A. & L. Woessmann. 2016. "Knowledge Capital, Growth, and the East Asian

Miracles: Access to Schools Achieves Only So Much If Quality Is Poor. " *Science*, 351 (6271): 344 - 345.

Harper, C. , R. Marcus, & K. Moore. 2003. "Enduring Poverty and the Conditions of Childhood: Lifecourse and Intergenerational Poverty Transmissions. " *World Development*, 31 (3): 535 - 554.

Haushofer, J. & E. Fehr. 2014. "On the Psychology of Poverty. " *Science*, 344 (6186): 862 - 867.

Herman, E. S. & N. Chomsky. 2002. *Manufacturing Consent: The Political Economy of the Mass Media*. New York: Pantheon Books.

Kendig, S. M. , M. J. Mattingly, & S. M. Bianchi. 2014. "Childhood Poverty and the Transition to Adulthood. " *Family Relations*, 63: 271 - 286.

Ladd, H. F. 2012. " Presidential Address: Education and Poverty: Confronting the Evidence. " *Journal of Policy Analysis and Management*, 31 (2): 203 - 227.

Lamont, M. 2018. "Addressing Recognition Gaps: Destigmatization and the Reduction of Inequality. " *American Sociological Review*, 83 (3): 419 - 444.

Lewis, O. 1966. *La vida: A Puerto Rican Family in the Culture of Poverty-San Juan and New York*. New York: Random House.

Major, B. & L. T. O'Brien. 2005. "The Social Psychology of Stigma. " *Annual Review of Psychology*, 56: 393 - 421.

Mani, A. , S. Mullainathan, E. Shafir, & J. -y. Zhao. 2013. " Poverty Impedes Cognitive Function. " *Science*, 341 (6149): 976 - 980.

McEwen, C. A. & B. S. McEwen. 2017. " Intergenerational Poverty: An Early Childhood Model. " *Annual Review of Sociology*, 43: 445 - 472.

Misturelli, F. & C. Heffernan. 2008. "What is Poverty?" *The European Journal of Development Research*, 20 (4): 666 - 684.

Moscovici, S. 1973. "Introduction. " In C. Herzlich, *Health and Illness: A Social Psychological Analysis*. London: Academic Press.

Moscovici, S. 2000. *Social Representations: Explorations in Social Psychology*. Cambridge: Polity.

Moscovici, S. 2008. *Psychoanalysis: Its Image and Its Public*. Cambridge: Polity.

Nándori, E. S. 2011. "Subjective Poverty and Its Relation to Objective Poverty Concepts in Hungary. " *Social Indicators Research*, 102: 537 - 556.

Piaget, J. 1997/1932. *The Moral Judgment of the Child*. New York: Simon and Schuster Inc.

Piff, P. K. , M. W. Kraus, & D. Keltner. 2018. "Unpacking the Inequality Paradox. " *Advances in Experimental Social Psychology*, 57: 53 - 124.

Sampson, R. J. , J. D. Morenoff, & T. Gannonn-Rowley. 2002. "Assessing ' Neighbourhood Effects': Social Processes and New Directions in Research. " *Annual Review of Sociolo-*

gy, 28: 443 – 478.

Sen, A. 1982. *Poverty and Famines: An Essay on Entitlement and Deprivation*. Oxford: Oxford University Press.

Shah, A. K. , S. Mullainathan, & E. Shafir. 2012. "Some Consequences of Having Too Little." *Science*, 338: 682 – 685.

Sidanius, J. & F. Pratto. 1999. *Social Dominance*. Cambridge: Cambridge University Press.

Sirbin, L. A. , P. L. Peters, V. J. McAffer, & A. E. Schwartzman. 2010. "Predicting Family Poverty and Other Disadvantaged Conditions for Children Rearing from Childhood Aggression and Social Withdrawal." *International Journal of Behavioral Development*, 35 (2): 97 – 106.

Small, M. L. , D. J. Harding, & M. Lamont. 2010. "Reconsidering Culture and Poverty." *The Annuals of the American Academy*, 629: 6 – 27.

Smith, L. , K. Baranowski, A. Allen, & R. Bowen. 2013. "Poverty, Crime Seriousness, and the 'Politics of Disgust'." *Journal of Poverty*, 17 (4): 375 – 393.

Steptoe, A. & A. Deanton. 2015. "Subjective Wellbeing, Health and Ageing." *The Lancet*, 385 (9968): 640 – 648.

Super, C. M. & S. Harkness. 1986. "The Developmental Niche: A Conceptualization at the Interface of Child and Culture." *International Journal of Behavioral Development*, 9: 545 – 569.

Tagler, M. J. & C. Cozzarelli. 2013. "Feelings towards the Poor and Beliefs about the Cause of Poverty." *The Journal of Psychology*, 147 (6): 517 – 539.

Vandecasteele, L. 2011. "Life Course Risks or Cumulative Disadvantage? The Structuring Effect of Social Stratification Determinants and Life Course Events on Poverty Transitions in Europe." *European Sociological Review*, 27: 246 – 263.

Vohs, K. D. 2013. "The Poor's Poor Mental Power." *Science*, 341: 969 – 970.

Walker, R. , G. B. Kyomuhendo, E. Chase, et al. 2013. "Poverty in Global Perspective: Is Shame A Common Denominator?" *Journal of Social Policy*, 42 (2): 215 – 233.

Wood, G. 2003. "Staying Secure, Staying Poor." *World Development*, 3 (31): 455 – 471.

Yu, J. 2013. "Multidimensional Poverty in China: Findings Based on the CHNS." *Social Indicators Research*, 112: 315 – 336.

"身高制度"批判[*]

赵德雷　王　冰

哈尔滨工程大学人文社会科学学院　空军航空大学人文与社会科学系

摘　要：身高是人类最重要的外貌特征之一。相比身材高大的男性，青年矮男更容易在能力和地位维度上被低估，在择偶、择业等重要人生事件中经常遭遇挫折。根据刻板印象内容模型的观点和分类标准，人们对青年矮男的刻板印象具有低能力 - 高热情的特征属性。虽然高热情使得他们显得更具有亲和力，但低能力却意味着他们在涉及社会地位争夺的情境中处于不利位置。很多青年矮男表现出刻板印象威胁现象。按照高矮顺序列队，依据身高推断人的任务胜任力和亲和性已经是一种"广为接受"的惯例。它获得合法性，成为"身高制度"。合法化的"身高制度"不仅直接影响青年矮男的日常生活际遇，而且会作用于他们的自我认同和身体建构。然而，身体的主动性潜力仍十分强大。未来研究应从身体和社会的动态关系中把握二者的角色和位置。

关键词：身高制度　青年矮男　刻板印象内容　刻板印象威胁

一　问题的提出

团体活动中的列队与日常生活中的排队，虽然都是对群体成员进行排序的集合行为，但其背后的规则逻辑存在着本质差异。无论是小学时的课间操还是大学时的军训，要求学生按照身高列队都是一个"广为

---

* 本文最初以《"身高制度"与青年矮男的刻板印象威胁》为题发表于《中国青年研究》第 7 期；收入本书时有修改。

接受"的现象。有些情况是因为保持团体外形美观，有些情况是因为追求团队整体的有序，几乎所有的团体在列队时都自然地遵照了身高标准，也很自然地将最高的人作为排头兵。对此，人们不会认为是身材歧视。但若是排队等候上车、进店购物或参观行进，要求人们按照身高列队，则会被视为一种显而易见的身材歧视，绝对能引起公愤。

为什么同样都是排序问题，人们的态度和行为反应却截然不同？一个可能的解释是后一种情况涉及个体的权利，应秉持人人平等原则；而在前一种情况中，按照身高列队的整体效益突出，又似乎并不威胁谁的权益。但事实上，不管排序标准的设立是依据共识性的团体秩序、人为性的权益归属，还是自然性的时间先后，按照某种标准进行排序本身就是一种权力关系的体现。也就是说，团体列队时要求身材矮小的人排在后面与早到者排前、晚到者排后，展现的都是权力关系。但人们在认识和处理具体排序问题时所依据的原则，或者说不同情境下的合法性"制度"却大不相同：排队买票、等候上车依据的是"时间制度"；团体活动中列队依据的是"身高制度"。

在高度现代性的社会里，身体早已成为人们自我感知的核心要素，"身高"与"容颜"一样都是外貌的重要衡量指标。身高对个体自我认同及其在人际、群际互动中不断变化和适应的过程的影响也越来越大。那么，在这个高颜值似乎可以产生愈发强烈之光环效应的"看脸的时代"，"广为接受"的"身高制度"介入日常人际互动是否会导致更加严重的身材歧视及相关后果？尤其是对那些正处于发展期的青年男性而言，大量研究结果表明，未达到特定文化下理想的身高标准会使他们在学习、就业、择偶等人生重大事件上遭遇不同程度的挫折（吴琼，2013）。本文通过反思"身高制度"获得合法性的过程，以及合法化"身高制度"对青年矮男的自我认同和个体发展的影响，揭示身材矮小对青年男性产生的不利影响及其原因，进而探讨减弱此不利影响的可行途径。

二 青年矮男的"遭遇"

中国家长对儿童的未来身高抱有较高的期望。根据中国儿童少年基金会 2017 年发布的《中国儿童身高管理现状调研报告》，91.2% 的父母希望男孩长到 175 厘米以上，82.7% 的父母希望女孩能长到 165 厘米以上。①

身材高大和许多优势联系在一起，高个头隐喻着权力和重要性，而矮小则意味着劣势与弱势。由于具身认知效应，身材较高者更容易受人尊敬，"高手""高高在上""位高权重"等隐含高大意思的词语通常用来形容积极的、高地位的事物或人；而"低俗""低三下四""低眉顺眼"等隐含矮小意思的词语则往往被用来形容消极的、低地位的事物或人。身材矮小者经常遭人嘲笑，小个子的男孩在学校也更易遭受欺凌。

身材矮小还意味着丧失很多升学、就业和职业发展的绝佳机会（Case and Paxson，2008；Case et al.，2009）。不少薪资高、引人艳羡的职业都对身体素质有特殊要求，招聘条件中明确列出对身高的要求（周伟，2008）。其他绝大多数职业的身高偏好则是内隐的。例如，当多人竞争同一岗位时，身材高挑、形象好的人更有胜算。身高对个体职业发展的影响不仅仅局限在就业机会的获得上，还会体现在绩效评价、薪资、升迁等方面。有研究指出，就如同体型会影响女性的工资收入水平一样，身高与男性个体的成功相关性很大（江求川、张克中，2013）。"身高溢价"效应（顾天竹，2018；顾天竹、纪月清，2017）描述的就是身高在劳动力市场竞争中的外貌歧视现象。在其他条件不变的情况下，男性劳动者身高每增加 1 厘米，小时工资会提高 4.81%；女性劳动者身高每增加 1 厘米，小时工资会提高 10.73%（高文书，2009）。用同样的方法对不同发展水平的国家进行研究，结果类似（Schultz，2002）。英国埃克塞特大学选取将近 12 万名年龄在 37 ~ 73 岁的英国人进行调查，结果也发现较矮的男性和较胖的女性在收入方面会比相同智力水平的其他人要低。具体来说，在智力水平相同的情况下，如果男士在身高上矮 3 英寸，则平均每年比高个男士少赚 1500 英镑。相关研究在身高与收入间的作用机制一直存在争议：一种观点认为，外貌特征反映的是个人健康及认知能力差异，它影响交际信心、机会与能力，进而带来了劳动能力和工资率的差异（Mobius and Rosenblat，2006）；另一种观点认为，劳动能力差异不能完全解释外貌引起的工资差异，劳动市场中确实存在外貌歧视行为（Case et al.，2009）。但双方都不否认身高与工资待遇存在相关性这一事实。

---

① 《调研显示：超五成中国儿童未达到遗传身高》，https://www.chinanews.com/jk/2017/09－03/8321387.shtml，2017 年 9 月 3 日。

青年矮男在择偶过程中也经常因"个头低"而遭遇不顺。所谓"一高遮百丑"的看法在很多人的观念里仍十分盛行。人们普遍认为高个男性更具男子气概。婚姻市场中,判断男性资源价值的指标主要围绕社会地位设立,矮和穷,一个代表生物属性的弱势,另一个代表社会属性的不利处境,都是"致命伤"。就如男性在择偶时比较在意女性的容貌一样,女性在挑选合意结婚伴侣时更在意男性的身高。相关调查发现,女性征婚者所要求的配偶身高几乎总是高于该女性的自陈身高,男性则恰恰相反(钱铭怡等,2003)。在一项对1986~2010年的6612则征婚广告进行内容分析的研究中发现,容貌和身高作为个体的外在形象特征始终在择偶条件中占据重要地位(董金权、姚成,2011)。从20世纪90年代后期开始,虽然人们提及对配偶身高要求的比例(32%)显著降低了,但征婚者,尤其是男性征婚者的身高自陈率仍保持较高水平(92.9%)(吴雪莹、陈如,1997)。根据传统性别角色规范,人们总会觉得男高女低的一对伴侣搭配才是最"和谐"的。身材高大较具男子气概,符合女性的审美需求。女性往往认为高大的男性才有"安全感",更容易让人产生受保护、受怜惜的感觉,通常对身高不如自己的男性根本不会青睐。除非在财富、品德或才能方面十分出众,否则青年矮男很难博得女性注意。只能在比自己更矮的女性中选择交往对象,这显然令青年矮男的潜在择偶范围大大缩小,婚姻匹配的机会也降低了。

已有关于身高歧视现象的探讨多集中在择偶、择业两个领域,除了因为开辟事业和组建家庭是青年时期两个关键的人生任务外,还由于择偶和择业牵涉持续且复杂的人际和群际过程,能够最直接地体现身体在社会交往中的独特意义。弗兰克和奥尼尔都曾提到"交往的身体",还在理论层面上讨论了交往性身体的类别划分(希林,2010)。那么,身体的交往性在日常生活中是如何体现的呢?或者说,身高——这一人类基本身体特征,对交往双方而言,分别具有什么样的符号意义?类似问题的答案可以从关于青年矮男的刻板印象内容和他们自身的刻板印象威胁中尝试寻找。

三　青年矮男"刻板印象"的内容

刻板印象是对人或事物产生的比较固定、概括而笼统的看法,是我们认知他人、他群时经常采用的心理捷径。作为一种认知结构,关于某一特定社会群体的刻板印象通常由人们对于该群体的知识、观念和期望构成。人们对于青年矮男的刻板印象包含了有关该范畴成员的特征及其原因的比较固定的观念或想法，具有独特的内容结构，进而决定着人们对该群体成员的评价与互动反应。

早期的刻板印象研究均以刻板印象的过程作为研究重点（管健、程婕婷，2011）。美国心理学家 Susan Fiske 与其合作者对刻板印象心理结构进行了研究和探讨，提出刻板印象内容模型（Stereotype Content Model，SCM）（Fiske et al.，2002），来描述和预测某一群体在既定社会分类中的框架结构。其核心观点是刻板印象的内容由能力和热情两个维度上的评价构成，人们往往通过能力 – 热情两个维度来确定各类群体在社会中的位置。有些群体是高热情 – 高能力的（High Warmth-High Competence，HW-HC）的，有些群体则热情和能力均低（Low Warmth-Low Competence，LW-LC），更多的群体是低热情 – 高能力（Low Warmth-High Competence，LW-HC）或高热情 – 低能力（High Warmth-Low Competence，HW-LC）的。大部分社会群体在上述两个维度上都是一高一低的，即能力强的群体，通常在热情的维度上得分较低；而热情高的群体，能力往往较弱。能力和热情两个维度都低或都高的情况比较少见（高明华，2010）。

青年矮男在大众心目中的刻板形象也具有此二维建构的特征。在能力和热情构成的四象限模型中，矮身材与年纪轻两个外显特征叠加在一起，使得青年矮男群体落在了高热情 – 低能力类别中。一方面，青年矮男的能力往往被低估，在涉及体力付出的任务情境下，青年矮男经常被认为不具有很强的胜任力；在彰显男子汉特征的维度（如说服力、能力、威严、权力和社会地位等）上，青年矮男更处于弱势（杨小莉等，2017）。另一方面，青年矮男不会让人产生"高高在上"的感觉，更好接近，因而更容易被评价为温和、平易近人的"暖男"。

对青年矮男以能力和热情特征为核心的刻板印象并非凭空产生的，而是与他们在社会结构中与其他群体构成的位置关系紧密相关。一个群体刻板印象的内容特征取决于特定情境中该群体与其他群体之间可感知到的和实际上的地位与权力关系。在社会资源有限的条件下，人们的等级地位直接决定着其资源获得的数量和质量。社会地位与能力呈正相关，地位越高的群体就越有可能被刻板地认为有能力；竞争性则与热情呈负相关，即在获取或占有社会资源方面与本群体有竞争关系的群体更可能被刻板地认为缺乏热情（佐斌等，2006）。青年矮男刻板印象的内容呈现低能力－高热情特征，恰恰是他们在社会地位上处于劣势、对其他群体不构成竞争性的结果。一些网络流行词也经常把身高与社会地位联系在一起，比如"矮矬穷"就是把两个跟身高相关的字与财富水平并列放置，突出这类男性在社会地位上的弱势。

群体的刻板印象绝不仅仅作为呈现在他人眼中的形象，而必会在社会互动中招致对方回馈的特定反应模式。刻板印象内容模型概括的是群际认知特征与规律，卡迪等人的研究进一步将群际情绪、行为反应与此认知倾向模型相结合，提出了涵括群际情绪－刻板印象－行为趋向的偏差地图（Behaviors from Intergroup Affect and Stereotypes Map，BIAS Map）（Cuddy et al.，2007）。该模型认为，热情和能力高低不同的群体会唤起他人不同的情绪和行为反应，主要包括主动伤害（攻击与反抗）、主动助长（帮助与保护）、被动伤害（忽略与漠视）与被动助长（合作与关联）（Cuddy et al.，2008）。对于低能力－高热情的群体，人们在情绪上形成以遗憾与同情偏见为代表的"家长式偏见"，在行为上表现出帮助和保护的倾向。

如果是青年女性身材矮小，低才能－高热情的刻板印象以及与其伴随的情绪和行为反应的负面效应或许还不甚明显。因为在当前主流性别文化观念下，社会对女性本就没有过高的权力和地位期待。很多人反而认为小巧的女生显得更可爱，更能激发男性的保护欲，获得更多的怜惜。热情维度的高分令她们天然地具有友善特质，赢得更多喜爱。然而对于青年矮男，此种刻板印象与社会对于男性执掌权力、高冷少言的角色期望恰好相反。虽然高热情意味着亲和力强、有人缘，但"才能"才是决定男性社会地位与受青睐程度的关键因素。在能力维度上被低估，意味着青年矮男必须为其在社会结构中争得较高位置而付出更多的代价。刻板印象威胁是他们首先要克服的情境性困境。

四　青年矮男的刻板印象威胁

刻板印象威胁指社会文化对某些群体持有负性刻板印象，群体成员在特定情境下由于担心别人会以这种观念来认知判断和对待自己，同时担心自身的表现会证实这种刻板印象而产生的威胁感（Steele and Aronson，1995；Steele，1997）。当被污名或在某些方面被贬低的群体处于特定的能力评价情境时，他们会因为与自己受损群体身份有关的负面刻板印象被激发，而在相关任务上确有明显的消极表现（管健、柴民权，2011）。

　　针对青年矮男的刻板印象使得他们的社会生活和自我认同都将不得不面对直接威胁。这使得青年矮男自我概念中的负性元素往往更多。对于正处在人生发展关键期、对外貌高度关注、心理尤其敏感的青少年，矮是影响其对自己身体满意度的最重要因素（曹佃省等，2014）。而且，外群的歧见会通过人的符号能力，转化为个体自身的认同与期待。青年矮男对身高信息的反应更敏感、更警觉，更多地将注意力放在矮信息上（查圣祥、张立敏，2016），也更容易形成负面的身体自我图式。心理学已有研究表明，矮负面身体自我（即对自己身材矮小的消极认知、消极情感体验和相应的行为调控）的大学生更注意矮显词（即明显与矮相关的词，如"矮小"）、矮隐喻词（即本意不指矮，但含有矮的比喻意义的词，如"武大郎"）和矮形似词（指字面上含"矮"字，但词的含义本身无矮之意，如"白矮星"），对这些词的消极情感更明显（田录梅、王玉慧，2013）。矮身材者更多经历抑郁、焦虑、嫉妒，更自卑，主观幸福感更弱，心理健康的潜在隐患更多（杨小莉等，2017）。好几位矮身材男性受访者表示："从小身材矮小被人歧视，现在找对象老觉得自卑配不上人家。"

　　刻板印象威胁还存在外溢效应（Stereotype Threat Spillover Effect）（Inzlicht and Kang，2010），即在某一情境中，个体由于要应对消极刻板印象而使自身处于意志力缺乏状态，由此缺少能力或意愿参与各种需要有效进行自我控制的任务。在传统权力对身体的规训下，矮是地位高低的重要表征因素。因为对个子矮、能力差、地位低等相关负面形象信息更担心、焦虑和敏感，青年矮男在互动过程中也显得更缺乏信心，在需要展示自身能力的情境下表现更差。有研究表明，劳动力市场歧视并不是身高溢价的主要原因，劳动力市场之外，在社交活动中的外貌歧视会通过增加社交网络差异而提高美貌溢价（顾天竹，2018）。身材较高的男性的高收入几乎全部可以用人力资本、社会交际及其他劳动能力特征差异来解释，而个子较矮男性的低收入有60%可以用劳动能力特征差异来解释，剩余40%是劳动力市场的歧视导致的。也就是说，外貌会影响一个人的交际信心、机会和能力，影响社交网络的积累与经营。但其作用机制并不在于外貌歧视，而是外貌方面居于弱势的人确实缺少获取和胜任高收入工作所必需的社会交往能力。

刻板印象威胁除了导致个体行为表现下降，还会使其产生心理上的分离与不认同（阮小林等，2009）。为了维护自尊，青年矮男会在心理上将自我价值评定与跟身高有关的领域分离开来，长期的威胁与心理分离可能进一步导致领域不认同和远离刻板化群体。当青年矮男重新定义自我价值，不再将社会认可的、主流领域的才能表现作为自我评价的基础（Steele，1997），他们可能就会在一定程度上放弃这方面的努力，或者退出相关领域的竞争；同时也意味着他们会更多地强调非主流的、以往并非男性社会地位评定核心指标的"热情"优势。

刻板印象威胁涉及的范围很广，只要能感知到情境中有关矮身材群体刻板印象存在，只要担心自己的表现会验证矮身材刻板印象，刻板印象威胁就有可能发生。但由于刻板印象威胁主要是一种自我威胁，所以个体差异性较强。日常生活中我们可能会发现部分青年矮男并未表现出刻板印象威胁。其原因是多方面的，可能是其足够自信，也可能是自我意识状态更加偏向于私下自我觉知，还可能是当下情境暂时未能启动他的身高身份认同。

五　青年矮男刻板印象的制度化

低能力 - 高热情的刻板印象之所以能够影响人们对青年矮男的情感和行为反应，还使得该群体成员自身的认同和行为反应也按照它的"预言"发展，原因在于此种固定、笼统的认知结构（或者偏见）经历了制度化的过程，获得了合法性，而以一种看似理所当然的形态存在并发挥作用。

回顾本文开头提到的排队的例子。从小开始，每逢军训、文体表演或者各种集体活动仪式需要全体成员列队出席的时候，老师、教官们总会将高个子的人作为"排头"组织班级学生或者小组成员，排队方式也是"向高个看齐"。很少有人质疑这种安排。从新制度主义理论视角来看，矮身材者的境遇正是身高制度发挥作用的结果。行动者的观念、偏好和行动选择是内生于既有社会建构的。已有的、非正式的社会认知结构、价值观念、社会规范等制度决定着社会成员对不同身高者的认知和判断。这些认知和规范为人们在高个者和矮个者的社会价值、角色期待等方面达成共识提供了社会基础，因而获得了合法性（Douglas，1986）。社会成员广为接受的共识知识一旦形成，就具有独立于个体而存在的客观性，构成了客观化的制度环境，进而通过影响人们的主观意识和他们对外在现实的诠释，并内化为个体的观念制约其行为（Zhou，2005）。

英国著名人类学家玛丽·道格拉斯在《制度是如何思维的》一书中探讨了制度的产生、维持，以及与人们的行为相互作用的问题。制度指稳定重复的观念习性，可以通过有形的组织（如法律、宗教组织）或者实在可借的观念力量而发生作用（周雪光，2001）。制度能够延续、制度的效力能够发挥，是因为它具有"公义"基础，因而容易获得社会成员的共同接受或承认。最可能被认为合乎情理与期待，因而也最具稳定性的制度，就是基于自然或超自然理念的规范。生物特性往往是意识形态区分的重要根据。因为它们往往存在于人们的意识之外。正如道格拉斯在其书中表述的：实现这一稳定化的一个原则即是社会范畴分类的自然化。我们需要一种比喻以便将那些关键的社会关系的正式结构建筑在自然或超自然世界中，永恒世界中，或者其他去处。关键在于使得人为精心策划的社会建构隐而不显（Douglas，1986：48）。

身高恰恰具有自然属性。按照进化心理学的思路，身高是生长发育的重要标志，个子矮往往是发育不完全、尚未成熟的标志。人们对于身材的偏好与人类生殖繁衍的需求密切相关。对于好身材的追求源于我们繁衍后代、延续基因的本能。身材高大的男性更可能携带优良的基因，更擅于捕捉食物，更有逃生的优势，因而更有可能在残酷的生存竞争中存活下来。身材高矮的生理属性近乎完美地使得身高制度——即依据身高判定人能力与价值的观念——的社会演化路径踪迹全无。为歧见奠定自然基础，就可以在更大程度上避免人为构造的痕迹被察觉。比如，当很多人将青年矮男形容为"二等残废"，其实就是在建立身高特征与身体生理残缺之间的关系。原本是社会约定俗成的规则，通过自然化的过程获得了合法性与神圣性。

建立在自然"公义"之上的身高制度，自然而然地成为讨论、争辩其他问题的基础。但同时，这种制度也必须通过一系列机制得以维持与巩固。首先，身高制度赋予人们伴有道德和政治内容的高个或矮个"身份"。这样就更方便对不同身高的人进行价值判断，如矮个子的男性能力较弱。其次，身高制度还可以塑造社会群体的记忆和遗忘功能，通过这种记忆系统来引导人们的注意力。比如，人们会更多地注意到和记得高个子的男性如何更显眼、更能干、更有气势，也会更多地"发现"矮个子的人如何在才能和人格魅力方面都略逊一筹。即便有少数"异端"，即高个中的弱者和矮个中的强者（如拿破仑），也只能更加凸显他在原本的身份类别中是多么特别，而不能代表"总体"和"规律"。最后，身高制度还对人和事物加以分类，并成为很多情境中不言自明的规则。比如，在排队时自然确立以高个为标准的观念，高个子、排头"自然"地成为班长、负责人、带队者，进而获得了更多的关注和机会。而矮个子则成为追随者、被领导者，必须时刻注意自己是否跟高个"齐平"，是否跟住了高个的步伐。制度就是这样逐渐通过制约人们的思维方式和行为习惯而完成"思维"过程的。

六　讨论

很多情况下，对于生物特性的否定实际意味着歪曲生物特性。比如，在压制和忽略身材高、矮群体之间共性的同时，凸显和夸大他们之间的差异。从这个意义上说，"否定就是生产其他社会区分的过程"，"根据特定群体在社会角度和文化角度上据称如此的优等性和劣等性，来评价该群体的生理属性"（希林，2010）。原本自然、生物属性的意义一旦被"顺理成章"地转换成新的一系列范畴与对立。身体特征强势方就会想方设法地剥夺弱势方的身体自主性，让他们受制于己方的身体规范和行为规范。另一方面，人们在社会化过程中习得的具身性倾向也使得身体特征弱势方"不断地将必然转化为策略，将约束转化为偏好"（布迪厄，2015），主动配合这一过程。诚如谢尔德所说，正常的身体意识具有构造性和习惯性，外在的身体形象会通过认同过程与主观身体的内心意识之间产生千丝万缕的联系（希林，2010）。

虽然制度理论主张相同制度导致不同组织或个人做同样的事情。但现实中，制度化作用下的人们对身高信息的反应仍然存在个体差异。人们并非没有主观能动性，其行为也不是完全由所处的社会环境、社会期待和人们扮演的社会角色决定。更何况，现代性控制身体的能力使个体有潜力改变其身体外表和能力。我们虽然承认身体具有社会建构性这个前提，但也不想掉入建构主义的思维框架，而忘却最真切的身体体验的强大动力。身体也有独立性，身体的被动性更多是情境性现象。现代人普遍的怀疑和反思精神使得晚期现代性之下的个人对自我的身体有了更多主动的谋划和反思，身体有了更多的主动性，身体主体有了更大的自主空间（曾清林、陈米欧，2010）。

当今社会，"颜值"已越来越多地介入人际印象形成过程。在网络上，人们将奉行"外貌至上"理念的人统称为"外貌协会"。当容颜美与个人的其他积极属性相互关联，根据外貌来对他人的能力、品性进行推论，进而决定互动模式，便成为人们的重要认知策略。青年矮男会因身高劣势，而在其他个性特征的推断中不占优势。在符号意义已然生成的社会中，处于交往不利的一方如何在此意义框架中求得转寰？弱势方抗争或者建构的过程又如何体现在日常交往中？这些问题都值得未来研究进一步探讨。从身体与社会相互变化的关系中动态地把握身体与社会各自的位置，把双方都看成随着社会条件的变化而发生改变的动态现象（奥尼尔，2010），则是非常值得借鉴的分析视角。

参考文献

曹佃省、鲁媛、雷家萍、毛春梅、姚应平，2014，《青少年的外貌关注、外貌评价、肥胖焦虑、体质量自评与瘦身追求》，《中国心理卫生杂志》第 5 期。

董金权、姚成，2011，《择偶标准：二十五年的嬗变（1986～2010）——对 6612 则征婚广告的内容分析》，《中国青年研究》第 2 期。

高明华，2010，《刻板印象内容模型的修正与发展——源于大学生群体样本的调查结果》，《社会》第 5 期。

高文书，2009，《健康人力资本投资、身高与工资报酬——对 12 城市住户调查数据的实证研究》，《中国人口科学》第 3 期。

顾天竹，2018，《美貌溢价：劳动力市场歧视是主因吗？——基于中国劳动力动态调查数据的实证研究》，《财经研究》第 2 期。

顾天竹、纪月清，2017，《论社会资本中的美貌溢价——基于劳动力社会网络外貌差异的实证》，《经济与管理研究》第 9 期。

管健、柴民权，2011，《刻板印象威胁：新议题与新争议》，《心理科学进展》第 12 期。

管健、程婕婷，2011，《刻板印象内容模型的确认、测量及卷入的影响》，《中国临床心理学杂志》第 2 期。

江求川、张克中，2013，《中国劳动力市场中的"美貌经济学"：身材重要吗？》，《经济学》（季刊）第 3 期。

克里斯·希林，2010，《身体与社会理论》，李康译，北京大学出版社。

皮埃尔·布迪厄，2015，《区分：判断力的社会批判》，刘晖译，商务印书馆。

钱铭怡、王易平、章晓云、朱松，2003，《十五年来中国女性择偶标准的变化》，《北京大学学报》（哲学社会科学版）第 5 期。

阮小林、张庆林、杜秀敏、崔茜，2009，《刻板印象威胁效应研究回顾与展望》，《心理科学进展》第 4 期。

田录梅、王玉慧，2013，《矮负面身体自我大学生对相关信息的认知加工偏好》，《中国临床心理学杂志》第 6 期。

吴琼，2013，《权力观视角下的择偶身高偏好研究》，《理论界》第 9 期。

吴雪莹、陈如，1997，《当代人择偶重什么？——千例征婚启事的启示》，《妇女研究论丛》第 1 期。

杨小莉、刘潇肖、白宝玉，2017，《身高的心理效应及其内在机制》，《心理科学进展》第 5 期。

约翰·奥尼尔，2010，《身体五态：重塑关系形貌》，李康译，北京大学出版社。

曾清林、陈米欧，2010，《社会学视阈中的身体研究视角述评》，《江西社会科学》第 2 期。

查圣祥、张立敏，2016，《矮负面身体自我大学生的注意偏向特征研究》，《中国临床心理学杂志》第 6 期。

周伟，2008，《城镇就业中的身长歧视研究》，《华东政法大学学报》第 4 期。

周雪光，2001，《制度是如何思维的》，《读书》第 4 期。

佐斌、张阳阳、赵菊、王娟，2006，《刻板印象内容模型：理论假设及研究》，《心理科学进展》第 1 期。

Case, A. and Paxson, C. 2008. "Stature and Status: Height, Ability and Labor Market Outcomes." *Journal of Political Economy*, 116 (3): 499 – 534.

Case, A., Paxson, C., and Islam, M. 2009. "Making Sense of the Labor Market Height Premium: Evidence from the British Household Panel Survey." *Economics Letters*, 2 (3): 174 – 176.

Cuddy, A. J. C., Fiske, S. T., and Glick, P. 2007. "The BIAS Map: Behaviors from Intergroup Affect and Stereotypes." *Journal of Personality and Social Psychology*, 92 (4): 631 – 648.

Cuddy, A. J. C., Fiske, S. T., and Glick, P. 2008. "Warmth and Competence as Universal Dimensions of Social Perception: The Stereotype Content Model and the BIAS Map." *Advances in Experimental Social Psychology*, 40: 61 – 147.

Douglas, M. 1986. *How Institutions Think*. Syracuse University Press.

Fiske, S. T., Cuddy, A. J. C., and Glick, P. S., et al. 2002. "A Model of (Often Mixed) Stereotype Content: Competence and Warmth Respectively Follow from Perceived Status and Competition." *Journal of Personality and Social Psychology*, 82: 878 – 902.

Inzlicht, M. and Kang, S. K. 2010. "Stereotype Threat Spillover: How Coping with Threats to Social Identity Affects Aggression, Eating, Decision Making, and Attention." *Journal of Personality and Social Psychology*, 99 (3): 467 – 481.

Mobius, M. M. and Rosenblat, T. S. 2006. "Why Beauty Matters." *The American Economic*

Review, 96 (1): 222 – 235.

Schultz, T. P. 2002. "Wage Gains Associated with Height as a form of Health Human Capital. " *The American Economic Review*, 92 (2): 349 – 353.

Steele, C. M. 1997. "A Threat in the Air: How Stereotypes Shape Intellectual Identity and Performance. " *American Psychologist*, 52 (6): 613 – 629.

Steele, C. M. and Aronson, J. 1995. "Stereotype Threat and the Intellectual Test Performance of African-Americans. " *Journal of Personality and Social Psychology*, 69: 797 – 811.

Zhou, Xueguang. 2005. "The Institutional Logic of Occupational Prestige Ranking: Reconceptualization and Reanalyses. " *American Journal of Sociology*, 111 (1): 90 – 140.

分化的未来生活预期：公平感的中介作用[*]

赵德雷　袁　媛

哈尔滨工程大学人文社会科学学院　上海大学社会学院

摘　要：民众对未来美好生活的向往和对下一代幸福生活的预期是衡量社会心态的重要指标。对当下的生活越满意的人，对未来生活越有信心，预期也会更高。本文基于黑龙江省社会心态调查数据，探讨不同社会阶层群体的未来预期差异，以及社会公平感在其间的作用。结果显示，客观经济地位只对下一代生活预期有正向作用，主观阶层地位则对未来五年生活预期和下一代生活预期都有显著影响。在主观阶层认同为中层及以下的群体中，阶层地位越高，未来预期也越高。而上层和中上层群体的未来预期相比中层群体，反而有所降低。社会公平感在主观阶层和未来预期之间有中介作用，主观阶层越高，公平感越强，未来预期也更积极。

关键词：社会公平感　未来预期　主观阶层

共建共享美好生活是社会发展和人类追求的重要目标。积极的未来预期会促进对美好生活更加强烈的追求。改革开放四十多年来，我国的经济社会各方面都取得了长足的进步。如何促进社会公平，建设积极向上的社会心态，使得居民对于未来生活有更多、更美好的预期，是国家、政府和学界共同关心的问题。

---

* 本文最初以《新时代民众未来生活预期的阶层差异及公平感的中介作用——以生活方式的理论与实践为视角》为题，发表于《哈尔滨工业大学学报》（社会科学版）2019年第21卷第3期；收入本书时有修改。

民众预期未来会有更美好的生活，才会增强对深化改革和锐意进取的信心。有学者在 2008 年奥运会后三个月内调查了中国大陆居民对过去、现在和未来生活的评价与想象，发现人们普遍表示明天/将来的生活会比今天/现在更好（Cheng et al.，2010）。体验变化是一种动力。当民众实实在在感受到自己的生活在不断变好，真真切切见证了国家日益强盛、百姓安居乐业，他们就更有信心推测，也更有动力追求愈加美好的将来。但近年来，我国整体经济发展速度正逐渐变缓，这会不会给百姓对未来美好生活的热望与信心带来不利影响？或者如很多人担心的，推动发展的主观动力会不会不足？

追求美好生活的过程绝不是盲目的，为了理想生活而实际付出的努力和当下怀有的心态取决于人们对愿望实现的可能性的主观判断。对未来生活的预期虽高于现实，但也基于人们对现实和过往事件发生、发展的判断和归因。当下身份处境以及对现实社会公平状况的感知在很大程度上影响着人们对未来生活图景的预估。本研究在简单描述未来预期的阶层特征的基础上，尝试探讨公平感在未来预期形成过程中的意义和作用。

一 社会阶层、公平感与未来预期

很多学科都关注预期问题。经济学较早提出预期概念。他们认为预期是经济行为人对于经济变量在未来的变动方向和变动幅度做出的一种事前估计或主观判断（张成思，2017），并围绕预期受个人行为偏好、社会文化与习俗、所处的经济环境和预期方式等因素影响的过程和结果做了大量研究（张虹、王波，2013）。心理学中的希望概念跟预期有密切联系。作为对未来目标的美好预期，希望是"一种基于内在的成功感的、积极的动机性状态"（Snyder，2002）。对未来生活的憧憬，或内隐或外显地存在于每个人的心中，并对个体的主观幸福感、生活满意度存在显著正向影响（李磊、刘斌，2012），与抑郁、焦虑等消极情绪存在显著负相关（Bailey et al.，2007）。内心存有希望的人在面对困境时也可以采取更好的压力应对策略。

社会心理学的研究更多地从结构性视角看待预期，认为预期是社会心态的重要指标之一（王俊秀，2017），是对未来社会与个人发展状况的预估和评价。其探讨的主题大多是预期与其他结构变量的关系。

（一） 未来预期的阶层特征

每个人都希望自己能拥有更美好的未来。在国家日益强盛的时代，所有国民也都对未来的幸福生活抱有充分的信心。雷开春（2015）对六个省市的调查分析发现，当前年轻人对阶层向上流动的预期较高，70%以上的年轻人有很高的未来预期，40%左右的年轻人有信心向上流动，未来预期极低的微乎其微。然而，人们对社会流动机会和生活前景的预期也必然受到其对当下社会阶层地位的主观感知的影响。既定时间和空间条件下，类似处境的人，其未来预期也会呈现大致相似的特点。就个体而言，将来的生活怎么样，主要取决于他届时处在什么样的社会地位。

社会阶层是指在社会等级结构中处于不同地位的群体。社会阶层群体之间不仅有客观的社会资源的差异，而且存在着主观上感知到的自身社会阶层地位的差异。社会阶层地位对人的认知行为有广泛影响。国外大量研究表明，贫困甚至仅仅是物质稀缺的处境就足以使人的判断和决策等认知能力显著降低（Mani et al.，2013；Vohs，2013）。与贫困、低地位相伴随的人格羞耻感会进一步损害其健康和认知发展能力（Williams，2009），令他们更自卑、保守、封闭、悲观，显著降低其行动积极性（Wong and Tsai，2007）。国内也有实证研究发现，高社会阶层会对社会产生积极的态度，而低社会阶层对未来更可能丧失信心，对事情总是有无助感和无力感，以消极的态度对待社会上的人和事，甚至可能会成为反社会者（俞国良、王浩，2017）。因而，不同社会阶层的人对未来生活图景的想象会有很大的差异。进一步说，处于高低不同社会阶层位置的人在对美好未来的信心和为未来努力的斗志上也明显不同。当被问及"未来一段时期内有多大的机会实现向上流动"时，低社会阶层者的回答明显比高社会阶层者更悲观（Kraus et al.，2012）。

预期具有明显的动力特征，积极的预期会让人产生希望。而希望对人行为意愿的促动作用，与自我效能、认同、潜力等动机因素不同，它更强调一个人不管自己感知到多大能力，仍愿意去追寻目标的意愿（Juntunen and Wettersten，2006）。正如积极心理学的观点指出的，希望包含目标、路径思维和动力思维三个主要成分，并以追求成功的路径（指向目标的计划）和动力（指向目标的活力）的交互作用为基础。日常生活中，我们会发现不少破产的企业家虽然已经因失败而在自我效能方面受到严重挫伤，但仍能选择重新创业，这就是因为他们的内心怀有希望，对未来成功持有积极乐观的预期（Hsu et al.，2017）。

目前国内关于未来预期之阶层差异的研究还很少见。将主观社会阶层与客观社会阶层地位相区分讨论的就更少。本研究意图分别讨论基于这两种标准划分而得的阶层群体，在未来预期上是否有明显不同。

（二）公平感在未来预期形成中的作用

更加美好的生活绝不仅仅指物质生活水平的提升，也并不一定是每个人的现时生活满意度都极高，老百姓都对自己的未来充满无限希望才是美好生活的理想状态。普通民众对社会发展的认知是多层面因素建构的结果，经济状况、个人生活水平、收入水平、政治发展变化、社会公平、社会风气满意度及其发展变化，都是影响其体会与判断的重要指标。岳经纶、张虎平的调查发现，虽然不平等感知会降低人的主观幸福感，但是民众对未来美好生活的预期对幸福感具有积极影响，高不平等感知与高幸福感共存是由于当前民众对未来生活预期较好，预期对收入不平等感知具有缓冲效应（岳经纶、张虎平，2018）。但该研究并没有详细探讨公平感和预期的关系。从长期来看，未来预期势必受到公平感的影响。

近两年，越来越多的研究开始关注公平感在社会阶层与预期关系中的作用。阶层分化首先会影响社会公平体验。由于客观社会资源和可接触到的社会物质条件、阶层群体成员的个体特征（如特质、能力等）、代际传递、社会文化等方面因素的作用，高低社会阶层群体之间形成了心理与行为的显著分化。体现在主观方面就是高低社会阶层群体间感知的分层状况、社会公平以及对公平的敏感程度都存在显著差异（郭永玉等，2017）。与高社会阶层者相比，低社会阶层者更加感到社会不公平，对于公平的敏感性和依赖性也更高（李小新，2014）。王晓磊（2018）在探讨主观社会阶层和社会成就归因间的关系时发现，高主观社会阶层地位者往往倾向于认为自己的成功是依靠个人能力获得的，公平感则是主观社会阶层地位与归因倾向间的重要变量。主观社会阶层地位高的人，其公平感也更高，进行成就归因时更多地考虑内在因素。

而公平感以及归因倾向则会进一步影响人们对事件未来发展情况的判断和预期。陈满琪（2016）专门考察了可协商的命运观对未来预期的影响，发现如果一个人相信即使不能直接控制自己的命运，但仍可通过努力与命运协商，最终有可能通过行动改变结果，那么他的未来预期也会更积极。将成功归因于个体内在因素，面对困境绝不轻易认输，仍对美好未来怀有一丝信心，所有这些积极心态的基础是社会公平。

有学者尝试运用实验法探讨公平感在社会阶层和个人目标预期间的作用。他们的研究发现，公平感与未来预期或追求未来目标的动力呈正相关，公平感越高，越有利于目标的实现。但这种效应仅存在于较低社会阶层群体中，而在较高社会阶层群体中不明显（胡小勇等，2016）。

二　研究设计

本文的研究思路是在考察社会阶层与未来预期关系的基础上进一步探求公平感在二者关系中的作用。具体见图1。

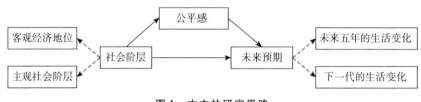

图1　本文的研究思路

（一）研究假设

老百姓常说"人总要有个奔头儿"。令人向往的生活目标给予人拼搏的力量与方向。普通民众对未来生活的期许与推断必然是基于现实的社会环境。未来预期随社会阶层而变动，并与个体对当前社会流动的信心和预测有关。社会阶层越高，原有的生活越优渥，掌握的社会资源也越丰富，越能够以积极的态度应对挑战，因而对未来的预期也越美好。

假设1：社会阶层对未来预期有正向影响。

假设1a：客观经济地位对未来五年生活预期有正向影响。

假设1b：客观经济地位对下一代生活预期有正向影响。

假设1c：主观社会阶层对未来五年生活预期有正向影响。

假设1d：主观社会阶层对下一代生活预期有正向影响。

预期未来生活会越来越好体现的是民众对社会发展的信任。而这种信任的重要基础便是公平感。在社会转型背景下，当群体间物质生活水平和机会资源差距持续拉大，人们的公平感受到挑战，并导致部分群体的相对剥夺感升高。公平感在社会阶层和社会稳定中的作用愈加突出（李路路等，2012）。教育经济学在分析贫困孩子为何很少选择通过读书改变命运时指出，家庭贫困带来的风险溢价成为其投资中的一项额外成本，从而削弱教育投资的吸引力，教育的机会成本和未来收益的不确定性也影响教育投资决策（邹薇、郑浩，2014）。简单来说，因为这部分家庭不确定自己的投入一定能收获美好的未来，而公平感是决定他们推测和预期的重要变量。反过来，在社会分层中占有相对优势位置的群体会对社会公平状况形成积极感知，因而预期更美好的未来。前期分析发现，公平感与客观经济地位的相关性并不显著，所以下面的分析仅考察公平感在主观社会阶层和未来预期之间的中介作用。

假设 2：公平感在主观社会阶层和未来预期之间起到中介作用。

假设 2a：公平感在主观社会阶层和未来五年生活预期之间起到中介作用，主观社会阶层越高，公平感越强，未来五年生活预期越积极。

假设 2b：公平感在主观社会阶层和下一代生活预期之间起到中介作用，主观社会阶层越高，公平感强，下一代生活预期越积极。

（二）研究方法

本研究数据来自中国社会科学院全国社会心态研究课题组在黑龙江省的调查。调查在哈尔滨市区、农垦新华农场和宝泉岭农场共收集了 995 个有效样本，其中新华和宝泉岭垦区分别有 246 个和 255 个，哈尔滨市区有 494 个。删除重要变量为缺失值的 30 份问卷，再删除在 "未来预期" 问题上选择 "说不清" 的 153 个样本，最终获得 812 个样本。调查对象的年龄在 18～70 岁，平均年龄 40.72 岁（$SD = 11.94$）。根据联合国世界卫生组织的年龄分段标准，将被调查者分为三个年龄层，即 44 岁以下的是青年人，45～59 岁的是中年人，60 岁及以上的为老年人。具体情况如表 1 所示。

表 1　样本构成情况

单位：人，%

变量	属性	人数	比例
性别	男	368	45.3
	女	444	54.7
受教育程度	初中及以下	224	27.6
	高中	237	29.2
	大专及以上	351	43.2

续表

变量	属性	人数	比例
户籍类型	农村户籍	187	23.0
	城市户籍	625	77.0
工作状况	在职工作	548	67.5
	离退或辞职在家	152	18.7
	全日制学生	22	2.7
	无工作	90	11.1
年龄	青年	484	59.6
	中年	284	35.0
	老年	44	5.4

(三) 变量操作化

未来预期：未来预期可操作化为两个题目，分别是代表短近时段的"未来五年生活预期"和代表长时段的"下一代生活预期"。答案选项均设置为五类（"差很多""差一点""说不清""好一点""好很多"）。

社会阶层：对客观经济地位的测量主要以个人月收入为参考指标。2013 年黑龙江省人均月收入在 2700 元左右。故根据人均月收入平均值的 0.5 倍、1 倍、1.5 倍、2.5 倍将客观社会阶层划分为"下层""中下层""中层""中上层""上层"五个层次。结合原本问卷中的答案选项设置，将月收入 1000 元及以下界定为"下层"，将 1001~3000 元界定为"中下层"，将 3001~5000 元界定为"中层"，将 5001~7000 元和 7001~10000 元合并为"中上层"，将月收入 10001 元及以上的界定为"上层"。样本中"上层"人数过少，因而最后分析时将其与"中上层"合并。

主观社会阶层的测量依据被调查者对"你认为自己处在哪一阶层"的回答，分为"下层""中下层""中层""中上层""上层"五个层次。分析中同样由于"上层"人数过少，而将"上层"与"中上层"合并。

公平感：问卷中设有专门的领域公平感测量题目，即询问被调查者在司法、教育、经济交换等领域的公平感知。本研究中的公平感变量只使用最后一个总括性题目，即"您觉得总体来说社会的公平程度如何"。答案分为"非常不公平""不太公平""说不清""比较公平""非常公平"五个选项。

除此之外，本研究还将性别、年龄、受教育程度、户籍类型和工作状况等人口学变量虚拟化，作为控制变量加入回归模型。在统计分析时，将性别变量中的男性设为参照组。年龄变量分为"青年""中年""老年"三组，将"青年"设为参照组。受教育程度变量分为"初中及以下""高中""大专及以上"三个等级，将"大专及以上"设为参照组。户籍类型变量分为"农村户籍""城市户籍"，将"城市户籍"设为参照组。工作状况变量分为"在职工作""离退或辞职在家""全日制学生""无工作"四组，并以"离退或辞职在家"为参照组。

三　未来预期的阶层差异

人们对未来五年的生活总体上抱有美好的憧憬，几乎一半（47.9%）的人认为自己在五年后会过得比现在好一些。不过，也有将近1/3（28.57%）的人认为今后生活会"不变"或"变差"。相较之下，人们对于下一代生活的预期要更积极一些，认为下一代的生活会"好一点"和"好很多"的人共占81.9%。

（一）不同社会阶层群体的未来预期差异

被调查者的未来预期表现出比较明显的阶层差异。虽然各个社会阶层中多数人都会预期未来生活会"好一点"和"好很多"，但在对短近未来的主观推断（未来五年生活预期）上，预期较低的人均来自较低社会阶层群体。主观社会阶层较高的人对未来五年生活预期也不乐观。选择"变化不大"的被调查者中，主观社会阶层为中层和中下层群体占了大多数（80.2%）。主观社会阶层属于中上层和上层的群体，在仅占4.1%的情况下，竟占选择"差很多"这部分人的16.7%。对下一代生活预期较差的人依然主要来自较低社会阶层群体。中上层群体对下一代的生活都寄予比较高的期望。

（二）社会阶层对未来预期影响的回归分析

为了进一步探究主观社会阶层和客观经济地位对于人们未来预期的单独作用，我们将未来五年生活预期和下一代生活预期作为因变量，以主观社会阶层和客观经济地位作为自变量，控制其他基本人口学变量，建立回归模型。

由于因变量原来的备选答案分类较多，且最终的结果相对集中于中等偏上的水平，分化不大，所以我们适当合并相近含义的选项，将原来五个选项中"差一点""差很多""变化不大"合并为"差和不变"，赋值为1；将"好一点"赋值为2；将"好很多"赋值为3。对于定序类型的因变量，采用有序 logistic 回归模型进行分析。经过平行线检验，两个回归模型的显著性结果分别为 0.136 和 0.137，说明符合模型建立的前提条件。

表 2　未来预期影响因素的有序 logistic 回归模型

自变量	模型 1 未来五年生活预期			模型 2 下一代生活预期		
	B	S.E	Exp (B)	B	S.E	Exp (B)
年龄（青年为参考）						
中年	-0.041	0.160	0.960	0.393*	0.163	1.481
老年	0.074	0.353	1.076	1.116**	0.359	3.052
性别（1 = 男性）	-0.155	0.138	0.856	-0.319*	0.139	0.727
户籍类型（1 = 城市户籍）	-0.324*	0.165	0.723	-0.524**	0.169	0.592
受教育程度（大专及以上为参考）						
初中及以下	-0.360#	0.186	0.698	-0.176	0.186	0.839
高中	-0.281	0.175	0.755	-0.096	0.177	0.909
工作状况（离退或辞职在家为参考）						
在职工作	0.144	0.214	1.155	0.712**	0.214	2.039
全日制学生	0.444	0.476	1.559	1.551**	0.517	4.715
无工作	0.287	0.277	1.333	0.750**	0.278	2.118
客观经济地位（下层为参考）						
中下层	0.070	0.193	1.072	0.247	0.193	1.280
中层	0.093	0.231	1.098	0.279	0.231	1.322
上层和中上层	0.211	0.275	1.235	0.748**	0.284	2.112
主观社会阶层（下层为参考）						
中下层	0.574**	0.191	1.776	0.291	0.188	1.338
中层	0.970***	0.198	2.638	0.590**	0.195	1.804
上层和中上层	0.964**	0.378	2.621	0.522	0.381	1.686
样本数	812			812		
Nagelkerke R^2	0.071			0.076		
χ^2/df	52.235/15***			55.555/15***		
-2 对数似然值	1049.662			1022.367		

#$p < 0.10$，*$p < 0.05$，**$p < 0.01$，***$p < 0.001$。

未来五年生活预期主要受到户籍类型、受教育程度和主观社会阶层的影响。在控制其他变量的情况下，主观社会阶层为中下层、中层、上层和中上层，未来五年生活预期相比下层至少好一个等级的可能性分别为 1.776倍、2.638 倍、2.621 倍。下一代生活预期则受到年龄、性别、户籍类型、工作状况、客观经济地位和主观社会阶层等多个因素影响。

两种阶层变量的作用力相似，都表现出社会阶层越高，未来预期越好的趋势。相对于下层，客观经济地位为上层和中上层的人的下一代生活预期显著更好。在控制了其他变量的情况下，相比下层，客观经济地位为上层和中上层的人的下一代生活预期至少好一个等级的可能性为2.112 倍。而在主观社会阶层分类下，自认为是中层的人与下层的差异最显著。主观社会阶层为中层的人的未来五年生活预期最高。与其相当的是上层和中上层的人，其次是中下层的人。下层的下一代生活预期最低，且显著低于中层。

总之，客观经济地位对未来五年生活预期的作用不显著，假设 1a 没有得到验证；但其对下一代生活预期有显著正向影响，假设 1b 得到验证。主观社会阶层与未来预期的关系分为两种：在主观社会阶层为中层及以下的群体中，地位越高，未来预期也越积极；在中层及以上群体中，未来预期随着社会阶层的升高反而有些许下降。主观社会阶层与未来预期并非简单的线性关系，假设 1c 和假设 1d 被部分证实。

四　公平感的中介作用

主观社会阶层和客观经济地位对未来预期影响的差异使我们注意到，人们对未来的憧憬可能并不主要源于现时客观的生活水平，而与人主观感知自身所处的社会阶层位置密切相关。每个人在衡量自己的社会分层处境时的公平感受是稳定预测未来生活的重要前提和保障。公平感高，人们确信自己当下的努力与未来的结果呈绝对正相关，这样才会有信心对自己和下一代的未来进行推测，并形成美好的期望。反之，未来预期也往往充满不确定性，或消极暗淡。因而研究继续探讨公平感在主观社会阶层和未来预期之间是否发挥中介作用。

（一）主观社会阶层与公平感的关系

公平感是很多研究都详细谈及的问题。从对数据的描述性统计中可以看出主观社会阶层和公平感的共变关系。选择"非常不公平"的人中，下层和中下层群体占了几乎 80%，而选择"不太公平"的人中，下层和中下层群体所占的比例也格外高。相比较而言，选择"比较公平"和"非常公平"的人中，占最大比例的是中层和中层以上的群体。选择"非常公平"的中层群体甚至占了全部选择者的 51.5%。随后的回归分析也进一步证实了二者的关系。主观社会阶层越高的人，公平感越高，但这种关系只存在于中层及以下群体中。中上层和上层的群体，不但未来预期相对中层群体有下降趋势，在公平感上也同样有下降趋势。

（二）公平感与未来预期的关系

当公平感变化时，未来五年生活预期和下一代生活预期也会随之发生变动（见图 2）。随着公平感从"非常不公平"到"比较公平"逐渐增高，未来五年生活预期和下一代生活预期的均值也明显升高。不论是未

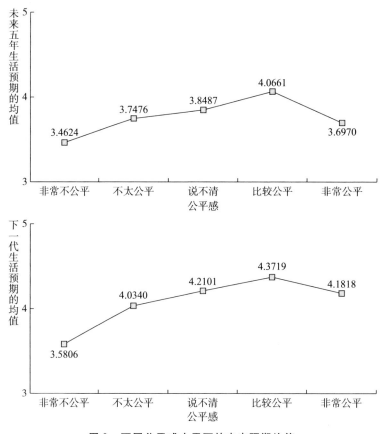

图 2 不同公平感水平下的未来预期均值

来五年生活预期还是下一代生活预期，预期最高值都出现在认为社会"比较公平"的程度上，最高值分别为 4.0661 和 4.3719。

而在"非常公平"的程度上，二者虽然都有所下降，但未来五年生活预期的下降幅度更大，甚至低于"不太公平"程度时的未来五年生活预期值（3.7476）。公平感和未来预期的关系与主观社会阶层和未来预期的关系，以及主观社会阶层和公平感的关系是一致的，都是中上层和上层这一组的结果发生了逆转。

（三）公平感的中介作用

本研究中，因变量（Y）——未来五年生活预期、下一代生活预期，中介变量（M）——公平感，均是五分类定序变量，可以近似地将其视为连续变量，运用线性回归思路验证中介效应（刘红云等，2013）。自变量（X）——主观社会阶层为类别变量，分为下层、中下层、中层、中上层和上层四个水平，故运用整体中介和相对中介相结合的多类别自变量中介方法分析（方杰等，2017）。将主观社会阶层变量做虚拟处理后，以主观社会阶层为下层的群体作为参照组，使用 SPSS 执行基于 Bootstrap 的中介效应检验。

整体中介分析中，整体总效应检验结果显著（$F = 6.519$，$p < 0.001$），表明 3 个相对总效应不全为 0；整体直接效应检验结果显著（$F = 7.881$，$p < 0.001$），表明 3 个相对直接效应同样也不全为 0。整体中介效应检验中 95% 的 Bootstrap 置信区间为 [0.014，0.063]，区间内没有 0，应该进一步做相对中介分析的检验（见表 3）。

表 3 公平感在主观社会阶层和未来五年生活预期间的相对中介分析

自变量	属性	回归系数	SE	t	置信区间
中下层	总效应 c	0.406	0.093	4.366***	[0.224，0.589]
	直接效应 c'	0.367	0.093	3.940***	[0.184，0.551]
	$X = D1$	0.379	0.103	3.766***	[0.186，0.592]
	$X = M$	0.099	0.032	3.130**	[0.037，0.161]
	中介效应 $a_1 b$	0.039	0.018		[0.012，0.082]
中层	总效应 c	0.604	0.095	6.380***	[0.418，0.789]
	直接效应 c'	0.528	0.097	5.429***	[0.337，0.718]
	$X = D2$	0.767	0.105	7.300***	[0.561，0.973]
	$X = M$	0.099	0.032	3.130**	[0.037，0.161]
	中介效应 $a_2 b$	0.076	0.029		[0.025，0.144]

续表

自变量	属性	回归系数	*SE*	*t*	置信区间
中上层 和上层	总效应 *c*	0.320	0.181	1.766	[-0.036, 0.676]
	直接效应 *c'*	0.256	0.182	1.408	[-0.101, 0.612]
	X = D3	0.652	0.201	3.239**	[0.257, 1.048]
	X = M	0.099	0.032	3.130**	[0.037, 0.161]
	中介效应 a_3b	0.065	0.033		[0.016, 0.141]

注：参照组为下层。$p < 0.10$，* $p < 0.05$，** $p < 0.01$，*** $p < 0.001$。

相对中介分析发现，在主观社会阶层为中层及以下的群体中，公平感的中介效应显著。以主观社会阶层为下层的群体为参照组，主观社会阶层为中下层的群体体验到的公平感要比主观社会阶层为下层的群体高0.379，他们的未来五年生活预期也相应增加0.099（$b = 0.099$）。相对直接效应显著（$p < 0.001$），说明公平感只发挥部分中介作用，即排除此中介作用后，主观社会阶层为中下层的群体的未来预期还要比主观社会阶层为下层的群体的未来预期高0.367。相对中介效应 a_1b 的系数值为0.039。

主观社会阶层为中层的群体体验到的公平感比下层群体高0.767，他们的未来五年生活预期也相应高出0.099（$b = 0.099$）。相对直接效应显著（$p < 0.001$），表明主观社会阶层对未来五年生活预期还发挥单独的作用，即排除中介作用后，中层群体的未来五年生活预期还要比下层群体高0.528。相对中介效应 a_2b 的系数值为0.076。

上层群体相对下层群体的相对总效应不显著（$p = 0.078$），中介效应不存在。

综上，公平感在主观社会阶层和未来五年生活预期之间发挥中介作用，但此效应仅限于中层及以下的群体。即相对于下层群体而言，主观社会阶层为中下层和中层的群体公平感更高，因此未来五年生活预期更积极。假设2a部分被验证。

在主观社会阶层与下一代生活预期的关系上，公平感也发挥着类似的中介作用，即以主观社会阶层为下层的群体为参照组，主观社会阶层为中下层、中层和上层的群体体验到的公平感分别比下层群体高0.389、0.767和0.652（见表4），他们的未来五年生活预期也相应增加0.154（$b = 0.154$）。相对直接效应显著（$p < 0.001$），说明公平感只发挥部分中介作用，即排除此中介作用后，主观社会阶层为中下层、中层和上层的

群体的未来预期还要比下层群体分别高 0.275、0.335 和 0.377。相对中介效应 a_1b 的系数值详见表 4。

表 4　公平感在主观社会阶层和下一代生活预期间的相对中介分析

		回归系数	SE	t	置信区间
中下层	总效应 c	0.335	0.097	3.439 ***	[0.123，0.508]
	直接效应 c'	0.275	0.097	2.834 **	[0.084，0.465]
	X = D1	0.389	0.103	3.766 ***	[0.186，0.592]
	X = M	0.154	0.033	4.689 ***	[0.090，0.219]
	中介效应 a_1b	0.060	0.023		[0.084，0.465]
中层	总效应 c	0.453	0.099	4.579 ***	[0.259，0.648]
	直接效应 c'	0.335	0.101	3.319 **	[0.137，0.533]
	X = D2	0.767	0.105	7.300 ***	[0.561，0.973]
	X = M	0.154	0.033	4.689 ***	[0.090，0.219]
	中介效应 a_2b	0.118	0.032		[0.065，0.193]
中上层和上层	总效应 c	0.478	0.190	2.517 *	[0.105，0.850]
	直接效应 c'	0.377	0.189	1.999 *	[0.007，0.747]
	X = D3	0.652	0.201	3.239 **	[0.257，1.048]
	X = M	0.154	0.033	4.689 ***	[0.090，0.219]
	中介效应 a_3b	0.101	0.045		[0.031，0.206]

注：参照组为下层。[#]$p<0.10$，*$p<0.05$，**$p<0.01$，***$p<0.001$。

综上，得出结论，公平感在主观社会阶层和下一代生活预期之间发挥中介作用，即相对于下层群体而言，其他阶层的群体都会通过公平感来对下一代生活预期产生影响。主观社会阶层越高，公平感越强，对下一代生活预期越积极。假设 2b 得到验证。

五　讨论与总结

（一）未来预期的阶层差异

我们的研究发现，人们关于未来美好生活的积极想象与信心具有随阶层变动的特征。客观经济地位对未来预期的影响只表现在对下一代生活的憧憬中，而对未来五年生活预期的作用不明显。主观社会阶层对未来预期的作用要大得多。在主观社会阶层为中层及以下的群体中，社会阶层越高，未来五年生活预期也越积极。中层群体的未来五年生活预期是最积极的。以往研究发现，如果农民和工人向中层认同，那么他们的社会冲突感、社会不和谐感和未来社会矛盾的激化感也随之减少（张翼，2008）。类似地，"自认为"是中层也能够让人们憧憬更美好的未来。中层认同能够增加社会稳定再一次在我们的研究中得到验证。

本研究也发现，公平感和未来五年生活预期都在中上层和上层群体那里出现了拐点，即在中层以上群体中，未来预期随着社会阶层的升高有些许下降的趋势。高社会阶层者的未来预期反而不如中层群体。这种现象或许可以用预期理论中的框架效应来解释（Kahneman and Tversky，1984）。处在获得域中的人时时感受到自己有很多"可失去"的东西，因而对未来潜在的"丧失"风险更加敏感，也更具有风险规避的特征。而处在损失域中的人，则对未来的获得与成功更加敏感，因而更具有风险偏好的特征。中上层和上层群体显然是经历了更多的获得域场景，所以在未来预期上反而不及中层群体乐观。

（二）公平感的中介作用

公平感在主观社会阶层和未来预期的关系中的中介作用进一步突出了结构性因素在看似个体性现象中的重要作用。从现有数据结果来看，社会阶层较低者对未来的想象也不会很美好，因为他们会感受到更多的社会不公。而社会阶层较高者相信凭借自身努力能够改变环境状况，他们的公平感更高，也期望更美好的未来。低社会阶层者自身资源往往有限，在追求目标实现的过程中尤其需要依赖外在助力，因而对于外在环境是否公平的敏感性和依赖程度也更高（陈继文等，2015）。有研究将公平感细化为分配公平感和权利公平感，分别考量其在社会阶层和生活信心之间的作用。结果发现，高收入群体的权利公平感低，所以社会信心才会低，而分配公平感的中介效应则不明显（毕文芬、初奇鸿，2017）。未来可以将公平感划分为不同的内容维度，分别考察其在未来预期中的作用。

无论在何种情况下，高社会阶层者的下一代生活预期都比低社会阶层者更积极。对下一代生活的展望代表着人们更长远的预期，而且或多或少掺杂着愿望和希望的成分。影响其最终走向的不仅有微观的个人、家庭因素，还有社会发展趋势、发展机遇和平台。上层家庭会给孩子更多的资源和更好的素质提升条件，下层家庭则更多地寄希望于外在制度环境，以求得公平竞争机会，这样才能憧憬下一代的美好生活。

预期不是空想，必是基于一定的现实。当公平感普遍较高或者处于中等水平的时候，主观社会阶层对未来预期的作用不重要。因为无论社会阶层高低，人们都会相信凭借自身努力创造未来的机会是存在的。但当公平感很低时，人们通常优先根据自己认为的、目前所处的社会阶层来预期将来的生活状况。因为这是决定生活状况的最直接因素，也是个人最好把控的因素。当然，公平感与未来五年生活预期的关联仅限于中层以下群体，这也提示我们将来的研究应该考虑其他因素（如控制感）的作用。

（三）　未来预期——对美好生活的向往与憧憬

人们对美好生活的追求具有时代性与历史性。由于特定历史发展阶段的影响，当今国人普遍没有经济循环发展的感受。这与西方民众的感知有很大的差异。结果导致很多人觉得发展是线性的，未来一定美好甚至成为一种信念。未来预期高，其他的心理健康指标（如主观幸福感、生活满意度等）也会很高。然而，当人们觉察到绚丽的想象和坚定的信心有可能被不公平打断时，他们的情绪反应也会尤其强烈。有研究基于社会风险理论提出，中国人可以接受收入差距，甚至认为收入差距是社会发展的必要代价，却不能容忍向上流动可能性的缺失，对于生活在社会底层的人们来说尤其如此（雷开春、张文宏，2015）。这背后就是人们在接受阶层差距并基于当下地位憧憬未来时，对公平的敏感与重视。

加尔布雷思在其著作中将美好社会界定为"可行的社会，而非完美无缺的社会"，他勾勒的美好社会图景中隐含着对公平、公正的追求：人人有工作，并有改良自己生活的机会，有靠得住的经济增长以维持就业水平……人人都有根据自己的能力和理想取得成功的机会（加尔布雷思，2009）……

对新时代人民美好生活需要的研究可从认同感、信任感、安全感和获得感四个方面着手（张祥安，2018）。而唤起并提升百姓信任感、安全感，甚至获得感的基础就是公平。个人梦想的实现固然与其自身努力息息相关，但是社会结构的力量也不可忽视。决定人们在追梦的路上实现向上流动的关键因素还在于创建让每个人都能参与其中的公平体制。公平的个人发展空间、社会保障制度和医疗条件都是人们的预期，只有通过各种政策保障人们的公平感才能让人们合理的未来预期成为现实。创新社会治理,进行社会预期管理,使公众形成良好心理预期,对于确保社会安全、维护社会稳定、促进社会和谐、推动社会进步都有重要的影响和作用(江世银,2017)。有效的社会预期管理能够充当社会矛盾化解的新机制,而在社会问题尚未出现之前即进行社会预期管理尤为必要。这个结论不仅对中国的社会治理具有重要实践价值,而且对于当今世界动荡不安的国家也有借鉴意义。

参考文献

毕文芬、初奇鸿,2017,《收入如何影响社会信心?——社会公平感的中介作用》,《西安交通大学学报》(社会科学版)第 3 期。

陈继文、郭永玉、胡小勇,2015,《教师自主支持与初中生的学习投入:家庭社会阶层与学生自主动机的影响》,《心理发展与教育》第 2 期。

陈满琪,2016,《可协商命运观与未来预期的关系——情绪体验的中介作用和集体主义社会现实感知的调节作用》,《福建师范大学学报》(哲学社会科学版)第 2 期。

方杰、温忠麟、张敏强,2017,《类别变量的中介效应分析》,《心理科学》第 2 期。

郭永玉、杨沈龙、胡小勇,2017,《理想天平与现实阶梯:心理学视角下的社会分层与公平研究》,《中国科学院院刊》第 2 期。

胡小勇、郭永玉、李静、杨沈龙,2016,《社会公平感对不同阶层目标达成的影响及其过程》,《心理学报》第 3 期。

江世银,2017,《社会预期管理论》,中国社会科学出版社。

雷开春,2015,《青年人的阶层地位信心及其影响因素》,《青年研究》第 4 期。

雷开春、张文宏,2015,《社会分层对集体行动意愿的影响效应分析——兼论社会冲突的心理机制》,《国家行政学院学报》第 6 期。

李磊、刘斌,2012,《预期对我国城镇居民主观幸福感的影响》,《南开经济研究》第 4 期。

李路路、唐丽娜、秦广强,2012,《"患不均,更患不公"——转型期的"公平感"与"冲突感"》,《中国人民大学学报》第 4 期。

李小新,2014,《不同社会阶层对受不公平对待的威胁敏感性差异研究》,博士学位论文,华中师范大学。

刘红云、骆方、张玉、张丹慧,2013,《因变量为等级变量的中介效应分析》,《心理学报》第 12 期。

王俊秀,2017,《居民需求满足与社会预期》,《江苏社会科学》第 1 期。

王晓磊,2018,《主观社会经济地位如何影响社会成就归因?——基于社会公平感的中介效应分析》，《北京社会科学》第 5 期。

俞国良、王浩，2017，《社会转型：社会阶层结构变迁对国民心理预期的影响》，《黑龙江社会科学》第 3 期。

约翰·肯尼思·加尔布雷思，2009，《美好社会——人类议程》，王中宏、陈志宏、李毅译，江苏人民出版社。

岳经纶、张虎平，2018，《收入不平等感知、预期与幸福感——基于 2017 年广东省福利态度调查数据的实证研究》，《公共行政评论》第 3 期。

张成思，2017，《预期理论的演进逻辑》，《经济学动态》第 7 期。

张虹、王波，2013，《居民心理预期与经济政策效果分析》，《辽宁大学学报》（哲学社会科学版）第 3 期。

张祥安，2018，《要把满足人民美好生活需要放在首位》，《中国党政干部论坛》第 7 期。

张翼，2008，《当前中国中产阶层的政治态度》，《中国社会科学》第 2 期。

邹薇、郑浩，2014，《贫困家庭的孩子为什么不读书：风险、人力资本代际传递和贫困陷阱》，《经济学动态》第 6 期。

Bailey, T., Eng, W., Frich, M. B., and Snyder, C. 2007. "Hope and Optimism as Related to Life Satisfaction." *The Journal of Positive Psychology*, 2 (3): 168 – 175.

Cheng, Y. Y., Chao, M. M., Kwong, J., Peng, S., Chen, X., Kashima, Y., & Chiu, C. Y. 2010. "The Good Old Days and a Better Tomorrow: Historical Representations and Future Imaginations of China during the 2008 Olympic Games." *Asian Journal of Social Psychology*, 13: 118 – 127.

Hsu, D., Wiklund, J., and Cotton, R. 2017. "Success, Failure, and Entrepreneurial Reentry: An Experimental Assessment of the Veracity of Self-Efficacy and Prospect Theory." *Entrepreneurship Theory and Practice*, 1: 19 – 48.

Juntunen, C. and Wettersten, K. B. 2006. "Work Hope: Development and Initial Validation of a Measure." *Journal of Counseling Psychology*, 53 (1): 94 – 106.

Kahneman, D. and Tversky, A. 1984. "Choices, Values, and Frames." *American Psychologist*, 39 (4): 341 – 350.

Kraus, M., Piff, P. K., Mendoza-Denton, R., Rheinschnidt, M. L., and Keltner, D. 2012. "Social Class, Solipsism, and Contextualism: How the Rich Are Different from the Poor." *Psychological Review*, 119 (3): 546 – 572.

Mani, A., Mullainathan, S., Shafir, E., and Zhao, J. 2013. "Poverty Impedes Cognitive Functions." *Science*, 341: 976 – 980.

Snyder, C. R. 2002. "Hope Theory: Rainbows in the Mind." *Psychological Inquiry*, 13 (4): 249 – 275.

Vohs, K. 2013. "The Poor's Poor Mental Power." *Science*, 341: 969 – 970.

Williams, W. 2009. "Struggling with Poverty: Implications for Theory and Policy of Increasing Research on Social Class-Based Stigma." *Analyses of Social Issues and Public Policy*, 9 (1): 37 –56.

Wong, Y. and Tsai, J. 2007. "Cultural Models of Shame and Guilt." In J. L. Tracy, R. W. Robins, and J. P. Tangney (eds.), *The Self-Conscious Emotions: Theory and Research*. New York, NY: Guilford Press.

图书在版编目（CIP）数据

铸就社会心理学的"社会之魂" / 方文主编. -- 北
京：社会科学文献出版社，2021.6
（中国社会研究 / 邱泽奇主编）
ISBN 978 - 7 - 5201 - 8160 - 0

Ⅰ.①铸⋯　Ⅱ.①方⋯　Ⅲ.①社会心理学 - 研究
Ⅳ.①C912.6 - 0

中国版本图书馆 CIP 数据核字（2021）第 054961 号

中国社会研究
铸就社会心理学的"社会之魂"

主　　编 / 方　文

出 版 人 / 王利民
责任编辑 / 杨桂风

出　　版 / 社会科学文献出版社·群学出版分社（010）59366453
地址：北京市北三环中路甲 29 号院华龙大厦　邮编：100029
网址：www. ssap. com. cn
发　　行 / 市场营销中心（010）59367081　59367083
印　　装 / 三河市龙林印务有限公司

规　　格 / 开　本：787mm × 1092mm　1/16
印　张：15　字　数：247 千字
版　　次 / 2021 年 6 月第 1 版　2021 年 6 月第 1 次印刷
书　　号 / ISBN 978 - 7 - 5201 - 8160 - 0
定　　价 / 98.00 元

本书如有印装质量问题，请与读者服务中心（010 - 59367028）联系